新时代精神文明建设研究丛书
主任：杜新山　执行主编：曾伟玉

# 新时代精神文明建设系统论

Systematic Theory of Spiritual Civilization
Construction in the New Era

解丽霞　等著

社会科学文献出版社
SOCIAL SCIENCES ACADEMIC PRESS (CHINA)

《新时代精神文明建设研究丛书》编委会

主　　任：杜新山

执行主编：曾伟玉

编　　委：（按姓氏笔画排序）

　　　　　刘焕章　关　锋　李　钧　李　辉
　　　　　陆　璐　罗明星　郭德焱　梁兴华
　　　　　程京武　谢艺杰　谢迪斌　詹小美
　　　　　鲍　炜　解丽霞　谭晓红　戴卫春

编　　务：刘旭晖

# "新时代精神文明建设研究丛书"
# 总序

改革开放初期，我国就明确了推动社会主义精神文明和物质文明协调发展、"两个文明一起抓"的战略方向。社会主义精神文明是中国特色社会主义的重要特征，是坚持和发展中国特色社会主义的必然要求，是全面建成小康社会的应有之义，是实现中华民族伟大复兴的必由之路，同时也是迎接人类文明发展新阶段的报晓之声。在这一旗帜鲜明的战略方针指引下，40多年来，全党和全国人民经过锲而不舍、一以贯之的探索和努力，在多方面的具体实践中创造了不少新鲜的成果，也积累了不少深刻的经验和认识。

怎样把这些经验和认识及时提升到理论和方法的高度，为今后的发展提供更加强大的动力资源，显然是建设中国特色社会主义现代化强国这一宏伟事业不可或缺的组成部分，也是党的理论建设工作的重大历史使命之一。基于对这一使命的自觉担当，广州市委宣传部、市文明办、市社科联牵头，集本地各高校的精干力量，合作研究编写了这套"新时代精神文明建设研究丛书"，并在中国共产党成立100周年之际，将其呈现于世。应该说，这本身就是一项既宝贵又及时的精神文明建设工程。

按照我们的理解，文明是文化之树的花果："文化"与"自然、天然"相对，是人类将世界"人化"并用以"化人"的方式和过程；"文明"则与"蒙昧、野蛮"相对，是人类文化发展各个阶段积极成果的显现。因此，要充分理解我国社会主义精神文明建设的内容实质和历史意义，就必须站在历史和时代的高度，充分理解中国特色社会主义事业在中国历史和人类历史上的特殊地位与意义。而这个高度，不诉诸马克思主义哲学的理论和方法，是达不到的。所以我觉得，这套丛书的主要特点，正是超出了把精神文明建设仅仅局限于道德和文化政策宣传教育的层面，不是就道德说道德、就规范说规范、就政策说政策、就工作谈工作，而是着眼于新中国的发展史、社会主义的发展史、人类文明的发展史的大局和背景，力求站在新时代的高度，进一步深刻理解精神文明的内涵，充分阐发社会主义精神文明体系的理论逻辑；深入总结中国特色社会主义精神文明建设的创造性历程，准确描绘它的实现路径和未来前景。

一般说来，理论的高度反映出实践的深度。该丛书选题和内容的特色，是与多年来的生活实践有密切联系的。广州市作为我国改革开放的一线城市，当然也负有中国特色社会主义现代文明建设前沿探索的历史重任。多年来，广州市的党政部门和各界群众，为此倾注了极大的热情，在习近平新时代中国特色社会主义思想，特别是习近平关于精神文明建设的重要论述的指导下，作出了坚持不懈的努力。他们采取多项措施，踏踏实实地注重理论武装，努力以深学笃行筑牢信念之基，自觉强化价值引领；他们紧盯问题短板，通过全员参与、全域覆盖，去赢得共建共享的常态长效，不断提升新时代公民道德建设的精细化水平，使追求新文明成为广州最深层的底色、最优雅的气质、最美丽的风景，持续深化文明城市创建工作，着力建设崇德向善、文化厚重、和谐宜居、人民满意的文明城市，取得了可喜的成绩。这些切实努力的经验和成果，为写好这套丛书提供了坚实的基础。

本丛书以七本专著的书名排列，清晰地透露了这个思路的独特创意。它们是《新时代精神文明建设基础论》《新时代精神文明建设主体论》《新时代精神文明建设过程论》《新时代精神文明建设系统论》《新时代精神文明建设机制论》《新时代精神文明建设方法论》《新时代精神文明建设价值论》等，是从基础、主体、过程、系统、机制、方法和价值七个角度切入现实，每一个角度都既有对理论全面性的追求，又有对实践过程完整性的观照；既讲"应然"，也讲"实然"，更讲应然与实然的相互统一和过渡。也正因为如此，每个环节上所需要回答的问题，肯定比已经作出的回答要多得多。这样的研究和写作，应该说既是心怀壮志、出手不凡的，也是山高路远、成功不易的。当然，唯其如此，它们也更值得期待。

期待这项研究工作在新的基础和高度上，能够持久深化，不断提升，为中华文明的历史性再次勃兴，也为人类文明新境界的开拓，树起新的丰碑！

李德顺

2022 年 5 月于北京

# 目 录
CONTENTS

**绪 论** ································································· 1
 第一节　社会主义文化强国的建设动力 ······················ 2
 第二节　世界文明交流互鉴的时代诉求 ······················ 9
 第三节　智能时代网络文化的空间扩展 ····················· 15

**第一章　精神素养的涵养培育：新时代精神文明建设的内生系统** ······ 21
 第一节　思想道德素质建设 ····································· 21
 第二节　科学文化素质建设 ····································· 44
 第三节　身心健康素质提升 ····································· 64

**第二章　意识形态的守正创新：新时代精神文明建设的政治系统** ······ 77
 第一节　坚持马克思主义的主导地位 ·························· 77
 第二节　坚持中国特色社会主义方向 ·························· 88
 第三节　坚持以人民为中心的发展理念 ······················ 100
 第四节　践行社会主义核心价值观 ···························· 115

**第三章　核心精神的历久弥新：新时代精神文明建设的精神系统** ······ 126
 第一节　孕育于历史进程的伟大精神 ························ 126
 第二节　以爱国主义为核心的民族精神 ······················ 136
 第三节　以改革创新为核心的时代精神 ······················ 146

## 第四章　文化自信的三大源泉：新时代精神文明建设的文化系统 …… 156
### 第一节　中华优秀传统文化滋养精神根基 …………………… 156
### 第二节　革命文化铸就理想信仰 ……………………………… 168
### 第三节　社会主义先进文化凝聚时代共识 …………………… 188

## 第五章　文明精神的重塑与再造：新时代精神文明建设的开放系统 …… 201
### 第一节　不忘本来的文化精神传承 …………………………… 201
### 第二节　面向世界的中国系列传播 …………………………… 215
### 第三节　吸收外来的优秀文化成果 …………………………… 229
### 第四节　面向未来的文明价值重塑 …………………………… 236

## 第六章　城乡二元的风尚变换：新时代精神文明建设的空间系统 …… 244
### 第一节　创建塑造群众性精神文明 …………………………… 244
### 第二节　新时代文明实践中心建设 …………………………… 257
### 第三节　新农村开展移风易俗行动 …………………………… 270

## 后　记 …………………………………………………………………… 285

# 绪 论

当前,世界正处于大发展大变革大调整时期,各种矛盾丛生,全球热点问题此起彼伏,不稳定性因素持续增多,世界面临的不确定性逐渐加大。习近平指出:"当今世界正在经历百年未有之大变局。世界多极化、经济全球化、社会信息化、文化多样化深入发展,全球治理体系和国际秩序变革加速推进,新兴市场国家和发展中国家快速崛起,国际力量对比更趋均衡,世界各国人民的命运从未像今天这样紧紧相连。同时,我们也面临前所未有的挑战。霸权主义、强权政治依然存在,保护主义、单边主义不断抬头,战乱恐袭、饥荒疫情此伏彼现,传统安全和非传统安全问题复杂交织。"[①] 百年未有之大变局,核心在"变",是在经济、政治、文化、社会和制度等各领域发生的深层次的变革;在时间跨度上,从过去到现在,这是一个从量变到质变的过程;在空间关联上,从中国到世界,是世界体系内部的相互联结、相互影响和相互作用的过程。可以看出,联系和发展始终是贯穿百年未有之大变局的主线。面对百年未有的时空方位,新时代精神文明建设必然与之紧密关联。大变局下的中国需要新实践紧跟世界发展潮流,建设社会主义文化强国是中国对变局的应答。世界文明交流互鉴的诉求推动,为大变局下人类文明的接续发展提供了行动理念,推动世界各国文明实践的进步。智能时代网络文化的空间拓展,重塑着人类的生产方式,创造和传播将走向智能化和信息化。中国实践、世界诉求和科技助力,成为大变局下新时代精神文明建设的出场语境。

---

① 习近平:《携手共命运同心促发展——在2018年中非合作论坛北京峰会开幕式上的主旨讲话》,人民出版社,2018,第4~5页。

## 第一节　社会主义文化强国的建设动力

百年未有之大变局，是人类社会发展到一定阶段的客观必然。只有主动顺应这种客观必然性，才能于变局中开新局。建设社会主义文化强国，是中国积极面对当今世界百年未有之大变局的行动方案。习近平指出："文运同国运相牵，文脉同国脉相连。"① 文化是现代化国家的重要标志，文化软实力已成为综合国力的重要组成部分。坚持文化自信，深刻认识文化自信是一个国家、一个民族发展中更基本、更深沉、更持久的力量，充分发挥文化自信所蕴含的精神动力，是建设社会主义文化强国的理念先行。文化是实践的产物，文化强国的生成是构筑在坚持中国特色社会主义文化发展道路基础之上的。这是一条激发社会主义先进文化的创造力和生产力，推动社会主义文化的大发展大繁荣之路。只有激发全民族文化创新创造活力，通过中华民族的主体文化自觉，坚持文化自信、承担文化使命、进行文化实践，才能保持文化发展战略定力。从理念到实践、从国家到民族，构建了建设社会主义文化强国的意志动力、道路活力和主体合力。

### 一　文化自信是更基本、更深沉、更持久的力量

自信是一种心理状态描述，是主体对于客体的积极的、正向的和明确的肯定和确证。当自信指向文化时，便赋予了文化自信独特的内涵。文化作为人类在社会实践活动中创造的并用于满足人类需要的精神产品，是人的社会心理和社会意识等诸形式的对象化产物。因此，文化是实践范畴与历史范畴的统一，是一定社会历史条件下人类活动的产物。就文化自信而言，它是对文化的深刻认同和高度信任，是一个政党、一个民族、一个国家中的成员对自己文化的充分肯定和执着追求。中国特色社会主义文化自信是中国共产党和中华民族对自己文化的自觉认知和深切认同，因而具有鲜明的坚定性、执着性。从文化自信的生成来看，它在文化与主体的互动中生成，也即是说中国特色社会主义文化在中国人民的认同和接受过程

---

① 《习近平关于社会主义文化建设论述摘编》，中央文献出版社，2017，第172页。

中，实现了价值内化和信仰升华。

文化是一种客观的、潜在的和巨大的力量。一定的文化的生成依赖于一定的经济和政治，并以自己特有的形式反作用于经济和政治。马克思指出："只有根据他们生产关系的一定的历史结构……才能够既理解统治阶级的意识形态组成部分，也理解这种一定社会形态的自由的精神生产。"①文化创造和文化需要是辩证统一的。文化是社会实践主体的自觉创造，渗透在人类生产和生活的各个领域，通过教育、文艺和科学等形式发挥作用，推动经济社会的发展。人通过文化生产来满足自身精神方面的需要，增强改造客观世界的能力。事实上，中国共产党人对于文化的力量具有深刻的认识。早在新民主主义革命时期，毛泽东就深刻认识到了文化的力量，其认为"新的政治力量，新的经济力量，新的文化力量，都是中国的革命力量"。②改革开放以来，邓小平提出要加强精神文明建设，指出"不加强精神文明的建设，物质文明的建设也要受破坏，走弯路。光靠物质条件，我们的革命和建设都不可能胜利"。③党的十六大报告也指出："文化的力量，深深熔铸在民族的生命力、创造力和凝聚力之中。"④中国特色社会主义进入新时代，习近平高度重视文化的力量，指出："文化软实力集中体现了一个国家基于文化而具有的凝聚力和生命力，以及由此产生的吸引力和影响力。"⑤在新的历史起点上，在面对世界百年未有之大变局的今天，文化的力量日益彰显，成为赢得国际竞争优势的强大力量。

文化自信是更基本、更深沉、更持久的力量。中国特色社会主义文化是在中华民族世世代代的接续传承和创新发展中形成的，具有厚重的历史感、独特的民族性。习近平指出："站立在960万平方公里的广袤土地上，吸吮着中华民族漫长奋斗积累的文化养分，拥有13亿中国人民聚合的磅礴之力，我们走自己的路，具有无比广阔的舞台，具有无比深厚的历史底蕴，具有无比强大的前进定力。中国人民应该有这个信心，每一个中国人

---

① 《马克思恩格斯全集》第33卷，人民出版社，2004，第346页。
② 《毛泽东选集》第2卷，人民出版社，1991，第695页。
③ 《邓小平文选》第3卷，人民出版社，1993，第144页。
④ 《江泽民文选》第3卷，人民出版社，2006，第558页。
⑤ 《习近平关于社会主义文化建设论述摘编》，中央文献出版社，2017，第198页。

都应该有这个信心。"① 文化自信说到底就是对文化的生命力、凝聚力、感召力的自信。文化自信作为更基础、更广泛、更深厚的自信，具有强大的精神力量，是实现中华民族伟大复兴的信念指引。习近平指出："文化自信是一个国家、一个民族发展中更基本、更深沉、更持久的力量。"② 文化自信是一种更基本的力量，首先在于其地位的基础性和稳固性。一是文化自信是道路自信、理论自信、制度自信的根基。习近平指出："要坚定中国特色社会主义道路自信、理论自信、制度自信，说到底是要坚定文化自信。"③ 失去了文化自信，道路自信、理论自信、制度自信就会成为无源之水、无本之木。文化是与社会生产力相适应的产物，属于政治上层建筑，对实践具有影响和制约作用。二是文化自信事关国家安全和中华民族伟大复兴全局。习近平指出："坚定文化自信，是事关国运兴衰、事关文化安全、事关民族精神独立性的大问题。"④ 文化是一个国家和民族的灵魂，国家和民族的兴盛总是以文化的兴盛为支撑的，丢掉了思想文化这个灵魂，国家的安全和民族的复兴就无从谈起。

文化自信是一种更深沉的力量，这体现在其独特的民族性上。一是文化自信具有深厚的历史底蕴，孕育在源远流长的中华优秀传统文化的历史长河之中。习近平指出："中国有坚定的道路自信、理论自信、制度自信，其本质是建立在5000多年文明传承基础上的文化自信。"⑤ 二是文化自信的深沉性构筑在核心价值的支撑和引领上。习近平指出："对一个民族、一个国家来说，最持久、最深层的力量是全社会共同认可的核心价值观。"⑥ 核心价值观是民族文化精华的浓缩和升华，是通过文化传统、风俗习惯进行的文化遗传。

文化自信是一种更持久的力量，这是指文化作用的长期性。一是文化作用的渗透性。习近平指出："中华文化对中国人的影响已经渗透到了骨

---

① 《习近平谈治国理政》第1卷，外文出版社，2018，第29页。
② 《习近平谈治国理政》第3卷，外文出版社，2020，第18页。
③ 《习近平谈治国理政》第2卷，外文出版社，2017，第339页。
④ 《习近平谈治国理政》第2卷，外文出版社，2017，第349页。
⑤ 《习近平谈文化自信》，光明网，2021年3月29日，https://politics.gmw.cn/2021-03/29/content_34722621.htm。
⑥ 《习近平谈治国理政》第1卷，外文出版社，2018，第168页。

髓里。这就是文化 DNA。"① 纵观中华民族五千余年的文化发展史,以爱国主义为核心的民族精神已经深深熔铸在中国人民心中,渗透在中华民族的血液里,转化为进行革命、建设和改革的巨大精神力量。同时,文化广泛深入到了社会生产生活的各个领域,为实践提供意识指导。二是文化作用的塑造性。习近平指出:"没有中华优秀传统文化、革命文化、社会主义先进文化的底蕴和滋养,信仰信念就难以深沉而执着。"② 文化同根滋养信仰信念,潜入到人们意识之中,在"润物细无声"中影响人的思想和行为。三是文化作用的时代性,也就是结合时代条件,创新和发展中国特色社会主义文化,在实践创造中进行文化创造,在历史进步中实现文化进步。

## 二 坚持中国特色社会主义文化发展道路

社会主义文化强国的战略目标明确了我国社会主义文化建设的基本方向,确定了我国社会主义文化发展的主要内容和根本任务。党的十九届五中全会明确强调,到 2035 年我国要建成文化强国。实现社会主义文化强国的战略目标,必须走中国特色社会主义文化发展道路。这是一条适应中国具体国情、符合文化发展规律的文化发展之路,科学回答了我国社会主义文化发展中的一系列重大问题,为建设社会主义文化强国提供了实践遵循。

社会主义文化强国的建设与中国特色社会主义文化发展道路的探索是同步的。中国共产党在领导中国革命、建设和改革的实践中,在文化建设和发展方面,带领中国人民经历了一个不断探索、日益成熟的过程,形成了具有中国特色的社会主义文化发展道路,开拓了文化强国的建设征程。早在 20 世纪初的五四新文化运动时期,人们就开始萌生出在封建社会中发展先进意识和先进文化的诉求。这一时期,传统文化与新文化交锋、激荡和融合,呈现出百家争鸣、百花齐放的文化发展景象。然而,动乱的社会

---

① 《凝聚澳门心 共圆中国梦——习近平主席考察澳门纪实》,新华网,2014 年 12 月 21 日,http://www.xinhuanet.com/politics/2014-12/21/c_1113722497.htm。
② 《习近平关于社会主义文化建设论述摘编》,中央文献出版社,2017,第 17~18 页。

局面、僵化的政治体制，钳制着新文化运动的蓬勃发展。新民主主义革命时期，以毛泽东为代表的中国共产党人把文化建设和发展摆在重要位置，指出："要把一个被旧文化统治因而愚昧落后的中国，变为一个被新文化统治因而文明先进的中国。"① 用什么样的新文化来打造文明先进的中国，这是毛泽东在革命艰难探索中思考的重要问题。毛泽东在《新民主主义论》中指出，"以无产阶级社会主义文化思想为领导的人民大众反帝反封建的新民主主义"② 是"文明先进的中国"所需要的文化，这种文化是民族的、科学的和大众的文化，代表了新民主主义革命时期先进文化的前进方向。新中国成立后，党正式确立了社会主义文化为人民服务、为社会主义服务的方向，在艺术和学术上实行百花齐放、百家争鸣的方针，在对待中国传统文化与世界优秀文明成果时，坚持古为今用、洋为中用的立场和态度，为中国的文化建设和发展探索了一条适合中国国情的道路，开辟了中国社会主义文化发展的广阔空间。改革开放以来，党中央突出强调"两手都要抓，两手都要硬"的建设方针，以精神文明建设推动社会主义文化发展，形成了"有中国特色的社会主义的新文化"的建设思想。党的十五大报告明确指出："建设有中国特色社会主义的文化，就是以马克思主义为指导，以培育有理想、有道德、有文化、有纪律的公民为目标，发展面向现代化、面向世界、面向未来的，民族的科学的大众的社会主义文化。"③ 并强调要把精神文明建设与中国特色社会主义先进文化建设有机统一起来。党的十六大以来，发展中国特色社会主义文化被提升到了战略高度，强调要增强文化软实力，建设社会主义文化强国。通过建设社会主义核心价值体系、深化文化体制改革等，实现社会主义文化的大发展大繁荣。中国特色社会主义进入新时代，文化建设成为"五位一体"总布局之一，立足传统文化，坚定文化自信，培育和践行社会主义核心价值观，加快文化体制改革，推动文化的交流互鉴，全面提高国家文化软实力。

建设社会主义文化强国，必须坚持中国特色社会主义文化发展道路。

---

① 《毛泽东选集》第2卷，人民出版社，1991，第663页。
② 《毛泽东选集》第2卷，人民出版社，1991，第706页。
③ 《江泽民文选》第2卷，人民出版社，2006，第537页。

当今世界正处于大发展大变革大调整时期,要在日益激烈的国际竞争中抢占文化制高点,必须提高国家文化软实力。以美国为首的西方发达国家,通过价值观输入、文化渗透和思潮传播,加紧在世界范围内进行思想文化的"无烟战争"。因此,维护国家文化安全,必须增强国家文化软实力,建设社会主义文化强国。

坚持中国特色社会主义文化发展道路,建设社会主义先进文化,是建设社会主义文化强国的必由之路。历史和实践已经深刻证明,中国特色社会主义文化发展道路是马克思主义文化理论同中国具体实际相结合形成的具有中国特色的文化发展道路,是引领社会主义先进文化建设的行动指南。一是坚持和巩固马克思主义指导地位不动摇,运用马克思主义的立场、观点和方法进行社会主义文化建设,确立了中国特色社会主义文化的根本遵循。二是建设社会主义先进文化,明确了中国特色社会主义文化的前进方向。习近平指出:"发展中国特色社会主义文化,就是以马克思主义为指导,坚守中华文化立场,立足当代中国现实,结合当今时代条件,发展面向现代化、面向世界、面向未来的,民族的科学的大众的社会主义文化,推动社会主义精神文明和物质文明协调发展。"① 三是培育作为新时代全国各族人民团结奋斗最大公约数的社会主义核心价值观,稳步推进文化体制改革,加快发展文化产业。四是以改革创新为动力,深化文化体制机制改革,创新文化内容形式和方法手段,增强社会主义文化发展活力。五是坚持面向世界,博采众长,通过文化的交流与互鉴,实现"各美其美""美美与共"。

### 三 激发全民族文化创新创造活力

文化创新是文化发展的本质要求,也是提高国家文化软实力的关键环节。创新是当代社会一切发展进步的源泉和动力。习近平指出:"抓创新就是抓发展,谋创新就是谋未来。不创新就要落后,创新慢了也要落后。"② 在推动文化发展时,创新是文化的灵魂和生命,是文化得以延续并焕发生

---

① 《习近平谈治国理政》第3卷,外文出版社,2020,第32页。
② 《习近平关于科技创新论述摘编》,中央文献出版社,2016,第70页。

机的根本。文化既是生成的，又是在实践基础上接续发展的，因而是一个动态的前进过程。任何一种文化都必然要跟随实践与时俱进，否则文化的血脉将会断裂，文化基因将会失传，文化便失去了身份象征。在此意义上，创新是文化的本质规定，是文化生生不息的动力源泉。习近平指出："文化是民族生存和发展的重要力量。人类社会每一次跃进，人类文明每一次升华，无不伴随着文化的历史性进步。"① 这就揭示了文化的进步推动着人类社会与人类文明的进步，而一切进步都源于新文化的创造与发展。具体到某一国家和民族而言，文化创新也是国家和民族进步的不竭动力。特别是在百年未有之大变局下，文化作为综合国力的重要因素，直接影响国家的强盛、民族的复兴。习近平指出："创新是民族进步的灵魂，是一个国家兴旺发达的不竭源泉。"② 只有通过创新，文化的创造力和传播力才能充分被激发出来，文化实力和影响力才能显著增强，最终把我国建成社会主义文化强国。

文化创新本质上是一个实践问题。从认识论的角度来看，实践是主体能动地、创造性地认识和反映客体的桥梁和中介。从历史唯物主义的角度来看，文化作为一种上层建筑，是社会存在的对象性反映。马克思指出："意识在任何时候都只能是被意识到了的存在，而人们的存在就是他们的现实生活过程。"③ 这就说明，人的社会实践活动及其结果是以意识的形式存在的，是现实社会存在的构成部分。因此，文化创新的根本点在于实践活动及其发展。文化的创新进程与人类社会的发展进程是同步的。在历史发展长河中，人类经历了原始社会、奴隶社会、封建社会、资本主义社会、社会主义社会等社会形态，同时也产生了石器文化、奴隶文化、工业文化和社会主义文化等与之相适应的文化形态。但这几种文化形态不是独立出现的，而是在前一阶段文化形态基础上结合新的社会实践共同发挥作用的结果。实际上，人类社会的发展归根结底是生产力与生产关系所构成的对立统一运动的结果。生产力的变革是生产关系变革的先决条件，随着

---

① 《习近平关于社会主义文化建设论述摘编》，中央文献出版社，2017，第5页。
② 《习近平谈治国理政》第1卷，外文出版社，2018，第51页。
③ 《马克思恩格斯选集》第1卷，人民出版社，2012，第152页。

生产力的进步，必然会引起生产关系的革命，改变着人类社会的生产方式和社会结构，从而推动建立在该基础之上的思想、道德、文学艺术等文化形态的不断发展和进步。因此，推动文化创新，实现文化的创造性转化和创新性发展，就要立足社会实践，紧跟时代步伐，为文化繁荣发展提供强大动力。

人是实践的主体，推动文化发展，建设社会主义文化强国，必须激发全民族文化创新创造活力。文化创新是实践活动，而实践活动的主体是人，因此，文化创新需要人；建设社会主义文化强国需要激发全民族文化创新创造活力。马克思对人的理解是从实践维度展开的，他突破了以往对人的抽象理解，即把凌驾于现实历史之上的某种实体性和把某种对"感性确定性"的直观当作人的本质的两种倾向。马克思指出："人的本质不是单个人所固有的抽象物，在其现实性上，它是一切社会关系的总和。"[①] 这就明确指出了，人是现实的人，是从事感性活动的人。因此，人的存在决定了文化的存在；文化的创新必须依赖于人的实践。正是由于人所从事的是有意识的生命活动，所以，这意味着人具有实践创造力与发展力。在这个意义上，民族主体无疑具有决定性的意义。一个民族的文化发展最深刻的物质性基础和动力之源就是本民族的实践活动，与本民族的物质生产实践、精神生活密切相关。在百年未有之大变局下，建设社会主义文化强国，必须激发全民族文化创新创造活力，立足新时代的实践创造，推动文化的内容、形式和方式方法的创新，增强中华文化的影响力、感召力。

## 第二节　世界文明交流互鉴的时代诉求

百年未有之大变局下不仅是经济、政治的相互激荡，更是各种文明、不同思想文化的交流碰撞。国际格局的重大变化带来了世界文明格局的变迁，使得世界意识形态在无形中发生着微妙的变化，世界文化生态进入了一个交流互鉴的时代。"一带一路"是推动历史文明走向当代文明的倡议，契合沿线各国共同的文明发展理念，是推进文明交流与融合的现实指南。

---

[①] 《马克思恩格斯选集》第1卷，人民出版社，2012，第139页。

文明因交流而多彩、因互鉴而丰富，人类文明正是在文明互鉴、交流共享中进步和发展的。

## 一 国际格局的重大变化

国际格局的实质就是文明的格局。文明是国际关系中的关键因素，在全球化发展和演变中发挥着独特功能。马克思指出："各民族的原始封闭状态由于日益完善的生产方式、交往以及因交往而自然形成的不同民族之间的分工消灭得越是彻底，历史也就越是成为世界历史。"① 各民族的交往不是随心所欲的，总是带有一定的文化烙印、遵循一定的价值观念。因此，世界历史的发展带来的必然是不同民族之间的文化交往和不同文明之间的碰撞。美国著名学者亨廷顿曾提出"文明冲突论"，认为未来的国际冲突将主要发生于不同文明的国家之间，而且将长期存在并难以调和。因此，在全球化背景下，国际格局背后暗藏的是不同文化、异质文明的竞争和冲突，代表的是一种"软实力"格局。

百年未有之大变局下国际关系格局面临着重大调整。自冷战结束以来，美苏对抗的两极格局逐渐演变为美国一超独大的单极格局。进入21世纪，随着经济全球化的深入推进、科学技术的革命性变革以及以中国为代表的新兴国家的迅速崛起，"一超多强"的格局逐渐被打破并不断向多极化方向发展。2008年国际金融危机带来了新一轮的国际关系调整，以美国为首的西方国家遭受重创，中国等新兴经济体则充满活力，在国际舞台中的实力和地位显著提升。2020年，突如其来的新冠肺炎疫情席卷全球，造成全球经济流动中断、市场紊乱和增长乏力，疫情防控背后暗藏着社会制度、意识形态和价值观念的摩擦，人类公共卫生安全逐渐演变成一场无硝烟的经济、政治和文化等领域的对立和斗争，国际格局和国际秩序由此也在经历着新一轮的变革与调整。

在疫情防控常态化时期，国际格局将呈现出三重样态。一是全球议题的"变"与时代主题的"不变"。当前，随着疫情的发展和蔓延，流行疾病、气候变化等非传统安全问题将成为国际社会更为突出且被重点关注的

---

① 《马克思恩格斯选集》第1卷，人民出版社，2012，第168页。

重大议题。新冠肺炎疫情对全球经济、外交、政治、安全和社会等领域的威胁,严重阻碍着国际社会的正常交流与发展。同时,必须看到,发展仍然是当今国际社会的共同追求,而发展的前提是安全。因此,和平与发展依然是当前的时代主题。二是大国之间力量和关系的"变"。新冠肺炎疫情最明显的冲击就是,西方大国在自由主义的指导下抗疫模式收效甚微,在内外交困中,陷入了发展僵局,实力大为削弱;中国统筹推进疫情防控和经济社会发展,发展动力强劲,也为其他国家提供了经验借鉴,力量明显增强。与此同时,在抗击疫情过程中,美国等西方国家"小动作"不断,"污名化"中国抗疫行动,借机插手和干涉中国内政,导致国家间的关系出现微妙变化甚至动荡。另外,中国以负责任的大国形象,主动担负起全球抗疫重任,收获了一大批抗疫"朋友"。三是国际关系相互依存的加深和竞争的加剧。新冠肺炎疫情在世界的蔓延,深刻证明了人类是休戚与共的命运共同体,没有哪个国家可以独善其身。同时,对国际话语权的争夺,成为抢占道义和法理制高点的重要手段。

从某种意义上讲,国际格局的变化样态,实质上就是世界各种文明交流和碰撞的结果。在全球化进程中,世界各文明之间的依存度不断加深并加速走向融合。马克思指出:"随着资产阶级的发展,随着贸易自由的实现和世界市场的建立,随着工业生产以及与之相适应的生活条件的趋于一致,各国人民之间的民族分隔和对立日益消失。"① 社会生产力发展,使世界各国之间的交往联系更加紧密,推动着世界各文明走向融合。在当前的复杂格局下,由于意识形态、历史传统和文化基因的"非对称",人类又一次站在了十字路口,出现了分分合合的动态画面。

## 二 "一带一路"倡议的推进

"一带一路"是为了顺应当今世界多极化、经济全球化、文化多样化的发展趋势,解决各国共同面临的一系列复杂而严峻的全球性问题,实现沿线各国政治互信、经济融合、文化包容,打造利益共同体、命运共同体和责任共同体而提出的合作倡议。推进"一带一路"合作符合各国的根本

---

① 《马克思恩格斯选集》第1卷,人民出版社,2012,第419页。

利益，有利于世界的和平与发展。"一带一路"带来的不仅是经济利益的共享，而且增进了沿线各国人民的文化交流与文明互鉴，不同区域、不同宗教借此实现了相互理解和对话。

"一带一路"带来了文化交流与文明互鉴。在"一带一路"倡议中，实现经济互利是其目标所在，而文化交流与文明互鉴则是其灵魂所在。随着生产力的发展，人类历史在普遍交往中转变为世界历史，推动了各种文化和不同文明的相互交织。从"一带一路"的文明缘起来看，"一带一路"承接的是古丝绸之路。它贯通欧洲、亚洲与非洲，连接黄河和长江流域、恒河和印度河流域、底格里斯河和幼发拉底河流域、尼罗河流域，汇集了中华文明、印度文明、巴比伦文明和埃及文明。在这条商贸大道上，商业活动的开展，推动着文化的往来。文化交流与文明互鉴在古丝绸之路上取得丰硕成果，中国的四大发明由此传播到欧洲，西方的文学、艺术和宗教也借此输往中国。以张骞出使西域、郑和下西洋和《马可·波罗游记》等为代表的文化记忆，深刻印证了文明的积淀与历史的传承。习近平以郑和下西洋为例，指出了中国与印度尼西亚的文化交流史话："早在2000多年前的中国汉代，两国人民就克服大海的阻隔，打开了往来的大门。15 世纪初，中国明代著名航海家郑和七次远洋航海，每次都到访印尼群岛，足迹遍及爪哇、苏门答腊、加里曼丹等地，留下了两国人民友好交往的历史佳话，许多都传诵至今。"① "一带一路"中珍藏着中国与沿线各国的珍贵历史记忆，而且，时至今日，仍然在"一带一路"推进中接续发展。从"一带一路"倡议的现实背景来看，沿线各国都具有灿烂悠久的文明和绚丽多彩的文化，都与中华文化有过交流与融合，都致力于实现本民族强大的目标。而且，沿线各国的文化各具特色和优势，能够通过"一带一路"平台实现文化的加速流动与优势互补。

"一带一路"倡议积极打造文化包容的利益共同体。利益是人类社会发展的根本动力。在西方国家所主导的国际秩序中，主要获利者是西方国家，发展中国家则处于被支配的地位。"一带一路"倡议打破了这种利益

---

① 《习近平在印尼国会发表演讲：携手建设中国—东盟命运共同体》，新华网，2013 年 10 月 3 日，http://www.xinhuanet.com/2013-10/03/c_117591652.htm。

格局，找到了各民族国家的利益交汇点和最大公约数，构建了各民族国家文化包容的利益共同体。习近平指出："我们应该推动不同文明相互尊重、和谐共处，让文明交流互鉴成为增进各国人民友谊的桥梁、推动人类社会进步的动力、维护世界和平的纽带。"① 文明交流互鉴是"一带一路"的重要精神，互利共赢和共同繁荣发展是"一带一路"的基本原则。在"一带一路"推进过程中，中国通过通民心来促共识。文化与经济、政治相互交融。通过共建经济走廊、推进基础设施建设等，中国的行动给沿线各国带来了利益和福祉，得到了各国人民的认同。另外，中国还通过开展多层次、多领域的交流与合作，充分发挥教育、文化、科技和旅游这些文化载体在推动不同文明的交流互鉴与融合创新，实现各国民众相知相亲方面的促进作用。

### 三 文明互鉴的交流共享

当前，世界多极化、经济全球化、文化多样化的深入发展，既推动着不同文明间的交往日益频繁，也推动着不同文明交往的广度和深度不断延伸。习近平指出："纵观世界文明史，人类先后经历了农业革命、工业革命、信息革命。每一次产业技术革命，都给人类生产生活带来巨大而深刻的影响。"② 生产力的进步，打破了世界各民族之间的分隔与对立，在走向交往中呈现出一幅相互交织的生动画面，不同文明也在经历着前所未有的交流与碰撞。

文明互鉴是人类社会发展和文明进步的历史必然。人类文明由低级走向高级，由简单走向复杂，由混沌走向有序，这是人类社会发展的基本过程。马克思和恩格斯运用唯物史观，对人类文明的演进历程进行了论证，文明是"由分工方面的一个新的进步开始的。……文明时代巩固并加强了所有这些已经发生的各次分工"。③ 在他们看来，生产力的进步引起了文明的进步，而文明时代则是人类脱离野蛮时代后的高级阶段。在这个意义

---

① 《习近平谈治国理政》第1卷，外文出版社，2018，第262页。
② 《习近平关于科技创新论述摘编》，中央文献出版社，2016，第86页。
③ 《马克思恩格斯选集》第4卷，人民出版社，2012，第182页。

上,文明是野蛮的背反,只有克服野蛮,人类才能进入真正的人的文明存在状态。然而,要达到这种状态,就必然要经历一个漫长的历史时期。在这一阶段,不同类型文明之间就必然以交流互鉴代替对抗冲突。这是因为人类历史终将走向世界历史,民族、国家都成为世界历史进程中的构成要素。从整体上看,孤立状态中的文明是不存在的。同时,为了保持整体的稳定性,不同文明必须在和谐统一中保持平衡。由此,可以说文明互鉴是人类社会发展的内在要求和必然趋势。从文明本身来看,孕育在不同环境、根植在不同生产力水平之上的各民族文明,一方面具有其独特优势,另一方面也存在着不足之处。只有相互交流、借鉴,不同的民族文明才能"在历史前进的逻辑中前进、在时代发展的潮流中发展"。① 正如习近平在2019年亚洲文明对话大会的主旨演讲中所说的:"交流互鉴是文明发展的本质要求。只有同其他文明交流互鉴、取长补短,才能保持旺盛生命活力。"②

　　文明交流互鉴是对"文明冲突"的超越。美国学者亨廷顿在《文明的冲突与世界秩序的重建》一书中,从文明视角出发,指出了在新的世界体系中,最普遍的、重要的和危险的冲突是发生在文明断层线上的冲突。这片面地把文明的差异、文明冲突绝对化,而未看到文明之间的非对抗性,即文明的交流与互鉴。习近平指出:"丰富多彩的人类文明都有自己存在的价值。要理性处理本国文明与其他文明的差异,认识到每一个国家和民族的文明都是独特的,坚持求同存异、取长补短,不攻击、不贬损其他文明。"③ 在差异中求同存异,是不同文明之间共处的基本原则。特别是在世界百年未有之大变局下,不同文明之间更需要在交往中和谐共处,在互鉴中优势互补。严格来说,"一切历史冲突都根源于生产力和交往形式之间的矛盾"④,"文明冲突论"实质上是对资本主义利益和价值观的维护,把

---

① 习近平:《开放共创繁荣创新引领未来——在博鳌亚洲论坛2018年年会开幕式上的主旨演讲》,人民出版社,2018,第5~6页。
② 《习近平谈治国理政》第3卷,外文出版社,2020,第469页。
③ 习近平:《在纪念孔子诞辰2565周年国际学术研讨会暨国际儒学联合会第五届会员大会开幕会上的讲话》,人民出版社,2014,第8页。
④ 《马克思恩格斯选集》第1卷,人民出版社,2012,第196页。

不同文明之间的冲突看作世界冲突的根源，无疑陷入了认识论误区。

在文明的交流与互鉴中实现文明共享。人类文明的多样性决定了不同文明都具有独特的价值，它们对整个人类文明的发展作出了重大贡献。习近平指出："每一种文明都扎根于自己的生存土壤，凝聚着一个国家、一个民族的非凡智慧和精神追求，都有自己存在的价值。"[①] 要使不同文明大放异彩，就必须以平等之心实现文明共存、以交流互鉴实现优势互补、以共同进步实现世界文明行稳致远。习近平指出："我们应该推动不同文明相互尊重、和谐共处，让文明交流互鉴成为增进各国人民友谊的桥梁、推动人类社会进步的动力、维护世界和平的纽带。"[②] 文明是多元的，只有不同文明之间实现平等交流、相互融合和共同发展，才能使世界文明更加绚丽多彩，推动世界文明的健康有序发展，使世界人民在世界文明百花园中享受更加丰富多样、灿烂多彩的文明果实。

## 第三节　智能时代网络文化的空间扩展

当前，数字技术、网络技术和人工智能被广泛应用到社会各领域，这不仅推动了经济的蓬勃发展，更提高了文化传播的广度和深度。马尔库塞曾对技术的普遍应用进行过深刻的论述："当技术成为物质生产的普遍形式时，它就制约着整个文化，它设计出一种历史总体——一个世界。"[③] 技术从其本质来看，具有双重性，一方面具有物质生产力的特性，另一方面其本身也是一种文化现象。在信息技术革命中，信息技术以其广泛的渗透性和便捷流通性，为文化发展带来了前所未有的机遇和挑战。同时，在网络媒介的作用下，信息供给、信息需要和信息共享同样面临着一定的挑战和压力。人工智能作为人机交互的新形态，持续地提高人类自身并使人类生活得到升华。

---

[①] 《习近平谈治国理政》第3卷，外文出版社，2020，第468页。
[②] 《习近平谈治国理政》第1卷，外文出版社，2018，第262页。
[③] 〔美〕赫伯特·马尔库塞：《单向度的人：发达工业社会意识形态研究》，刘继译，上海译文出版社，2006，第142页。

## 一 信息时代的双重境遇

如何认识信息时代，是一个重大的理论和现实问题。马克思曾就如何判断各个时代作过深刻论述："各种经济时代的区别，不在于生产什么，而在于怎样生产，用什么劳动资料生产。"① 这就明确说明了判断一个时代，要从物质生产本身出发来进行理解，物质生产与人类生产活动和社会变革密切相关。在信息时代，作为支撑信息生产的科学技术、智能平台将成为高端的劳动资料，而且这种劳动资料突破了传统的时空界限，渗透至社会生产的各个领域，成为工业时代的进阶产物。从生产力发展的维度来看，信息时代背后的科学技术作为先进的生产工具，代表了一定阶段的生产力发展水平，与石器、蒸汽机、电力等以往生产工具相比，它的发展是质的飞跃，反映了生产力水平的上升趋势。从生产关系的维度来看，信息技术在政治、经济、法律等领域深入拓展并广泛应用，成功打上了信息时代的烙印。因此，相较于人类历史经历过的渔猎时代、农耕时代、工业时代，信息时代无疑是在这些基础上的量的积累，并从量变实现了质变。

信息时代突破了传统意义上的生产生活方式，呈现出许多与众不同的特性。信息时代是以信息生产为内容，以数据存输为方式的。毫无疑问，信息时代，信息成为社会活动的核心内容，而信息的运用，则是通过数据的整合和传输来完成的。但是，必须认识到，资本与市场仍然是信息时代的重要推手。马克思指出："单个人随着自己的活动扩大为世界历史性的活动，越来越受到对他们来说是异己的力量的支配（他们把这种压迫想象为所谓世界精神等等的圈套），受到日益扩大的、归根结底表现为世界市场的力量的支配，这种情况在迄今为止的历史中当然也是经验事实。"② 信息社会中的和谐与冲突、稳定与无序等的对立，实质上是资本逻辑和市场规律作用的使然。

信息时代为文化生产和传播带来了众多积极效应。一是信息时代突破了传统的文化生产与传播的时空界限，拓展了文化的传播范围和传播对象

---

① 《马克思恩格斯全集》第 42 卷，人民出版社，2016，第 170 页。
② 《马克思恩格斯选集》第 1 卷，人民出版社，2012，第 169 页。

的广度。二是信息时代文化生产的主体平等性和交互性。在信息时代,借助文化生产辅助平台,所有的文化生产者和传播者都是平等的,都可以通过创作文字、图片、声音、视频等,进行文化的双向交流。三是从传播速度来看,信息时代为文化生产和传播提供了便捷平台和渠道,借助电脑、手机以及各种软件等终端平台,文化信息的生产、发布、传播几乎可以实现同时同步进行。

但是,信息时代也不可避免地为文化生产和传播带来挑战。一是从文化权力的视角来看,信息技术打破了国界和时空界限,以美国文化为代表的西方文化借机广泛传播和渗透,不断侵蚀着我国传统文化和民族价值观。二是从文化安全视角来看,信息平台作为网上社会主义主流意识形态传播的平台,各种非马克思主义甚至反马克思主义的错误思潮不断滋生和蔓延,削弱了主流意识形态的影响力。三是从文化生态视角来看,信息时代带来的是一种技术文化,技术文化具有理性与非理性、主流与非主流、中心与去中心并存的样态,如果不加以正确引导,将会使文化质量降低,文化生态不断恶化。

## 二 网络媒介的信息伦理

伦理是处理人与人、人与社会、人与自然之间的关系时应遵循的基本准则和行为规范。它是一种基于事实判断而形成的"是"与"非"、"善"与"恶"的价值规范。伦理具有一定的价值取向性,它通过对比道德标准来反映行为的道德水平。当伦理关涉信息时,指向的便是人在信息的生产、存储、传播、管理和使用时所形成的道德关系。人是信息过程的核心元素。离开了人,信息便无法生成,也无法进行传播和接收。从本质上来看,信息伦理所表现的是人与人、人与社会之间的道德关系,也即人的意志在信息社会中的伦理自觉。

网络媒介作为科学技术的对象化产物,进行信息生产和运用是其基本职能,其必须遵循相应的信息伦理规范。网络媒介带来的是新式信息生产和传播手段的运用,人们通过网络媒介实现了表达方式、内容生产和传播路径的范式转型。与传统信息伦理相比,网络媒介信息伦理最突出的特点,就是伦理活动主体实现了从线下现实世界的人到网络空间中的人的转变，信息伦理聚焦到了网络媒介这一物质形态上。可以说，网络媒介信息伦理的核心问题就是，怎样在道德的标准和规范上进行信息的生产、传播和使用。

在应用网络媒介时，信息的产生、存储和传播等过程中都涉及伦理问题，这种信息伦理主要具有三方面的特征。一是自主性和无序性的冲突。与传统社会的道德约束相比，网络媒介使用过程中的道德规范是一种道德自律。无论是信息的生产还是信息的接收，每个人都能够自由地、有意识地根据自己的需要和判断进行选取。这使得人们通过网络媒介平台实现了在信息海洋中从被动走向主动，成了真正意义上的道德主体。然而，缺少了道德规范的束缚，每个信息主体在运用网络媒介进行信息生产和传播时，受到自身价值观念、道德水平等伦理条件的限制，往往可能会出现道德失范现象，导致信息之间发生冲突和碰撞。二是一元化与多元化的对抗。事实上，无论是现实世界还是网络社会，核心价值观都应是一元的。理想状态下，社会主义核心价值观在网络媒介运用过程中应是居于主导地位的道德准则。在实际运作中，各种拜金主义、享乐主义等错误价值观充斥在网络媒介中，并渗透在信息符号中传播给受众，在一定程度上消解着主流价值观的核心地位。三是开放性与不对等性的矛盾。开放性不仅仅是指网络媒介进行信息生产和传播的低门槛，更是指信息资源获取的开放性。网络媒介中信息量大、内容众多、获取方便快捷。然而，当信息作为一种商品进行市场流通时，就造成了信息分化，导致信息垄断、信息霸权等更多不公平现象的产生。

可以看出，网络媒介中信息生产与传播应注意伦理责任与规范之道。随着网络媒介的介入，信息伦理作为对信息进行规范的理性活动，成为反映网络媒介中人与人交往的规律和规范。一般来说，伦理调节的目的不是德性本身，而是实现和谐的、可持续的发展。也就是说，网络媒介的信息伦理，就是通过确定人们在网络媒介中的道德规范，实现人们的信息行为的合规律性与合目的性的统一。总之，网络媒介的信息伦理，要将道德权利与道德义务统一起来，以"善"之目的和"恶"之规范，明确个体在网络媒介中信息行为的道德责任，对个体的信息行为加以调节和约束，维护和谐稳定的网络媒介运用秩序，实现网络媒介的健康发展。

## 三 人工智能的人文意蕴

随着社会的发展，由人工智能引领的科技革命蓬勃发展。人工智能作为人所制造的机器智能，在大数据、脑科学等理论和技术的驱动下，具有跨界融合、人机协同等诸多显著优势，正在广泛地应用到经济社会发展的各个领域。人工智能作为人的力量的对象化产物，具有感知选择、理智决策和智能行动等特征，涉及意识、情感和行为等与人共通的众多本质。可以说，人工智能就是人的智能机器，是人的智力和体力的"再版"。

人工智能的"人化"，表明了人文性是其重要属性。一方面，这种属性是客观存在的。从人的本质来看，"现实的人"是进行物质生产的主体，所从事的是自由自觉的活动，"一个种的全部特性、种的类特性就在于生命活动的性质，而人的类特性恰恰就是自由的有意识的活动"。① 人工智能的实践活动是由人的主体性来决定的，这就决定了人工智能的价值取向是为人服务的。从技术的本质来看，人工智能是技术人工物，人与人工智能的关系，就是人利用人工智能进行物质生产的实践属性。所以，以人为尺度，是人工智能的价值基准。另一方面，这种实践属性具有历史发展性。从技术的发展视角来看，任何技术形态都是一定社会历史条件下的产物，其内容和表现形式在不同历史时期不尽相同。但是，最直接、最容易感知的宗教、家庭、国家、法、道德、科学、艺术等文化形式，"都不过是生产的一些特殊的方式，并且受生产的普遍规律的支配"。② 人工智能作为技术的一种高级形态，是人进行物质生产的手段。通过人工智能的社会化应用，进而推动政治、艺术、文学等上层建筑的生产。

人工智能在推动生产力发展的同时，也加快了现代社会和人类文明的前进步伐。一是提高了社会的物质文明程度。当前，人工智能正在以空前的速度、广度和深度在社会生活的各个领域得到运用。这种技术形态的实践拓展，成为推动经济和社会发展的重要动力。恩格斯曾指出，科学的应用能够提高土地效益，而且"这种无法估量的生产能力，一旦被自觉地运

---

① 《马克思恩格斯选集》第 1 卷，人民出版社，1995，第 46 页。
② 《马克思恩格斯文集》第 1 卷，人民出版社，2009，第 186 页。

用并为大众造福,人类肩负的劳动就会很快地减少到最低限度"。① 这就明确指出了,科学作为一种革命力量,对物质生产创造具有巨大推动作用。人工智能的发展与使用,能够转化为巨大的生产力,深刻改变着人类社会的面貌,创造出更多的物质财富。二是影响着人类的精神文明。从人类文明视角来看,技术是社会历史的有力杠杆,对社会历史发展具有巨大的推动作用。马克思曾指出:"手推磨产生的是封建主的社会,蒸汽磨产生的是工业资本家的社会。"② 马克思还曾对火药、指南针、印刷术这三大发明进行了评价,认为其是"精神发展创造必要前提的最强大的杠杆"。③ 人工智能作为技术的高级形态,是推动社会发展的重要因素,也是人类文明进步的重要标志。从文化生产来看,人工智能是人的一种文化形式。马克思认为,技术同政治、艺术、文学等一样,都是人的文化形式。三是促进人的全面发展。人工智能通过智能行动,增强人的行为能力,使人的体力劳动和脑力劳动都得到了极大的解放;通过智能选择和实施决策,使人的思维方式更加科学。而且,能够给予人充足的自由时间进行交往和精神创造。马克思指出,正是科学技术的发展,"给所有的人腾出了时间和创造了手段,个人会在艺术、科学等等方面得到发展"。④

人工智能作为先进的创造工具,实现人的全面发展、社会的全面进步,是其本性所在。无论任何形式的技术形态或技术人工物,都不能偏离人文主义的轨道,要充分体现人的价值与社会利益,朝着有利于人的全面发展、人类社会的可持续发展的方向不断前进。

---

① 《马克思恩格斯选集》第1卷,人民出版社,2012,第39页。
② 《马克思恩格斯选集》第1卷,人民出版社,2012,第222页。
③ 《马克思恩格斯全集》第37卷,人民出版社,2019,第50页。
④ 《马克思恩格斯选集》第2卷,人民出版社,2012,第784页。

# 第一章　精神素养的涵养培育：新时代精神文明建设的内生系统

新时代精神文明建设的重要内容之一就是内生系统的培育与生成，其目的是在建设过程中引导性地培育精神文明素养，从而逐步形成指向于内在生成的精神文明发展系统。由此，必须将精神文明素养的涵养培育作为新时代精神文明建设中既有基础性内在性效用，又有目标性规定性意蕴的重大实践来广泛落实和深培厚植。作为《中华人民共和国国民经济和社会发展第十四个五年规划和2035年远景目标纲要》着重指出的促进国民素质和社会文明程度得到新提高的主要衡量指标，"人民思想道德素质、科学文化素质和身心健康素质"①亦为新时代精神文明内生系统的主要建设方略，它们分别侧重于涵养道德观念、培育价值理念、改善健康状况，分别致力于引导营造讲道德、尊道德、守道德的社会风尚，促进建立崇尚科学、学习科学、发展科学、运用科学的公众意识，形成热爱健康、追求健康、促进健康的总体氛围，进而通过全体人民精神素养的内生性涵养培育，推动构筑新时代精神文明建设思想坚定、根基稳固、力量聚合、人才辈出的整体态势。

## 第一节　思想道德素质建设

"国无德不兴，人无德不立。"党的十八大以来，我们党把加强公民道

---

① 《中华人民共和国国民经济和社会发展第十四个五年规划和2035年远景目标纲要》，中国政府网，2021年3月13日，http://www.gov.cn/xinwen/2021-03/13/content_5592681.htm。

德建设、提高全社会道德水平作为全面建成小康社会、全面建设社会主义现代化强国的重要战略任务，不断加强教育引导、实践养成、制度保障，使公民道德素质获得了持续提升，有力地培养和造就了一大批能够担当民族复兴重任的时代新人。思想道德素质涵养作为新时代精神文明建设的一个重要部分，其实质就是通过各项举措不断提高人民道德觉悟、道德水准、道德素养，促进人们强化道德意识、重视道德养成、推动道德实践，进而"发挥道德的教化作用，提高全社会文明程度"。① 思想道德素质涵养不仅包括面向外在的"大德""公德"，也包括面向自身的"私德"，这就必然要求我们在新时代进一步推动公民道德建设，持续加强和改进思想道德培育工作，不断深化群众性精神文明创建活动。通过全面开展社会公德建设、职业道德建设、家庭美德建设、个人品德建设，促进人们在道德意愿与道德情感的形成、道德品质与道德责任的培育、道德判断与道德实践能力的提高等方面取得更大的进步，使"人们向往和追求讲道德、尊道德、守道德的生活"。②

## 一 加强社会公德建设

社会公德是全体公民在公共场域因其公共身份而应遵循的开展社会交往和公共生活的基本行为准则，关涉的是人与人、人与社会、人与自然之间的关系。随着社会发展中生产力和生产关系不断取得长足进步，公民的公共生活领域和相互交往内容也呈现日渐扩大和日益丰富的趋势，社会公德在社会发展中维护公众利益、维持公共秩序、保持社会稳定的作用也愈加凸显。同时社会公德也日益成为公民个人道德修养、社会文明程度及社会发展水平的重要表现。特别是在中国特色社会主义进入新时代、社会主义小康社会迎来全面建成的新起点上，我们国家对社会经济发展和人的全面发展也有了新的更高要求，从而在全社会继续大力建设培育以文明礼貌、助人为乐、爱护公物、保护环境、遵纪守法等为主要内容的社会公德，也就成为社会主义建设发展的题中之义。社会主义公德建设的目的在

---

① 《习近平谈治国理政》第 2 卷，外文出版社，2017，第 134 页。
② 《新时代公民道德建设实施纲要》，人民出版社，2019，第 5 页。

于鼓励人们在社会上做一个好公民,因而其建设要结合具体建设领域、具体公共场域实行特殊的具体举措,也要紧抓具有普遍性的社会公德观念涵育,即新时代社会公德建设要着重通过全方位深化社会公德宣传教育来提升人民的社会公德认知,通过多层次加强社会公德引领涵育来推进人民的社会公德养成,多场域开展社会公德创建培育来丰富人民的社会公德实践。

(一)深化社会公德宣传教育,提升公民社会公德认知

马克思主义揭示了认识与实践的辩证关系,指出只有正确地认识指导实践并充分发挥人的主观能动性,才能促进事物的发展。这一基本原理在社会公德建设中也得到了充分映现,即人们正确的社会公德认知往往是其在公共生活中尊德、守德行为的重要根源,反之,社会上出现的公德失范现象也常常源于人们社会公德观念的缺失或扭曲。因而,社会公德实践深刻建基于公民的社会公德认知,只有充分引导人们从内心深处知德明德,才能有效促进人们在社会公共生活中守德行德,进而推进新时代社会公德建设。

新时代社会公德建设是一项系统性工程,全方位深化社会公德宣传教育就是开展这项建设工程的基础性工作。全方位提升公民社会公德认知是社会公德宣传教育的直接指向,即通过社会公德宣传教育促进社会公德基本规范在全社会蔚然成风,尽人皆知且"内化于心",从而有效激发起人们向上向善的道德追求,并进一步推动实现道德观念"外化于行",成为人们社会生活中的道德实践准则。

首先,社会公德宣传教育必须达至社会公德建设的全过程。一方面,要使社会公德宣传教育贯穿于人们成才成长的全过程,覆盖其幼年、少年、青年、中年、老年的各个时期,结合各个阶段认知特性与道德特点深化社会公德宣传教育,实现道德教育受动者由小到大的成长过程与道德内容由浅到深的教育进程,整体协同、有机统一,引导公民在教育中形成"明大德、守公德、严私德"的道德价值体系。特别是青少年阶段这个可塑性最强的道德认知形成的"拔节孕穗期",要用正确的社会公德宣传教育奠定公民良好道德意识和道德行为的起点和根基。另一方面,要使社会公德宣传教育贯穿于公民社会公德建设发展的全过程,促进"精神文明建

设贯穿改革开放和现代化全过程、渗透社会生活各方面"①，并且把不同年龄阶段公民主体的道德认知规律、道德形成规律与公民道德建设规律结合起来推进社会公德宣传教育。一般来说，公民的社会公德可以分为形成与规范的"他律"阶段、完善与发展的"自律"阶段、强化与外化的"他律""自律"相统一阶段。社会公德建设实践中需结合这三个阶段的公民道德认知水平与道德认知要求来安排针对性的宣传教育，这样才能有的放矢地实现公民社会公德认知宣传教育效果的提升。

其次，社会公德宣传教育必须实现社会公德建设场域的全覆盖。社会存在决定社会意识，社会道德建设的要求变化本质上来自社会关系的变迁。新中国成立后，特别是改革开放以来，中国社会发展取得了举世瞩目的成就。与社会生产力的快速发展和社会关系形式内容的不断丰富相对应，人们的社会交往、社会生活的场域也呈现出多频化、扩大化和多样化的特征，这就为社会公德宣传教育提出了新的更高要求。根据国务院颁布的《公共场所卫生管理条例》及其他法令规定，公共场所包括宾馆、饭馆、旅店、体育场（馆）、展览馆、博物馆、美术馆、图书馆、商场（店）、书店、候诊室、候车（机、船）室、公共交通工具等28类实体场所。并且随着社会科学技术的发展和社会公共生活内容形式的丰富，也产生了具有相同功能和性质的新型社会公共交往场所，如网络空间虚拟场所等。作为推进社会公德建设最直接、最基础方式之一的社会公德宣传教育，必须因应公共活动和公共交往频次、内容、场域的变化，使宣传教育活动最大限度地覆盖公民公共生活的开展场域，进而最大限度地实现社会公德宣传教育所需达到的效果。

最后，社会公德宣传教育必须实现社会公德内容要素的全涵括。《新时代公民道德建设实施纲要》明确规定社会公德的主要内容为"文明礼貌、助人为乐、爱护公物、保护环境、遵纪守法"。② 社会公德五个方面的主要内容具有高度概括和深度凝练的特点，是对社会公德领域基本规范的内在精神和思想主旨的整体性归纳与反映，我们当前所见到的对这些内容

---

① 《习近平谈治国理政》第2卷，外文出版社，2017，第324页。
② 《新时代公民道德建设实施纲要》，人民出版社，2019，第7页。

的解读，也大多坚持把握了其内容要旨。接下来，在推进社会公德建设的社会公德宣传教育中，也必须继续在立足宏观涵括内容概要的基础上，将社会公德的主要内容深化为社会公德实践的指导性的基本原则，使其融汇于社会公德建设的领域、场域的宣传教育之中。同时，在社会公德宣传教育"落实于行"的实践中，同样也要把握具体场合和人际交往中的公德行为的特殊性、多样性特征，根据不同的公共场所的属性特点，使用具有针对性的话语与措施来推进宣传教育。但这种因应场景、场域而实行的社会公德宣传教育也必须坚持实现社会公德主要内容要素的全涵括，不能因顾忌"特殊性"而失掉"共通性"，实际上这对宣传教育具体工作提出了更高的要求，也是保证社会公德宣传教育乃至社会公德建设效果的关键所在。

### （二）加强社会公德引领涵育，推进公民社会公德养成

社会环境对人们的行为具有重要的导引作用，加强社会公德引领涵育就是将道德水平置于社会评价体系的崇高地位上，引导人们将良好的道德修养树立成为立言立行、做人做事的重要准则。进而营造良好的社会道德环境，使人们自觉地重视道德、遵守道德、崇尚道德，影响人们内在自动地"见贤思齐"，推动人们在社会生活和社会交往中做到言有所规、行有所止。

首先，加强社会公德引领涵育，必须以弘扬和培育社会主义核心价值观为中心。"核心价值观，其实就是一种德，既是个人的德，也是一种大德，就是国家的德、社会的德。"① 社会主义核心价值观作为国家大德、社会公德、公民私德的集中体现，作为全体公民共同认同的价值信仰，从三个层次建构了一个完整的道德认知和是非判断的框架结构，应切实将其贯穿于思想道德素质涵养的全过程，以在全社会形成崇德向善的良好态势。究其根源，弘扬和培育社会主义核心价值观实质上就是以社会主义核心价值观引领公民基本的道德规范，引导公民树立正确的道德价值判断、道德价值选择。特别是在社会公德建设实践中，要将社会主义核心价值观蕴含的道德要求与公民道德主体发展需要相结合，实现价值观中蕴含的道德目

---

① 《习近平关于社会主义文化建设论述摘编》，中央文献出版社，2017，第112页。

标与社会公德实践要求相统一，将社会主义核心价值观融入各个场域的公民基本道德规范之中，从社会全方位、全领域、各层面培养公民崇德向善的精神面貌和道德意识。同时，社会主义核心价值观作为当代中国精神的集中体现，也因其巨大的生命力、凝聚力、感召力而成为凝聚中国力量的思想道德基础。这就要求充分借助培育和弘扬社会主义核心价值观的工作实践，引导人们从国家、社会、公民各个层面正确处理价值共识与价值多元、道德引导与道德自主的关系，为筑牢公民共同的道德信仰奠定坚实的思想根基，为社会公德建设提供鲜明的价值导向。

其次，加强社会公德引领涵育，必须以继承和发扬中华传统美德为重点。"中华传统美德是中华文化精髓，是道德建设的不竭源泉。"[①] 中华传统美德作为中华民族在长期的历史积淀中形成的优秀道德理论、道德规范和道德行为的总和，蕴含着独特的道德体系和丰富的精神资源，既包括中国古代社会形成的道德形态，也包括"中国人民在近现代的民主革命、社会主义革命和社会主义建设中逐步形成的革命传统"[②]，这些道德传统为公民道德建设提供了坚强的精神支柱和文化资源。新时代加强社会公德引领涵育必然要"继承和弘扬我国人民在长期实践中培育和形成的传统美德……努力实现中华传统美德的创造性转化、创新性发展，引导人们向往和追求讲道德、尊道德、守道德的生活"。[③] 一方面，我们必须深入挖掘中国传统文化的道德资源，充分挖掘文化经典、红色遗址、文物古迹等实体标识承载的道德资源，将其转化为特殊的空间符号，以传承和传播道德观念。另一方面，我们还要充分挖掘中国文化中蕴含的讲仁义、守诚信、崇正义的传统美德和大公无私、自强不息、勤俭节约、不畏牺牲的革命美德，并结合时代的发展需求，深入挖掘和阐发中华优秀传统文化讲仁爱、重民本、守诚信、崇正义、尚和合、求大同的时代价值，并以现代化的传播方式和表达方式进行转化。此外，还要发挥各类道德教育阵地作用，以各种形式开展社会公德教育，加强中国传统美德的宣传教育，营造文化传

---

① 《新时代公民道德建设实施纲要》，人民出版社，2019，第7页。
② 陈先达：《革命的道德和道德的革命——读〈中国革命道德〉》，《光明日报》2000年4月11日。
③ 《习近平谈治国理政》第1卷，外文出版社，2018，第160~161页。

承的浓厚氛围，促进中国传统美德继承与弘扬的常态化，以此将中国传统美德和革命道德融入国民教育全过程。

最后，加强社会公德引领涵育，必须强化道德的最高评价标准地位。在社会公德建设中强化道德的最高评价标准地位，本质上就是通过彰显道德在社会评价体系中的崇高地位来提高人们在社会交往和社会生活中的道德评价和道德判断能力，引导人们向往和追求讲道德、尊道德、守道德的生活。实际上就是使社会公德的评判标准"依靠社会的氛围，依靠社会的共识，体现在社会成员的共同烘托之中"①，将其体现在国家意志、国家行为之中，进而使崇德向善成为人们立言立行、干事从业的第一准则，对照社会公德规范来看人们在社会交往和社会生活中能否做到"身有所正、言有所规、行有所止""知廉耻、懂荣辱、辨是非"。同时，由于社会公德建设的公共性、基础性特点，强化道德的最高评价标准地位尤其要充分发挥道德模范在社会公德实践中的榜样作用。"道德模范是社会道德建设的重要旗帜"②，深入开展学习宣传道德模范活动实际上就是以榜样引领来激励人民群众崇德向善、见贤思齐，这是弘扬真善美，传播正能量的最有效方式。并且，深入开展学习宣传道德模范活动也是要求国家和社会建立健全帮扶和礼遇道德模范的体制机制，尊重并礼遇道德模范，彰显其崇高社会地位，使"学好人、做模范""德者有得、好人好报"成为社会发展建设中的重要价值导向。

**（三）加强社会公德创建培育，推动公民社会公德践履**

社会公德建设重在从思想上引导人们将社会公德规范"内化于心"，贵在推动人们从行为上将社会公德规范"外化于行"，恩格斯也曾强调："文明是实践的事情，是社会的素质。"③ 因此，社会公德建设必然要求通过加强社会公德创建培育来推动公民的社会公德实践，即积极引导人们将已经内化为人们精神追求的社会公德规范外化为人们道德上的自觉行动，进而促进人们自觉在社会交往和社会生活中，坚持与道德规范对标对表，

---

① 黄坤明：《培育和践行社会主义核心价值观》，《人民日报》2017 年 11 月 17 日。
② 《习近平谈治国理政》第 1 卷，外文出版社，2018，第 158 页。
③ 《马克思恩格斯文集》第 1 卷，人民出版社，2009，第 97 页。

履行道德责任、进行道德实践，使言行都符合道德规范、坚守道德底线，学习并争当道德模范。

首先，社会公德创建培育要形成合力，即在各级党组织统一领导下，党政各部门和工会、共青团、妇联等人民团体齐抓共管，并动员汇聚社会各方面的力量，形成推动公民社会公德践履有效合力。社会公德建设在新时代公民道德建设中起着重要的基础性作用，加强各级党组织统一领导就是"坚持和加强党的全面领导，增强'四个意识'，坚定'四个自信'，做到'两个维护'，确保公民道德建设的正确方向"。[①] 党政各部门和社会各方面力量形成有利于社会公德践履的合力，就是要求各方面紧密结合社会发展实际和工作职能，积极履行公民道德建设责任，并在联动中积极发挥自身优势，以各司其职、各安其位、各尽其责的实践，达到共同推动公民道德建设的效果。同时，"道德建设既要靠教育倡导，也要靠有效治理"[②]，各方面形成合力也是为了能够综合施策、标本兼治，使得对经济、法律、技术、行政和社会管理、舆论监督等各种手段的运用更有成效，实现对失德败德、突破道德底线行为的有力惩治。

其次，社会公德创建培育要注重平台搭建和载体运用。社会公德对于人们而言是一种"软约束"，其建设也常常被视为"软任务"，因此要将其落到实处、作出实效，必须注重平台的搭建和载体的运用。一方面，要充分发挥媒体宣传平台的作用，将社会公德方面的正确价值导向和道德要求体现在经济、社会、文化等各领域的新闻报道中，体现在娱乐、体育、广告等各类节目栏目中，也要通过对道德领域热点问题的引导性阐释，以事说理、以案明德。同时，还要通过开展文明出行、文明交通、文明旅游、文明就餐、文明观赛，开设道德讲堂、组织道德论坛等活动，来搭建和形成引导人们自觉遵守道德规范的教育宣传平台。另一方面，要加强新时代文明实践中心建设，通过党和国家的重大活动、不同主题的精神文明创建活动、群众性主题实践活动将社会公德建设落到实处，使人们在和风细雨、真真切切的体验中，在潜移默化地践履道德规范的"自我实现"中，

---

① 《新时代公民道德建设实施纲要》，人民出版社，2019，第20页。
② 《新时代公民道德建设实施纲要》，人民出版社，2019，第19页。

做社会公德的践行者和维护者。

最后,社会公德创建培育要坚持久久为功。一方面,要在促进公民主体社会公德实践上坚持久久为功。社会公德建设的长远性、基础性特点,决定其必然是一个"涓涓细流,汇成江河"的过程,因此社会公德"外化于行"实际上是亿万人民主体性的、自觉性的点滴道德实践,其创建培育必须要摒弃一蹴而就、一劳永逸的思想。同时,这也要求人们必须从个体出发加强自律和他律,坚持"勿以善小而不为,勿以恶小而为之",牢记"从善如登,从恶如崩"的道理,不仅顾全大局,而且注重细节,从大处着眼、从小事着手,不断磨砺心志,加强修养,始终保持积极的人生态度、良好的道德品质、健康的生活情趣,身体力行、积善成德。另一方面,要在社会公德领域改革与治理上坚持久久为功。"法安天下,德润人心。"实践中,道德践行与法律约束对于国家治理起到相互补充、相互促进的作用,需要它们在规范社会行为、调节社会关系、维护社会秩序上协同发力。因此,侧重于公共交往、公共生活道德规范的社会公德建设必然需要法治作支撑,这就要求在发展建设的过程中将社会主义道德要求体现在立法、执法、司法之中,即以法律制度承托道德理念,以法治手段解决突出道德问题,特别是在爱护公物、保护环境、遵纪守法方面要持续推进相关褒奖和惩戒机制建设,要适当出台相关法律法规让败德违法者受到惩治,承担相应的法律责任。重点防范出现社会公德领域的"破窗效应",使人们对道德底线有敬畏之心,确立道德底线不触碰、道德红线不逾越的观念。

## 二 加强职业道德建设

职业道德是指每个公民在职业活动中因应其职业身份而遵循的基本道德规范,是关涉且调节从业人员与服务对象、职业与职工、职业与职业之间关系的行为准则。职业道德因应人们的职业特点和职业活动的要求,以职业公约、职业守则等形式对人们职业生活中的道德准则、道德情操与道德品质提出了基本要求。职业道德是社会道德体系的重要组成部分,因此,职业道德不仅是行业及其从业者对社会所担负的道德责任和义务,具有社会道德的一般作用,而且是本行业人员在职业活动中的行为规范,具有规范行业发展、职业活动的特殊作用。从而，这就要求职业道德建设必须立足于行业特色，突出对从业者职业操守的涵养，对从业者职业精神的培育和对行业新风树立的促进作用，并且推动践行爱岗敬业、诚实守信、办事公道、热情服务、奉献社会的主要道德规范，同时也通过自身"勤于学习，学文化、学科学、学技能、学各方面知识，不断提高综合素质，练就过硬本领"①，以踏实劳动、勤勉劳动促进自身在平凡的岗位上干出不平凡的业绩，造就自身闪光的人生。职业道德建设是思想道德素质建设的重要组成部分，其实质就是通过持续强化教育引导、实践养成、相关保障，不断提升公民职业道德素养，从而推动其逐渐进入良性发展且内生驱动的敬业、乐业、精业、兴业的精神境界与现实状态。

**（一）培育敬业精神，夯实职业道德建设的重要基础**

敬业是指人们对待本职工作时的一种专心致志、严肃恭敬、诚恳真挚的精神态度，也是社会对人们临事执业中处理个人与职业关系的基本道德要求。中华民族历来有"尽忠职守""敬业乐群""敬事无圹""敬事而信"的美德传统，当前社会主义核心价值观有"爱国敬业、诚信友善"的要求，而职业道德内容首要的即为"爱岗敬业"。由此，加强职业道德建设必须将敬业精神的培育作为涵养职业道德精神素养的核心规范。

首先，培育敬业精神必须坚持以礼敬为基。"人民创造历史，劳动开创未来。劳动是推动人类社会进步的根本力量。"② 我们的职业活动是参与劳动的基本方式，每个职业、每个岗位都是人们赖以生存发展的基础，敬业就是要求我们必须礼敬自己的劳动，礼敬自身的职业，因而敬业精神实质上是公民在职业活动中的立业之本和实现人生价值的重要遵循。同时，敬业不仅要求"礼于外表"，也要求"敬存内心"，只有真正培育和存有敬业精神，才能推进由内到外的礼敬职业的实践行动。

其次，培育敬业精神必须坚持以实干为本。"幸福不会从天而降，梦想不会自动成真。实现我们的奋斗目标，开创我们的美好未来，必须紧紧

---

① 习近平：《在知识分子、劳动模范、青年代表座谈会上的讲话》，人民出版社，2016，第 8 页。

② 《习近平谈治国理政》第 1 卷，外文出版社，2018，第 44 页。

依靠人民、始终为了人民，必须依靠辛勤劳动、诚实劳动、创造性劳动。"①"空谈误国，实干兴邦"，培育敬业精神内在地要求从业者需胸怀对本职岗位的高度热忱和道德责任感、使命感，并且必须将这种职业道德认识转化为职业活动中的实际行动。这就要求从业者必须始终保持对本职工作的浓厚兴趣和高度认同，在工作中坚定信心，尽忠职守，坚持脚踏实地、一步一个脚印地将工作落到实处，坚持在工作中作出符合工作要求的、经得起检验的实绩。

最后，培育敬业精神必须坚持以赤诚为要。职业道德建设中的敬业要求，不仅要人们用勤恳奋发的实践对待自己的职业，还要求人们必须以赤诚信义的态度提升自身修养，规范自身行为。"人世间的美好梦想，只有通过诚实劳动才能实现；发展中的各种难题，只有通过诚实劳动才能破解；生命里的一切辉煌，只有通过诚实劳动才能铸就。"② 在职业活动中，必须坚持实事求是的态度和诚恳踏实的劳动对待自身岗位事务，反对敷衍塞责、玩忽职守、尸位素餐的错误价值观，并且坚持以公平合理的态度和一视同仁的原则在职业活动中履行职业责任，坚守职业良心，坚持真心做事、实在做人。同时，还要坚持以赤诚的态度对照职业道德规范不断检视自身的道德实践，坚持以高度的道德自觉规范自身的言行，坚决以高于基本要求的标准指导守住道德底线和法律红线。

### （二）保持乐业状态，激发职业道德建设的主体动力

乐业状态是指人们在职业活动中怀有恭敬愉悦的心情，保持全身心投入的工作状态，在此过程中从业者不仅乐于从事岗位工作，而且能够在恭敬忘我的工作中领悟出人生趣味，提升自身的职业道德素养和劳动创造能力。乐业状态下，人们不是为生活而劳动，亦非为劳动而劳动，而是将劳动作为实现自身价值的一个过程，并且在其中不断满足自身对美好道德境界的追求，不断促进社会的全面进步和人的全面发展。因而，乐业状态是从业者对职业责任的高度认同，是对内化于心的职业道德修养的自然展现，同时也是推进职业道德建设的劳动者主体性力量。

---

① 《习近平谈治国理政》第 1 卷，外文出版社，2018，第 44 页。
② 《习近平谈治国理政》第 1 卷，外文出版社，2018，第 46 页。

一方面，要促进保持乐业状态，就必须使从业人员深刻认识自身的职业责任。职业责任是指从业人员在职业活动中因其岗位和职业身份而对社会、人民所承担的基本责任。"人民创造历史，劳动开创未来。劳动是推动人类社会进步的根本力量。"① 通过全体人民的不懈奋斗和辛勤劳动，我们党和国家的事业取得了辉煌的成就，在全面建成小康社会之后，我们还要继续推进社会主义现代化强国建设，要更加努力实现中华民族伟大复兴的中国梦，每个岗位的工作者都是推动中国梦实现的主体，是参与者、书写者、推动者、铸造者。在中华民族伟大复兴的奋进征程中从事劳动，是每个公民应尽的义务和光荣的责任。从业人员必须明确自身的职业责任，立足于职业责任而培养职业道德情感、职业道德信念，进而指导自身自觉自愿地从事本职工作，并在乐业的状态中克服困难、作出贡献。

另一方面，要促进保持乐业状态，就必须不断提升从业人员的职业幸福感。乐业是职业道德建设的动力来源，而乐业则是因为从业人员能够在职业活动中获得人生的乐趣和精神享受，并且能够通过职业活动提升自身的获得感、幸福感。因而，在职业道德建设过程中必须充分尊重劳动者的主体地位，引导其既着眼于大局，又立足于小事，促进其在克服困难、解决问题、工作奉献中提升自身的能力和水平，使其深刻认识到工作劳动是其实现价值、发展自我的内在需要和有效途径。引导从业人员切实肩负起其应承担的神圣使命，把敬业奉献作为一种生活方式，在乐于奉献的工作中获得和享受为人民群众服务的成就和喜悦，推动从业人员在平凡的岗位上作出不平凡的业绩、实现不平凡的进步。

### （三）涵养精业追求，发挥职业道德建设的支撑作用

精业追求是指从业人员在职业活动中以精益求精的态度和精雕细琢的实践来对待工作事务，并且因应现实变化和工作需要坚持加强对相关理论和业务知识的学习，不断提升自身的工作本领和工作能力。精业是从业人员不断超越平庸，追求卓越的过程，它立足于敬业、乐业，但本质上却是从业人员内在道德的兴旺与焕发，根本来源于自身的职业理想、职业责任和职业追求。追求精业是从业人员不断实现内在超越的必然要求，而职业

---

① 《习近平谈治国理政》第 1 卷，外文出版社，2018，第 44 页。

道德建设则必然成为涵养精业追求的有效支撑。因此，涵养精业追求必须充分发挥职业道德建设的巨大支撑作用。

一方面，涵养精业追求是从业人员践行职业道德认识、实现职业道德理想的必然要求。"干一行，爱一行，精一行"，追求精业是从业人员在爱岗敬业的基础上，进一步将职业道德、职业精神、职业担当与职业实践相结合的表现。"素质是立身之基，技能是立业之本"①，每个职业岗位都有其业务和技术要求，每个从业人员在基本熟悉和掌握从事本职所需的知识和技能之后，要想进一步在岗位上承担自身的职业责任、实现自身的职业理想，取得更大的进步和更突出的工作成绩，往往就需要树立和涵养精业追求，进一步加强学习，学文化、学科学、学技能、学各方面知识，不断提高自身的职业综合素质，练就从事职业活动的过硬本领。这个过程实际上就是从业人员本着职业良心和现实需要，在职业活动中将应尽的道德责任转变为新的道德情感、道德信念，从而指引道德实践的过程。

另一方面，涵养精业追求必须充分发挥职业道德建设的支撑作用。现实中，对待岗位工作，从业人员不同的良心追求决定了不同的职业成就。"历史车轮滚滚向前，时代潮流浩浩荡荡。历史只会眷顾坚定者、奋进者、搏击者，而不会等待犹豫者、懈怠者、畏难者。"② 追求精业，往往意味着从业人员需要坚守目标执着求索，在各种困难、挫折、诱惑中矢志不渝、砥砺前行。这个过程既需要从业人员不断地进行自我反省、体悟和提升，也需要从业人员敢为人先，抓住时机锐意进取。这就需要职业道德给予从业人员以强大的思想信念的支撑，即以职业道德责任培育职业担当意识，以职业道德理想支撑崇高职业追求，以职业价值观教育引领向上向善的职业实践。

#### （四）筑牢兴业根基，强化职业道德的机制保障

兴业是指某领域或者某方面的事业获得兴盛发展的状态，从长远来看，道德建设在兴业的过程中往往发挥了非常重要的作用。特别是在职业

---

① 习近平：《在知识分子、劳动模范、青年代表座谈会上的讲话》，人民出版社，2016，第8页。
② 《习近平谈治国理政》第3卷，外文出版社，2020，第54页。

活动中，人们只有在职业道德建设中促进内在状态上的敬业与乐业，才能在道德与实践的结合中实现外在表现上的精业和兴业。因此，职业活动中从业人员的良好职业道德素养是筑牢兴业根基的关键，而职业道德建设的长效机制则为兴业的实现和保持提供了有效保障。

首先，筑牢兴业根基必须坚持保障劳动群众的劳动创造权利。中华民族复兴的梦想属于每一个中国人，这个伟大梦想的实现需要靠各行各业人们的辛勤劳动，同时每个人都有权利在民族复兴的国家大业中筑梦、追梦、圆梦，普通劳动者完全可以在民族复兴事业的宽广舞台上展示和实现自己的人生价值。保障劳动群众的劳动创造权利是职业道德建设的前提，在职业道德建设过程中要切实落实党和国家的相关政策措施，充分关心和爱护广大劳动群众，并且结合现实需要不断推进相关领域改革创新，坚决扫除制约广大劳动群众就业创业的体制机制和政策障碍。

其次，筑牢兴业根基必须坚持着眼长远建设道德长效机制。职业道德建设能不断提升劳动群众的综合素质，促进其全面发展，这也是筑牢兴业根基的工作重点。因而职业道德建设必须不断顺应时代要求和社会变化，从促进职业活动从业人员的素质提升和全面发展出发，坚持着眼长远来推进其社会责任感和道德水准的长期培育，同时积极加强从业人员在政治、法律、技能、审美等领域的道德长效机制建设。

最后，筑牢兴业根基必须坚持推动形成职业道德建设合力。职业道德是一个多方因素综合形成的结果，兴业根基也会受到社会各方的影响。因此，就职业道德建设工作需要和效果特点而言，参与职业道德建设的相关各方必须充分建立起对职业道德建设工作的重视，在加强组织领导，健全工作机制的基础上，相关各方要密切交流与沟通，充分重视、各负其责、通力合作、齐抓共管，共同致力于构筑职业道德建设体系。

### 三 加强家庭美德建设

家庭美德是指每个公民在家庭生活中因应其家庭身份而遵循的基本行为准则，是调节家庭内部成员和与家庭生活密切相关的人际交往的行为规范，它主要关涉的是夫妻、长幼、邻里之间的关系。家庭美德对家庭的道德观念、道德规范和道德品质提出了基本要求。因此，家庭美德建设主要是引导人们在家庭生活中，在道德观念意识指导下，按照家庭美德规范行动，逐渐形成良好的道德品质。家庭美德建设还要求人们正确对待和处理家庭问题，共同培养和发展夫妻爱情、长幼亲情、邻里友情，共同创造每个家庭的美满幸福。"家庭是社会的基本细胞，是道德养成的起点。"① 对于一个向善向好发展的文明社会，家庭的生活依托、社会功能及文明作用任何时候都不可替代，加强家庭美德培育，推进家庭文明建设，就是要努力发挥家庭作为国家发展、民族进步、社会和谐重要基点的作用，使其成为每个家庭成员全面发展和梦想启航的重要支撑，也成为汇聚中华民族复兴圆梦力量的重要源泉。家庭美德建设、文明家庭创建的关键在于注重家庭、注重家教、注重家风，即持续建设文明家庭，积极开展科学家教，着力传承优良家风。

**（一）注重家庭：持续建设文明家庭**

"中华民族自古以来就重视家庭、重视亲情。"② 中国人历来注重家庭，注重家庭不仅是中华民族的优秀传统，也是加强家庭美德建设的关键所在。

一方面，注重家庭并在新时代持续建设文明家庭，要求我们从多个维度建立起对于家庭的基本认识。在个体维度上，家庭是以婚姻关系、血缘关系或收养关系为基础，以亲情为纽带，具有亲属关系的不同个体生活、成长、发展的基本社会单元。在社会维度上，"家庭是社会的基本细胞"③，家庭融汇了经济生产、安全保卫、教育、社会化等基本功能，是人们进行物质、人口、精神文化再生产的社会组织、经济组织、精神场域，因此，家庭是社会发展的基本依托，家庭发展情况也是社会发展状况的基本呈现。在国家维度上，"家是最小国，国是千万家"，家庭与国家都是历史范畴，在中国人的精神谱系与中华民族的精神血脉中，家庭是国家的微缩，国家是家庭的扩大。家国同构与家国情怀内生驱动着中国人由己而家、由家而国，主动将家庭情感与爱国情感融为一体，自觉地重视家、

---

① 《新时代公民道德建设实施纲要》，人民出版社，2019，第9页。
② 习近平：《在2015年春节团拜会上的讲话》，《人民日报》2015年2月18日。
③ 《新时代公民道德建设实施纲要》，人民出版社，2019，第9页。

忠于国，自觉地将个人、家庭、国家联系起来，将个人前途与国家命运联系起来，共同汇聚成具有强大凝聚力的国家，可谓"天下之本在国，国之本在家"。①

另一方面，注重家庭并在新时代持续建设文明家庭，要求明晰文明家庭创建的主要内容。《新时代公民道德建设实施纲要》指出，家庭美德以"尊老爱幼、男女平等、夫妻和睦、勤俭持家、邻里互助"②为主要内容，只有我们紧扣家庭美德的主要内容，并"聚焦涵育家庭美德，弘扬优良家风"③，持续发挥家庭的相关功能作用，才能实现促进家庭成员全面健康成长和推动国家社会整体向上向善的家庭美德建设目标。因此，在注重家庭，推进家庭文明建设过程中，必须致力于将家庭建设成为每个人成长最重要的沃土和倚赖，使其成为人们梦想启航的地方；必须既突出家庭亲情培养、维系、发展的基础作用，同时又要促进家庭成员之间长幼有别、相亲相爱、各尽其责，共同努力推动家庭的幸福美满；必须把爱家与爱国统一起来，把家庭圆梦与民族圆梦力量汇聚到一起，使国家富强、民族复兴、人民幸福同向而行。注重家庭，就是要在推进新时代社会主义精神文明建设过程中，不断加强家庭美德建设，持续推进文明家庭建设，从而"促进家庭和睦，促进亲人相亲相爱，促进下一代健康成长，促进老年人老有所养，使千千万万个家庭成为国家发展、民族进步、社会和谐的重要基点"。④

**（二）注重家教：积极开展科学家教**

虽然我们国家社会经济不断向前发展，但不论时代如何变化，绝大多数人都生活在家庭之中，家庭作为人们日常生活成长的重要场所，同时也是绝大多数人的人生第一所学校和第一个课堂。因此，家庭几乎伴随着中国人人生发展的全过程，家庭教育也深刻地影响着每个中国人的一生。家教，即家庭教育，一般是指在家庭内，家庭成员的思想、语言、行为对成员彼此做人做事的行为、理念、观念等的影响和作用，因此家庭教育不仅包括父母长辈对晚辈的教育、家庭成员之间的教育，还包括晚辈对长辈的

---

① 习近平：《在2018年春节团拜会上的讲话》，《人民日报》2018年2月15日。
② 《新时代公民道德建设实施纲要》，人民出版社，2019，第5页。
③ 《新时代公民道德建设实施纲要》，人民出版社，2019，第13页。
④ 习近平：《在2015年春节团拜会上的讲话》，《人民日报》2015年2月18日。

## 第一章 精神素养的涵养培育：新时代精神文明建设的内生系统

影响，以及家庭成员在家庭影响下的自我教育和自我提升。

首先，注重家教，积极开展科学家教，要求家庭成员必须自觉承担起教育责任。在家庭这个共同生活成长的场域之中，家庭教育活动的开展、效果的形成需要家庭成员的共同努力，即成员间共同建立起真诚施教和虚心受教的良好心态，共同树立起携手推进家庭教育的意识，自觉承担推进家庭教育的责任，努力创造一个良好的家教氛围，使家庭成员在受教和施教的辩证过程中不断获得发展。同时，需要强调的是，虽然家庭教育是面向所有家庭成员的，但其重点是对家中后辈的教育，因为"青少年是家庭的未来和希望，更是国家的未来和希望"。[①] 故而，家庭成员自觉承担起教育责任既是对家庭后代负责，对自身负责，对家庭的发展负责，更是对国家和社会负责的体现。并且，由于家庭的组成通常以夫妻双方的姻亲关系为纽带，所以作为家庭关系支柱的夫妻双方，必须自觉承担起家庭教育特别是子女教育的主体责任。习近平总书记曾特别强调这一点："家长应该担负起教育后代的责任。家长特别是父母对子女的影响很大，往往可以影响一个人的一生。"[②]

其次，注重家教，积极开展科学家教，要求教育内容必须重点落足于道德品质的培养上。家庭教育是促进人全面发展的主要教育形式之一，同样涵括了德育、智育、体育、美育和劳动技术教育等方面的内容，但其内容也有轻重主次之分，正如习近平总书记所指明的："家庭教育涉及很多方面，但最重要的是品德教育，是如何做人的教育。"[③] 家庭教育对人们为人处世的影响不可谓不大，某种程度上，有什么样的家庭教育，就会有什么样的家庭成员。特别是对于从小就受家庭教育影响的家庭后辈而言，家庭教育所传递的道德观念，往往可以影响其一生。因此，家庭教育必须注重对家庭成员特别是家庭下一代的品德教育，即将社会主义核心价值观的培育与践行，将热爱党、热爱祖国、热爱人民、热爱中华民族的引导，将中华民族传统美德的积极传播，融汇于家庭教育之中，在家庭成员的朝夕

---

① 《习近平谈治国理政》第 2 卷，外文出版社，2017，第 354 页。
② 《习近平谈治国理政》第 2 卷，外文出版社，2017，第 354～355 页。
③ 《习近平谈治国理政》第 2 卷，外文出版社，2017，第 354 页。

相处之中潜移默化地"传递尊老爱幼、男女平等、夫妻和睦、勤俭持家、邻里团结的观念,倡导忠诚、责任、亲情、学习、公益的理念"。①

最后,注重家教,积极开展科学家教,要求教育过程中必须注重言传身教。家人通常是人们一生中接触最多、最亲近的人,人们的言谈举止往往受家人的影响最深,特别是家中后辈常常在父母长辈的言传身教和耳濡目染之中建立了对美好品德的认识,开启了对美好品德的养成,尝试着对美好品德的力行。言传身教是开展科学家教的重要方式和主要载体,一方面是因为言传身教要求家长必须"身正为范",家长建立起了正确的是非观、人生观、价值观才能和后辈子女将做人做事的道理说清楚、讲明白,家长在日常生活中做到言行一致,才能使自身的话语更具有说服力,更具有实践基础的支撑。另一方面是因为言传身教本质上要求父母长辈与子女后辈之间以亲情为基础而开展对为人处世理念的理解。无论是"言传",还是"身教",实际上都要求施教者和受教者之间建立起人格上的平等与尊重,并且这种语言、实践上的交流是以人际关系的和谐即互相尊重、互相理解、互相关爱为基础的,这有利于在家庭这一以亲情为基础维系的场域中创造情感认同、理念认同和力量聚合。家庭教育中的言传身教实际上是施教者和受教者在家庭美德建设过程中的共同提升、共同成长、共同实践,是"推动人们在为家庭谋幸福、为他人送温暖、为社会作贡献的过程中提高精神境界、培育文明风尚"。②

### (三)注重家风:着力传承优秀家风

立足于新时代加强家庭美德建设,要求我们必须从长时间周期来关注和推动家庭的发展。在家庭美德建设涉及的诸多因素之中,对家庭乃至家族世代延续影响最大的便是家风,也就是古人说的"积善之家,必有余庆;积不善之家,必有余殃"。家风是家庭或家族代代相传的约束、规范和体现家族成员精神风貌、道德品质、审美格调和整体气质的道德文化氛围。在中国,家风则表现为家庭成员以中华优秀文化为根基的价值准则认同,它集中体现了家庭所倡导的道德规范,也是家庭成员道德水平的集中

---

① 《习近平谈治国理政》第2卷,外文出版社,2017,第355页。
② 《习近平关于社会主义文化建设论述摘编》,中央文献出版社,2017,第148页。

反映。家风是立足于较稳定的世代相传的价值认同而形成的在思想道德上具有规制效果的精神力量,优秀家风的这种规制力量会促使家庭成员在向善向上的家庭整体氛围中不断延续发展。因而优秀家风往往是一个家族或家庭长期积淀形成的精神成果,优秀家风的传承也对国家的前途、民族的命运、社会的发展具有巨大的支撑作用。

首先,注重家风必须弘扬传统美德,夯实家风根基。"中华传统美德是中华文化精髓,蕴含着丰富的思想道德资源。"[①] 在倡导家国一体的中华文化背景之下推进新时代家庭美德建设,根基必然是中华民族的传统家庭美德,因为在中华民族传统家庭美德之中,不仅有妻贤夫安、尊老爱幼、母慈子孝、兄友弟恭等关涉家庭成员关系维系的理念,也有耕读传家、勤俭持家、知书达礼、遵纪守法等指导家庭发展的规范,还包含着家和万事兴、天下一家亲、精忠报国等弘扬高尚家国情怀的信念。中华传统家庭美德来源于中国人在族群中长时间形成的共同精神追求,是融汇在中华民族生生不息、薪火相传的血脉之中的重要精神力量,它必然成为现代家庭美德的宝贵精神财富,同时也必然成为支持家风建设行稳致远的重要根基。因而在注重家风,推进家庭美德建设的过程中,必须使继承弘扬中华优秀传统文化与传递尊老爱幼、男女平等、夫妻和睦、勤俭持家、邻里团结的观念有机结合,使新时代家庭美德建设在美好道德追求的历史接续中增加历史厚度、增强永恒魅力、增进价值认同。

其次,注重家风必须抓好榜样示范,筑牢家风支撑。家风是社会风气、政治风气的重要组成部分,尤其是在人们越来越深度嵌入社会发展、政治生活的现代社会,优良家风越来越成为良好社会风气、政治风气的重要支撑。而领导干部、公众人物、先进模范等作为关乎表率、关乎大众、关乎未来、关乎导向的重点人群,其家风建设情况对于整个社会风气的形成与发展具有守望者、风向标、压舱石的重要作用,更应该引导其将家风建设摆在重要位置。习近平总书记特别强调:"领导干部的家风,不仅关系自己的家庭,而且关系党风政风"[②],并要求"各级领导干部要带头抓好

---

[①] 《习近平谈治国理政》第1卷,外文出版社,2018,第164页。
[②] 《习近平谈治国理政》第2卷,外文出版社,2017,第356页。

家风。……做家风建设的表率,把修身、齐家落到实处"①,即一方面要管好自己,以自我完善的追求引领正确的道德认识、培育健康的道德习惯、激发美好的道德情感、涵养良好的道德人格、锤炼坚韧的道德意志、夯实高尚的道德信仰;另一方面要管好家人,管好"身边人",过好"亲情关",培育好家风,以坚强的道德定力、优良的家风建设,带动党风建设、促进政风建设、影响社风建设。

最后,注重家风必须增强建设合力,推进家风传承。一方面,从资源支持来看,家风建设根植于中华文化沃土之上,必须在弘扬中华优秀传统文化、革命文化、社会主义先进文化,培育社会主义核心价值观的过程中讲好中华民族传统家庭美德故事、讲好革命前辈的红色家风故事、讲好文明榜样与文明家庭的新时代家风故事。另一方面,从各方力量主体来看,家风是社会风气、政治风气的重要组成部分,社风、政风也对家风建设具有重要影响,良好家风的培育和弘扬也得益于家庭、学校、社会的通力合作。这就要求在良好家风培育和弘扬的过程中,必须统筹发挥家长的主体作用、党委政府的领导作用、学校的教育作用、群团组织的支持作用,推动形成政府主导、部门协作、家长参与、学校组织、社会支持的家风培育的新时代格局。

## 四 加强个人品德建设

个人品德是指人们作为个体在日常生活、社会实践中体现品性与德行等方面基本要求的道德规范,关涉的是内在修养发展、外在行为指引、内外互动调适的关系,它是一个人认识和处理自身道德修养、精神境界、人格发展、立业处世等问题的重要指引。

在个人的能力素质结构中,人们通常会强调"德才兼备,以德为先",这就是着重突出个人的道德力量对才智等其他素质的完善和支撑作用。所谓人生追求三不朽:立德、立功、立言,也是强调个人品德对于人、事、物等的基础性与前提性作用。《新时代公民道德建设实施纲要》首次将个人品德作为公民道德建设的基本内容,将其与社会公德、职业道德、家庭

---

① 《习近平谈治国理政》第2卷,外文出版社,2017,第356页。

美德共同作为公民道德建设的着力点,就是强调其在公民道德建设中的基石作用和重要地位。这也是以习近平同志为核心的党中央紧扣道德建设的时代主题,推动我国社会主义道德建设取得新突破,着力构建完整的公民道德体系的重要体现。

个人品德建设就是以推动践行爱国奉献、明礼遵规、勤劳善良、宽厚正直、自强自律的个人品德为主要内容,鼓励人们在日常生活中"把正确的道德认知、自觉的道德养成、积极的道德实践紧密结合起来,不断修身立德,打牢道德根基,在人生道路上走得更正、走得更远"。①

**(一) 树立正确的道德认知**

人类区别于其他动物的特征之一就在于人是具有道德特性的存在。人无德不立,德行之于人类是其为人的根本。而个人品德建设则往往肇始于人们正确的道德认知,这也是个人品德建设得以顺利进行的重要根基和首要环节。

首先,培育树立正确的道德认知必须引导人们培育道德认同。人是社会中的人,人因其社会属性和社会关系而成为真正的人,人在社会中必然具有道德认同的需要,这也是道德在社会发展中具有重要调控力量的根源。同时,社会成员对道德的普遍遵守也是促进社会稳定和发展的重要基础。因此,个人品德建设必须着力宣传爱国奉献、明礼遵规、勤劳善良、宽厚正直、自强自律等相关内容,潜移默化地推动人们建立对个人品德主要内容规范的内在认同,进而为其树立正确认知打下基础。

其次,培育树立正确的道德认知必须促进人们建构道德规范。个人品德建设是一项长期的系统性工程,其建设必然要结合爱国主义、集体主义、社会主义思想的理想信念教育和对民族精神、时代精神的深入学习,引导人们树立正确的人生观、历史观、民族观、国家观和文化观。通过引导人们明大德、守公德、严私德,进而将个人品德主要内容、自身修养基本要求建构成为内化于心的道德规范。

最后,培育树立正确的道德认知必须推动人们形成道德观念。道德观念是指人们对自身、他人及所处社会关系的系统性认识和整体性看法,它

---

① 《习近平谈治国理政》第3卷,外文出版社,2020,第337页。

具有一定的稳定性和综合性。道德观念的形成一般源自他人言传身教的影响和社会环境的浸润,是人们在大脑中逐渐形成契合社会行为规范的是非标准、价值观念、荣辱观念等道德意识。道德观念往往具有形成个人意志、指导个人行为的作用,即道德观念会在人们履行道德义务或决定道德行为的过程中,驱动人们自觉自愿地按自身道德观念进行判断、作出选择、采取行动。这也是人们"面对复杂的世界大变局,要明辨是非、恪守正道,不人云亦云、盲目跟风"[①],保持定力、严守规矩、立身笃行的重要保障。

**(二)推动自觉的道德养成**

道德养成是指人们在道德认知和道德意志的影响下,为实现一定的道德目标与道德追求,自觉地按照社会的道德要求,而进行的自我锻炼、自我改造和自我提高等行为活动,并由此而形成的相应道德情操和达到的道德境界。因此,个人品德建设贵在内心追求,贵在日常生活中的内省自律的道德养成,贵在对高尚德性品格始终如一的坚守。

首先,引导推动自觉的道德养成必须重视学习提升。重视个人品德方面的学习提升是推进自觉的道德养成的首要途径,这也是人们实现崇德向善、见贤思齐的基本方式。重视个人品德方面的学习提升,要求人们不断在理想信念、价值理念、道德观念上加强理解学习,深入培育和践行社会主义核心价值观,着力传承中华传统美德,着力学习弘扬以爱国主义为核心的民族精神和以改革创新为核心的时代精神,进而对照道德规范、道德内容来促进自身道德认知和道德能力的提升。

其次,引导推动自觉的道德养成必须重视反思反省。重视个人品德方面的反思反省是推进自觉的道德养成的重要方式。重视反思反省就是要求人们在日常生活中,通过对自身思想行为的检视,不断加深对自身道德状况的认识。对照个人品德建设要求,注重从小事小节上、一点一滴中提高修养、完善自己,进而在严以修身,防微杜渐之中,让爱国奉献、明礼遵规、勤劳善良、宽厚正直、自强自律的美好个人品德与自己为伴,并且在反思反省中使道德检视成为自身的理性行为与自觉活动,使其成为推动自

---

① 《习近平谈治国理政》第 3 卷,外文出版社,2020,第 337 页。

我修养达至理性境界的重要方式。

最后，引导推动自觉的道德养成必须坚持慎独慎微。慎独是指人们在无人监督开展活动的情况下，自觉依照一定的道德规范指导行为，尽管无人知晓也坚持不做任何有违道德信念、做人原则的事情。慎独是我国自古以来就着重倡导的自我修身方法，它讲求的是个人道德水平的修习，重视的是始终如一的个人品行，是检验一个人自觉性、自制力和意志力强不强的重要标志。而慎微就是人们在道德修养上审慎于细微且能见微知著而防微杜渐。这就是要求人们必须深刻洞察个人品德修养的发展变化，通过有意识的管控道德修养上的量变和质变过程，来指导自己时时刻刻、事事处处把握品德修养，坚持不以善小而不为，不以恶小而为之。

### （三）投身积极的道德实践

个人品德建设贵在坚持知行合一、坚持行胜于言，重在落细、落小、落实的实践上下功夫。个人品德建设的重点工作之一就是不断提高人们的道德实践能力。因而，积极的道德实践要求人们必须自觉把个人品德建设的主要内容日常化、具体化、形象化、生活化，使其内化为精神追求，外化为实际行动，促进自身在认识与实践上都能做到明大德、守公德、严私德。

首先，投身积极的道德实践要求人们必须坚持严以律己。"严以律己，就是要心存敬畏、手握戒尺，慎独慎微、勤于自省"[①]，道德是内心的法律，严以律己要求人们在实践中坚持以个人品德规范为实践行为的"戒尺"，内心深处要深刻认识到戒尺之重、戒尺之威，要坚持以"戒尺"度己，慎终如始、内外兼修，用"严以律己"的信念和实践促使自己在品德修养上真正做到一尘不染、一身正气。

其次，投身积极的道德实践要求人们必须坚持知行合一。真知即是行，知是行之始，行是知之成。个人道德建设的本质就是推进个人道德在实践中实现知行合一，道德认知与道德理念如果不能贯彻落实在实践之中，那我们认为这种认知与理念并非"真知"，亦非"真念"。个人品德建设中知行关系就是道德意识、思想意念与道德践履、实际行动的关系，积

---

① 《习近平关于全面从严治党论述摘编》，中央文献出版社，2016，第158页。

极的道德实践要求人们做到知行合一，要求人们必须使道德意识、思想意念与道德践履、实际行动真正契合，表里如一。

最后，投身积极的道德实践要求人们必须坚持立身行善。立身行善是不断促进积极的道德实践，不断推进个人品德建设的基本途径。公民道德建设中个人品德建设能否落到实处，取决于人们能否将正确的道德认知、自觉的道德养成、积极的道德实践紧密结合起来，进而不断修身立德，立身行善。这就是要求公民个人在实践中，坚持以党和国家事业的长远发展为奋斗目标，以投身服务人民的事业为己任，为家庭、为社会、为国家作出应有的贡献，坚持在道德修养中守正道、扬正气，坚持以正确的信念、高尚的人格、担当的实干立身。并且坚持以正确的思想认识指导处理好公和私、义和利、是和非、正和邪、苦和乐的关系，坚持以公正心、以平和心、以进取心指导实践，努力勤学而增智、修德而立身、明辨而净心、笃实而为功。

## 第二节　科学文化素质建设

当今世界正经历百年未有之大变局，新一轮科技革命和产业变革深入发展，我们国家要在全面建成小康社会之后，继续乘势而上开启现代化强国建设新征程，必须坚持创新在我国现代化建设全局中的核心地位，把科技自立自强作为国家发展的战略支撑，面向世界科技前沿、面向经济主战场、面向国家重大需求、面向人民生命健康，深入实施科教兴国战略、人才强国战略、创新驱动发展战略，完善国家创新体系，加快建设科技强国。同时也要强化国家战略科技力量，完善科技创新体制机制，激发人才创新活力，提升企业技术创新能力。相关调查表明，在我们国家，无论是个人层面上的公民科学文化素质，还是社会层面上的国家科学文化素质，整体发展水平仍然低于社会经济发展目标要求与现实需求，且已成为制约我国经济发展和社会进步的瓶颈之一。因此，在公民和社会两个层面全面提高科学文化素质势在必行，这就要求我们必须多方发力、综合施策破解科学文化素质发展不平衡、不充分的问题，必须不断将侧重于科学价值理念建设的科学素质培育推向前进，持之以恒地致力于培育崇尚科学、学习科学、发展科学、运用科学的综合素养与公众意识。

## 一 崇尚科学：树立正确的科学观

理念是行动的先导，要推进科学文化素质建设，必然要在全社会弘扬科学精神，树立良好的科学观，使人们能够从思想上发自内心地尊崇科学。一般来说，科学是指建立在可检验的解释和对客观事物的形式、组织等进行预测的、有序的知识系统基础之上的，关于自然规律和人类社会发展规律的学问，是人类认识研究宇宙万物变化规律的知识体系的统称。因此，科学可分为自然科学和人文社会科学，科学文化素质建设视域中的崇尚科学则旨在推动人们树立正确的科学观，即坚持科学态度、尊重科学规律、坚守科学认知。

### （一）在认识和改造世界时秉持科学态度

在认识世界和改造世界时秉持科学态度，就是坚持用科学的态度认识已有的科学知识，坚持以科学的态度对待科学知识的获取，坚决抵制反智倾向。

首先，我们应该明确，任何知识的产生和发展都是由实践决定的，由于实践的唯物本质和发展性特点，我们对科学知识的认识也是一个由相对真理不断走向绝对真理的发展过程。现有的知识都是对过往认识的成果，只反映以前的客观事物的水平，需要不断更新。因此，我们应该用联系的、发展的、全面的观点来认识现有的科学知识。但这并非简单否定现有的科学知识，而是要求人们必须辩证地看待已经获得的知识，必须坚持在批判吸收已有知识的基础上勇于推进对新的科学知识的获取，不断提升对科学知识的认识，亦即不断推进知识的创新。

其次，我们应该明确，科学态度本质上是建基于知识和技能之上的文化与精神，在对待科学知识的获取上我们应该坚持科学的态度，即用科学的方法处理问题，用科学的知识解决问题。同时，正如恩格斯所说："在自然界和历史的每一科学领域中，都必须从既有的事实出发"[①]，在实事求是的过程中推动对新的科学知识的获取。这就要求我们无论是获取新认识

---

① 《马克思恩格斯文集》第9卷，人民出版社，2009，第440页。

或者推进已有认识，都要坚持以科学地对待认识和认识成果的严格态度，在联系现实、运用科学的方法之后，再吐故纳新。

最后，我们应该明确，科学态度意味着我们必须坚决抵制反智倾向。纵观人类科学发展史，我们可以发现科学知识的获取过程其实就是人们不断克服困难、追求智慧的过程。当今世界，人类面临着挑战因素叠加和文明多元激荡愈加明显的现实，在这个世界局势加速变革和深刻调整的时期，反智倾向也乘虚而入，特别是自新冠肺炎疫情突袭而至以来，反智主义思潮在某些国家和地区成了一种突出的政治文化现象。"尊重科学，集中体现了中国人民求真务实、开拓创新的实践品格。"① 在某种程度上，正是由于相信科学的力量，坚持科学的态度，我们国家才能有效应对包括新冠肺炎疫情在内的种种困难挑战。这实际上就是用科学的思想观察问题，用科学的方法处理问题，用科学的知识解决问题的具体体现。

**（二）在认识和改造世界时尊重科学规律**

科学是人类通过对自然界、社会以及人自身运动的长时期研究和探索形成的知识积累。我们在认识和改造世界时必须尊重和遵循科学规律，按照符合客观世界实际的方式来认识和改造世界，并且这个认识和改造的过程必须符合认识活动和改造活动的科学规律。

首先，我们必须坚持以科学的精神认识和改造世界，即坚持与科学技术相伴而来的，对人的秉性的要求：解放思想、实事求是、崇尚理性、勇于探索、追求真理。我们必须不断提升民众对于基本科学知识的了解程度，不断补足人们在科学精神、科学思想和科学方法等方面的欠缺，使一些不科学的观念和行为逐渐减少，使无知谬误和有知谬误不断减少。这里所说的有知谬误，是指在某些情况下，某些人利用人们在具体知识上的认知欠缺而愚弄、欺骗大众的现象。只有人们在认识和改造世界时坚持尊重科学规律，端正科学态度，才能真正掌握科学知识，真正加强科学理论的武装，从而提高科学素养，并以科学改变无知，以文明破除愚昧。唯有认识和遵循自然科学规律、社会科学规律、思维科学规律，才能以科学的态度不断推进对未知领域的科学知识的研究与探索，避免被伪科学所蒙骗。

---

① 习近平：《在全国抗击新冠肺炎疫情表彰大会上的讲话》，人民出版社，2020，第15页。

其次，在认识和改造世界时尊重科学规律，就是要我们从根本上树立起这样一种意识，即人的认识活动和实践活动必须顺应自然变化规律、社会发展规律，按客观规律办事；就是要我们必须"学习掌握事物矛盾运动的基本原理，不断强化问题意识，积极面对和化解前进中遇到的矛盾"。① 习近平总书记在全国抗击新冠肺炎疫情表彰大会上也着重总结强调了这方面的宝贵经验："面对前所未知的新型传染性疾病，我们秉持科学精神、科学态度，把遵循科学规律贯穿到决策指挥、病患治疗、技术攻关、社会治理各方面全过程。"②

最后，在认识和改造世界时尊重科学规律也是要求我们培养和建立创造性的思维，将创新精神溶于社会文化之中。这就要求我们每一位公民必须了解必要的科学知识，掌握基本的科学方法，树立起强烈的责任感和不满足于现状的进取精神，在认识把握事物基本规律的基础上，遵循事物发展的基本规律，敢于创新，擅于创新，推进创新，在创新中实现超越。

### （三）在认识和改造世界时坚守科学认知

人们认识和改造世界必然是建立在以往的认识和实践的基础之上的，在某种意义上，人们在获得了科学认知之后在何种程度上坚守科学认知将会决定人们认识世界和改造世界的效果和效率。

首先，要在认识和改造世界时坚守科学认知必须坚持学习科学文化知识。人的科学认知来源于其长期积累所形成的知识水平和科学素养，从这个意义上来说，科学知识是人的科学认知的基础，知识的学习过程是认知的形成过程。因此，学习科学知识是坚守科学认知的前提，坚持学习科学知识才能不断提高自身，不断更新知识，才能保证自身认知始终立于科学的基石之上。"一个人必须学习一辈子，才能跟上时代前进的脚步。如果我们不努力提高各方面的知识素养，不自觉学习各种科学文化知识，不主动加快知识更新、优化知识结构、拓宽眼界和视野，那就难以增强本领，也就没有办法赢得主动、赢得优势、赢得未来。"③

---

① 习近平：《辩证唯物主义是中国共产党人的世界观和方法论》，《求是》2019年第1期。
② 习近平：《在全国抗击新冠肺炎疫情表彰大会上的讲话》，人民出版社，2020，第15页。
③ 《习近平谈治国理政》第1卷，外文出版社，2018，第403页。

其次，要在认识和改造世界时坚守科学认知必须不断进行对主观世界的改造，改造和提升自己的认识能力，即"改造主观世界同客观世界的关系"。① 这方面我们要明确坚守科学认知不是一个静态的过程，科学认知的"科学"之所在就是主观符合客观实际的真实属性，它是主观认识与客观实际能够实现具体统一的前提，符合客观实际的主观认识是科学知识；符合客观实际的普遍规律是科学理论；创造符合主观认识的客观实际（实现预期目标）的方法、措施、手段是科学技术；创造符合主观认识的客观实际的实践活动是运用科学；而使主观认识符合客观实际和探索创造符合主观认识的客观实际的实践活动过程是科学研究。

最后，要在认识和改造世界时坚守科学认知必须不断与愚昧进行斗争。科学认知与愚昧谬误实际上是在对立斗争的关系中相生相伴的，科学认知正是人们在不断创造条件克服愚昧过程中获得的。中国有着长达数千年的封建历史，迷信愚昧作为科学的敌人，深深根植于落后文化和腐朽文化之中。现实中，愚昧并非只存在于历史的尘埃里，实际上一切违背科学，违背唯物论和辩证法的思想观念和行为，本质上都是愚昧；一切导致人们走向愚昧的思想和行为，也是愚昧的。因此，要坚守科学认知就必须旗帜鲜明地同形形色色的伪科学和封建迷信作斗争，在斗争的实践中丰富科学认知、发展科学认知。

## 二 学习科学：提升全民科学素质

科学文化素质建设本质上是以公民为主体的、指向于不断提升其主体科学文化素质的建设，即促进公民不断增进对必要的科学技术知识和哲学社会科学知识的学习了解，掌握基本的科学方法、科学技术、科学观念，建立对科学技术在生活改善、社会发展、人类进步方面的基本认识，并使其具备一定的应用科学技术、科学方法处理个人生活工作问题、参与公共事务的能力。因此，科学文化素质建设必须不断提升全民科学素质，进而在全体人民中大力普及科学知识、科学思想和科学方法，进行辩证唯物主义和历史唯物主义的教育，提高全民族的科学、文化素质，用科学技术战

---

① 《毛泽东选集》第1卷，人民出版社，1991，第296页。

胜迷信、愚昧和贫穷，实现全民科学素质整体水平跨越式提升，促进整个社会精神文明向前发展，才能使生活更加美好、国家事业兴旺，民族永续发展。

**（一）面向重点人群，实施科学素质行动**

国家创新驱动发展和世界科技强国建设的战略基点在于全民科学素质的持续提升，其原动力本质上取决于高质量创新人才的不断涌现，正如习近平总书记所强调的："没有全民科学素质普遍提高，就难以建立起宏大的高素质创新大军。"[1] 而在全民科学素质提升过程中，青少年、城镇劳动者、领导干部和公务员等重点人群的科学素质提升对整体水平的提高，具有重要且显著的带动作用。因此，以重点人群科学素质提升行动为重要抓手有助于在实施全民科学素质行动计划中突出主干、抓住关键、培育后劲、补齐短板，进而全面带动全民科学素质整体水平的跨越式提升。

首先，面向城镇劳动者这一主干人群，要围绕加快建设制造强国、推动生产方式转变的发展需要，推动职业技能、安全生产、信息技术等知识和观念的广泛普及，着力提高城镇劳动者科学生产和健康生活能力，以专业技术人才、高技能人才、进城务工人员及失业人员的培养培训为重点，助力打造新时代高素质的产业大军和大国工匠，促进城镇劳动者科学素质整体水平提升。

其次，面向领导干部和公务员队伍这一关键人群，要推动实现以创新发展为引领的全面素质发展，增强其驾驭变革发展的时代潮流的能力，努力打造建设一支熟悉科技创新和产业发展规律、有较高科学素养的领导干部和公务员队伍。并且从为我们党执政兴国提供人才保障着眼，突出科学理论、科学方法、科技知识、科学思想、科学精神的学习与培育，将增强科学素质、提升科学管理能力和科学决策水平作为一项长期任务来抓。

再次，面向青少年这一后备人才队伍群体，要从培养建设科技强国的强大后备力量的战略高度，推进实施强化青少年科学素质行动。将科普教育活动与各级各类学校其他教育活动有机融合，促进校内外科普教育紧密结合，着力实现科技活动进校园、科技教育进教材、科普知识进课堂，并

---

[1] 《习近平关于社会主义经济建设论述摘编》，中央文献出版社，2017，第153页。

且针对青少年认知特点与规律,引导其发现科学乐趣,增强其创新自信,培养提升其创新能力,为其一生发展供给基本的科技滋养。

最后,面向全民科学素质提升的弱项与短板,要坚持精准施策且绵绵用力、久久为功。农村地区特别是边远贫困地区的人普遍存在科学素质发展不平衡、不充分、不全面的问题,这是当前提升全民科学素质方面的弱项与短板,也是提升全民科学素质行动工作的重点和难点。在这些人的全民科学素质行动实施过程中,要注意坚持精准施策、普惠共享的原则,从他们最实际的生产生活需求着手,推动优质科普内容的精准推送和精准帮扶。并且要加大对农村留守儿童、老人和农村妇女等困难群体的服务力度,强化面向革命老区、民族地区、边疆地区、集中连片贫困地区的科技帮扶和科普教育工作,使基层科普成为全民科学素质提升的重要阵地,为科技教育、传播与普及活动提供有效保障,推动实现科技惠民。

(二)聚焦关键环节,推进科学普及工程

能够集中力量办大事是我们国家社会主义制度的重要内在优势,当前实施全民素质提升行动系统工程也是依靠和运用这一优势的体现,但提升全民素质、推进科学普及不能"眉毛胡子一把抓",必须聚焦于工作的关键环节,推动相关部门和社会各方协同发力、各展所长、各尽其责,促进重点聚焦、精准发力、关键突破。

首先,在科技教育与培训基础方面,要推进科学教师培训体系的构建,推动科技教育课程教材的完善,推动科技教育与教学实践的深度融合,加快科技教育培训基础设施的建设,并且充分发掘利用高校和科研院所的科技教育资源,探索健全科教结合、共同推动科技教育的有效模式。

其次,在社区科普益民方面,要推动社区科技教育、传播与普及活动的广泛开展,促进社区或乡村科普基础条件的改善。并结合实际情况和各社会主体的特点,促进政府推动、社会支持、居民参与的社区科普新格局的形成发展。

再次,在科普信息化方面,要结合当前科普的内容信息、服务云、传播网络、应用端的发展特点,实施"互联网+科普"行动,并在科普内容创作上支持优秀科普原创作品以及科技成果普及、健康生活等重大选题,支持科普创作人才培养和科普文艺创作。同时,也要结合不同传播媒介的特点,强化科普传播协作，促进科技传播能力、科学传播效果的整体提升。

最后，在科普基础设施建设方面，要在不断增加科普基础设施存有总量的基础上，完善科普基础设施科学布局，通过科学谋划与合理布局，不断推动实现科普公共服务各区域、各方面的均衡发展。特别是要结合科普基础设施建设的资源整合特色与潜在的产业效应，适当"以互联网思维改造科普工作体制机制，建设众创、众筹、众包、众扶、分享的科普生态圈，促进颠覆式技术的迭代创新和商业模式创新"①，在把握公益性总体要求基础上，支持社会力量兴办各具特色的科普场所，鼓励企业依托其行业特点、优势领域、科技优势，建立开放普惠的科普场所。并且要充分发挥高校、科研院所、企业等具有的科技人才和资源优势，积极组织开展科普教育活动。

**（三）全面深化改革，保障科学素质建设**

根据党中央 2016 年 5 月颁布的《国家创新驱动发展战略纲要》，我们国家要分"三步"建成世界科技强国，即到 2020 年使我国进入创新型国家行列，到 2030 年进入创新型国家前列，到新中国成立 100 年时成为世界科技强国。全民科学素质行动实施宏伟蓝图的时间表和路线图党中央已经明确擘画，现在和今后 30 年的建设实践的关键在于抓好落实，这就要求我们必须结合阶段性目标的实现要求，不断精准施策、深化改革、大胆实践，确保全民科学素质提升和世界科技强国建设的行稳致远。

首先，加强体制机制建设改革，推动形成有利于促进公民科学素质建设的长效机制。全民科学素质行动是涉及全局的系统工程，需要各级党委和政府各部门完善共建机制，实现齐抓共管与层层抓落实，并且还要结合科研与科普工作的特点，创造性地建立相互促进、相互结合的有效机制，使科普工作切实成为国家科技创新工作的有机组成部分。

其次，还要推动建立完善科普工作的社会动员机制与国内外交流合作机制。科普工作必须创造和调动国内外两方面的积极性，充分用好国际国内两种资源，促进政府推动、社会参与良好局面的形成。科技工作者是科

---

① 刘延东：《扎实推进全民科学素质行动 为建设世界科技强国奠定坚实的社会基础》，《科技日报》2016 年 6 月 28 日。

技研究的掘进者，也是科技文化知识的传播者，在科学普及、提升全民科学素质中天然肩负着义不容辞的责任。因此要推动形成科技人员参与科普工作的政策激励措施机制，使开展科普工作成为科普工作人员实现和提升其人生价值的重要方面，使服务全民科学素质提升行动成为科技工作者的本职所在和主动作为。

最后，必须引导形成利于科普工作持续健康发展的投入产出机制。科普工作不是"无源之水"，也不能造成"竭泽而渔"的不利境况，一方面要本着着眼长远、谋划未来的精神，切实增加对科普这一"功在当代、利在千秋"事业的资金支持与投入，按照国家相关预算管理规定与现行资金渠道，统筹考虑和落实公民科学素质建设所需经费。另一方面，要推动形成有利于科普产业发展的政策和体制机制，要结合发展情况适时推进形成科普产业市场，以科普产品研发与创新、科幻文化作品的创作与传播，增强科普活动的感染力、传播力和趣味性，并且不断结合科技发展情况与人民群众科学知识需求，推出人民群众喜闻乐见的科普产品和相关作品。

"学习科学"作为科学文化素质建设的重要组成部分，借助和发挥实施全民科学素质行动这一平台和载体的作用，目的就在于不断在全社会营造浓厚的创新文化氛围，使关注科技、支持科技、参与科技成为公众的自觉行动，厚植竞相创新创业的民众基础，形成人人崇尚创新、人人渴望创新、人人皆可创新的社会氛围，汇聚起向世界科技强国进军的强大力量。"教育是国之大计、党之大计"[①]，在这个意义上，推动科学文化知识的学习，促进科学文化素质建设，同样是关系"百年树人"的国之大计，是应对当前世界百年未有之大变局的国之大谋，是关乎中华民族伟大复兴的国之大业。

## 三 发展科学：推动科技创新发展

人类历史经验反复证明，科学技术是生产力，科学技术的发展是人类

---

[①] 《培养德智体美劳全面发展的社会主义建设者和接班人》，中国共产党新闻网，2018年10月8日，http://theory.people.com.cn/n1/2018/1008/c40531-30328238.html。

社会向前发展的重要推动力量,也是推动世界格局深刻改变的重要影响因素。科学文化素质建设的主要目的之一就在于以人的素质的全面提升,支撑和促进科学技术的创新发展,并且,科学技术的发展也对人们的科学文化素质的提高具有重要的推动作用。科学文化素质是一个人物质生活品质和精神文化品位的重要反映,而物质生活品质和精神文化品位实质上受限于当前社会物质产品与精神产品的质量,最根本的就是受限于生产力的发展程度。由此可知,发展科学是推动社会生产力发展,增进民生福祉、提高人的全面素质,进而实现人的全面发展的重要手段,因为科技创新发展本质上是在对时代发展脉搏准确把握的基础上,以科学技术的发展和社会物质产品的供给,来满足人民日益增长的科学文化需求,来响应人民群众对美好生活的向往,进而不断提高人民群众文明生活程度和全面发展程度的。因而,无论是个人层面、社会层面,还是国家层面,都必须不断推动科技创新发展,从而推进科学文化素质建设。特别是在当前发展时期,"我国经济社会发展和民生改善比过去任何时候都更加需要科学技术解决方案,都更加需要增强创新这个第一动力"[1],这就要求我们国家必须充分发挥社会主义制度的巨大优势,落实科技创新战略布局,推进大众创业万众创新,全面深化科技体制改革,加强创新人才教育培养,实现国家科技先发优势的构筑、良好创新生态的构建、制度保障支持的夯实与人才创新活力的激发。

(一)落实科技创新战略布局,构筑国家先发优势

党的十九届五中全会描绘了到2035年基本实现社会主义现代化的远景目标,其中我国经济实力、科技实力、综合国力大幅跃升,关键核心技术实现重大突破,进入创新型国家前列是首要目标之一。由此,推进科学文化素质建设,推动科技创新发展,必须首先在国家层面上坚持将创新作为引领发展的第一动力,以深入实施创新驱动发展战略、支撑供给侧结构性改革为主线,全面深化科技体制改革,大力推进以科技创新为核心的全面创新,实现更多依靠创新驱动、更多发挥先发优势的引领型发展,确保我们国家如期"到2030年跻身创新型国家前列","到2050年建成世界科技

---

[1] 习近平:《在科学家座谈会上的讲话》,人民出版社,2020,第4页。

创新强国"。①

一方面，在推动科技创新中，我们国家需先一步在国家层面构建高效协同的创新体系，从培育充满活力的创新主体、系统布局高水平创新基地、打造高端引领的创新增长极、构建开放协同的创新网络、建立现代创新治理结构、营造良好创新生态六个方面推进总体建设。进而在总体布局之下，努力促进各类创新主体协同互动、创新要素顺畅流动高效配置，形成创新驱动发展的实践载体、制度安排和环境保障。

另一方面，在围绕支撑国家重大战略方面，我们国家必须充分发挥科技创新在推动产业迈向中高端、增添发展新动能、拓展发展新空间、提高发展质量和效益中的作用，发挥政策方面的核心引领作用，重点强化六个方面的任务部署，即围绕构筑国家先发优势，加强兼顾当前和长远的重大战略布局；围绕增强原始创新能力，培育重要战略创新力量；围绕拓展创新发展空间，统筹国内国际两个大局；围绕推进大众创业万众创新，构建良好创新创业生态；围绕破除束缚创新和成果转化的制度障碍，全面深化科技体制改革；围绕夯实创新的群众和社会基础，加强科普和创新文化建设。

### （二）坚持科技创新根本方向，推进科技自立自强

创新在我们国家现代化建设全局中居于核心地位，科技自立自强更是成为我们国家发展的战略支撑，因此坚持科技创新的根本方向具有重大指导意义和现实价值。"面向世界科技前沿、面向经济主战场、面向国家重大需求、面向人民生命健康"②，这是习近平总书记提出并反复强调的指引新时代科技发展方向的科技创新观，是科技创新的价值观、实践观、动力观与人本观的有机统一，为"十四五"乃至更长时期内我国科技事业发展提供了根本遵循和重要指南。

首先，坚持"四个面向"的根本要求，科技创新必须面向世界科技前沿，将提升原始创新能力摆在更加突出的位置，引领世界科技发展新方

---

① 《中共中央国务院印发〈国家创新驱动发展战略纲要〉》，中国政府网，2016年5月19日，http://www.gov.cn/zhengce/2016-05/19/content_5074812.htm。
② 习近平：《在浦东开发开放30周年庆祝大会上的讲话》，人民出版社，2020，第6页。

向、掌握新一轮全球科技竞争的战略主动权。并且不断实现科技创新从跟踪型研究向开创型、引领型研究的转变，解决好由原来的"跟跑"向"并行"甚至"领跑"的转变，要着力实现前瞻性基础研究、引领性原创成果重大突破，推动对核心技术的重大攻关与有效掌握。

其次，坚持"四个面向"的根本要求，科技创新必须面向经济主战场，推动科技创新的价值体现在产业转型升级和经济发展方式转变上，让科技创新及时真切地转化为经济社会发展第一推动力，并使科研成果在产业创新实践中得到检验，使科技人才在生产实践中得到培养，促进科研工作人员将论文写在祖国的大地上，将其科技成果应用在实现现代化的伟大事业之中。

再次，坚持"四个面向"的根本要求，科技创新必须面向国家重大需求，即坚持需求导向和问题导向，使科技创新聚焦于努力破解阻碍国家发展的战略难题上，坚持有所为有所不为，采取差异化策略和非对称路径，围绕国家战略需求来布局实施重大科技项目，实现重点突破，在战略必争领域抢占科技制高点，针对部分重点领域"卡脖子"问题，加快部署组织关键核心技术攻关，为经济社会发展、民生改善、国防建设提供战略支撑。

最后，坚持"四个面向"的根本要求，科技创新必须面向人民生命健康，推动以改善民生、造福人民、促进人的全面发展作为当前科技工作的出发点和落脚点。真正实现新时代科技创新"以人民为中心"的价值指向和目标追求，用实践回答好科技创新"依靠谁""为了谁"的问题，使科学技术真正成为服务和提升民众基本生存条件、生活质量和发展态势的民生科技。坚持科技创新"四个面向"的根本要求，实际上就是要求科技创新必须加强基础研究和应用基础研究，打好关键核心技术攻坚战，推动重大基础研究成果和原创成果转移转化，进而实现我们国家科技创新自立自强的重要目标。

### （三）加强创新人才教育培养，激发人才创新活力

"科学无国界，科学家有祖国。"[①] 我们国家科技事业历史性成就的取得，是一代又一代矢志报国的杰出科学家和广大科研工作人员前赴后继、

---

① 习近平：《在科学家座谈会上的讲话》，人民出版社，2020，第 12 页。

接续奋斗的结果。要继续推动和促进科技创新取得更大发展，就必然要求广大科技工作者在科技工作中坚持国家利益和人民利益至上的原则，继续大力培育和弘扬科学家精神，继承和发扬老一辈科学家胸怀祖国、服务人民的优秀品质，促进一代又一代科研工作者在主动接续科技创新发展事业中肩负起历史重任，将自己的科学追求融入建设社会主义现代化国家的伟大事业之中。

首先，加强创新人才教育培养，激发人才创新活力，必须着力培育和弘扬科学家精神。"科学成就离不开精神支撑。科学家精神是科技工作者在长期科学实践中积累的宝贵精神财富。"① 这就是要求我们在加强创新人才教育培养过程中，必须要"大力弘扬胸怀祖国、服务人民的爱国精神，勇攀高峰、敢为人先的创新精神，追求真理、严谨治学的求实精神，淡泊名利、潜心研究的奉献精神，集智攻关、团结协作的协同精神，甘为人梯、奖掖后学的育人精神"。② 同时，还要加强培育形成科技创新人才创造性思辨的能力、敢于大胆质疑权威的精神，并注重培养广大科技工作者敢于创造的雄心壮志，鼓励其在认真实证、不断试验的基础上，勇敢提出新理论、开辟新领域、探索新路径，在独创独有上多下功夫。

其次，加强创新人才教育培养要注意遵循人才成长规律，推进科教融合，进一步加大青年科学家的培养支持力度，形成体系化设计，为青年科学家长期稳定开展研究提供制度性保障。一方面要推动实现人才、项目、基地一体化部署，进一步吸引汇聚海内外人才，支持用人单位发挥主体作用，推动发挥高新区等创新载体的优势，以市场化机制吸引人才。另一方面要推动人才政策落地见效，聚焦人才政策落实的难点、痛点、堵点深化改革，最大限度地释放制度红利，营造具有国际竞争力和吸引力的制度环境，完善外国高端人才的生活保障机制，以更加开放包容的思维研究制定新时代的人才政策。

最后，加强创新人才教育培养，要着力加快政府科技管理职能转变，推动政府在人才培育和科技创新工作中将工作重心转移到定战略、定方

---

① 习近平：《在科学家座谈会上的讲话》，人民出版社，2020，第11页。
② 习近平：《在科学家座谈会上的讲话》，人民出版社，2020，第11页。

针、定政策和创造环境、搞好服务上来。同时，有效推进科研院所改革，赋予高校、科研机构更大自主权，实行符合科研规律的用人和薪酬等制度，加强科技政策与财税、金融、产业等相关政策的衔接配套，引导构建新发展阶段中的以企业为主体、市场为导向、产学研深度融合的技术创新体系。

**（四）加强知识产权保护工作，优化科技发展保障机制**

全民科学文化素养的提高必然会推动人们创新创造能力的提升和全社会科学技术的发展，而随着我们国家加速从科学技术跟跑国、并跑国转变为领跑国，不断推进世界主要科学中心和创新高地建设，加强对人们在社会实践中创造的智力劳动成果的保护，即加强知识产权保护工作，也越来越成为关系推进科学创新与发展、关系国家发展战略的工作重点。习近平总书记曾强调："知识产权保护工作关系国家治理体系和治理能力现代化，关系高质量发展，关系人民生活幸福，关系国家对外开放大局，关系国家安全。全面建设社会主义现代化国家，必须从国家战略高度和进入新发展阶段要求出发，全面加强知识产权保护工作，促进建设现代化经济体系，激发全社会创新活力，推动构建新发展格局。"[①] 因此，不断提升人们的知识产权保护意识与维权意识不仅是培育全民科学文化素质的题中之义，也是优化科技发展保障机制，不断推进国家科学水平发展提升的重点工作。

首先，知识产权保护工作必须坚持人民利益至上。历史唯物主义深刻揭示了人民群众才是历史的真正创造者，充分肯定了人民群众在社会进步和历史发展中的主体作用。社会赖以存续的物质财富与精神财富来自人民群众各种形式的实践创造活动，人民群众是社会历史发展中生活资料生产和生产资料生产的根本性能动因素，而社会赖以存续的财富的创造和人类历史进程的发展则是人民群众的本质力量即人民的不竭智慧、磅礴创造力和巨大主体能力的物质表现。因此，加强对知识产权的保护实质上是对人民群众的创造性智慧的认可与尊重，是对人民群众劳动智慧成果的保护，是对人民群众继续投身于创新创造活动的激励。

---

① 《全面加强知识产权保护工作 激发创新活力推动构建新发展格局》，《人民日报》2020年12月2日。

其次，知识产权保护工作必须不断提高工作的法治化水平。知识产权保护工作本质上是一项维护社会公平正义的事业，其对知识产权公正合理的保护必须坚持在法治的框架内进行，即在开展知识产权保护工作时坚持有法可依、有法必依、执纪必严、违法必究。一方面，要加快完善知识产权保护的相关法律法规，结合科技发展现实与工作实践需要推进专利法、商标法、著作权法、反垄断法、科学技术进步法等的修订工作，要在立法修订中、诉讼规范制定上增强法律间的一致性及其与知识产权案件规律的契合性。另一方面，在实践中要着重提高知识产权审判质量和效率，着力促进知识产权行政执法与知识产权司法标准统一、有效衔接，并且要加强知识产权保护宣传教育，在群众反映强烈、社会舆论关注、侵权假冒多发领域区域加强监督执法，推进以案促改、以案促建，既提升知识产权司法执法的震慑力、公信力，又借此促进知识产权保护宣传教育，增强全体民众与相关主体尊重和保护知识产权的意识。

最后，知识产权保护工作必须不断完善优化提升相关服务保障体系。"加大知识产权保护执法力度，完善知识产权服务体系"[①]，知识产权保护执法与知识产权服务保障是知识产权保护工作的"一体两翼"，一方面，知识产权保护与知识产权服务保障同时要求综合运用法律、行政、经济、技术、社会治理等多种手段推进工作，执法与服务的协同配合是构建知识产权大保护工作格局的重点。不断推进知识产权创造、运用、保护、管理、服务，不仅有利于促进创新要素自主有序流动、高效配置，也有利于健全知识产权综合管理体制，增强对于知识产权的系统保护能力。另一方面，知识产权保护工作实际上就是以愈加便民利民的知识产权公共服务体系，推动创新成果更好地服务人民、惠及人民。知识产权的保护与相关服务就是通过全链条的保护机制，尊重和认可科技创新成果创造者的贡献，正确评价和充分保障其对科技创新成果的科学价值、技术价值、经济价值等的所有权，进而使优秀科技创新人才得到合理的回报，激发和释放各类人才创新活力。

---

① 《习近平谈治国理政》第3卷，外文出版社，2020，第251页。

第一章 精神素养的涵养培育：新时代精神文明建设的内生系统

## 四 运用科学：促进科技应用转化

当前，我们国家推动公民科学文化素质建设，就是以全民科学素质水平的整体提升，为建设创新型国家和科技强国做好公民思维方式和行为方式上的准备，进而为培育人才、推进创新、推动发展奠定坚实的根基。"发展是第一要务，创新是第一动力，人才是第一资源。"① 创新驱动的实质是人才驱动，而具备较高科学文化素质的人才能否顺利转化为社会经济发展的强大驱动力的关键环节就在于是否能够顺利发挥人才优势推动科技创新，进而促进科技顺畅地进行应用转化。运用科学，促进科技应用转化，也是推进科学文化素质建设提升的关键一环，崇尚科学是基于科学在自然探索和社会发展中展现的客观规律性和巨大指导作用，学习科学是因为科学在改造自然界、人类社会、人类主观世界中具有巨大作用，发展科学对于社会发展、人类进步具有巨大推动作用，运用科学则是崇尚科学的根基、学习科学的目的、发展科学的要求。因此，运用科学不仅是公民科学文化素质建设的要求，也是公民科学素质水平提升的保障。运用科学是科学对人类社会发展具有客观规律性、客观驱动效应的有效体现，是促进人们借助科学知识改造自身思维方式、行为方式的重要保障，因而运用科学是崇尚科学的重要支撑，是学习科学的效果确证，是发展科学的实践支持。从发展现实来看，"通过全社会共同努力，我国科技事业取得历史性成就、发生历史性变革"。② 但同时，我国科技领域发展与新时代的新任务、新要求相比，仍然存在诸如"技术研发聚焦产业发展瓶颈和需求不够，以全球视野谋划科技开放合作还不够，科技成果转化能力不强"③ 等亟待解决的突出问题，因而，为适应实现创新驱动发展要求和建设世界科技强国需要，必须着力推动科技成果的有效转化，促进科技开放合作，推进大众创业万众创新，使科学技术在走向现实应用中，促进人们创新创造能力、联系实际能力、应用转化能力的提升，从而促进其科学文化素质的

---

① 习近平：《在北京大学师生座谈会上的讲话》，人民出版社，2018，第13页。
② 习近平：《在科学家座谈会上的讲话》，人民出版社，2020，第2页。
③ 《习近平谈治国理政》第3卷，外文出版社，2020，第246页。

全面提高和其自身的全面发展。

## （一）支持科技成果转化，提升自身应用转化能力

党的十八大以来，我们党坚持将创新作为引领发展的第一动力，着力推动科技创新事业取得了历史性的发展，使我国整体科技实力从量的积累逐步迈向了质的飞跃，以点的突破带动了科技创新整体能力的提升。但是，相对于科研工作者科技成果创造数量的大幅提升与标志性科技成就的不断取得，我们国家科技成果转化能力仍然较弱，科研工作者联系实践推进科技成果转化应用的能力仍然不足，需要继续着力在科技成果转化上"打通'最后一公里'，拆除阻碍产业化的'篱笆墙'，疏通应用基础研究和产业化连接的快车道，促进创新链和产业链精准对接，加快科研成果从样品到产品再到商品的转化，把科技成果充分应用到现代化事业中去"。①

首先，推动科技成果转化要求科研人员在从事科学研究工作时必须坚持面向世界科技前沿、面向经济主战场、面向国家重大需求、面向人民生命健康。科研人员在科学研究工作中坚持通过在推动科技创新与科技成果转化中补短板、挖潜力、增优势，自觉地促进科技创新资源要素高效流动与资源优化配置，使自身科技创新工作与推动产业链的再造、价值链的提升契合起来，以更好地对标满足社会发展与人的全面发展的有效需求和潜在需求。并且要积极地发扬科研攀登精神，致力于用科技创新成果的有效转化为所属产业行业的技术变革和优化升级服务，进而为促进我国产业向全球价值链中高端迈进服务。

其次，推动科技成果转化要求科研人员必须增强自身结合科学技术转化需要推动改革的能力。特别是针对国家创新体系中影响科技创新整体效能的，导致科技创新资源分散、重复、低效的因素和问题，科研工作者和相关管理人员要不断增强问题识别、问题分析、问题处理的能力，并且在实践中不断推进科技管理体制方面的改革，使科技体制在促进科技成果转化上形成有效合力，使科技政策、经济政策、产业政策共同为科技成果处置、科技成果评估、科技成果收益落实"保驾护航"。

最后，推动科技成果转化要求科研人员必须以市场参与主体的角色参

---

① 《习近平谈治国理政》第3卷，外文出版社，2020，第249页。

# 第一章　精神素养的涵养培育：新时代精神文明建设的内生系统

与市场活动，因此科研工作者和相关活动参与者必须培育和增强自身参与市场、运用市场、掌握市场的能力。改革开放之后，随着社会主义市场经济体制在我国逐步建立和不断完善，市场体系获得了充分的发展，各类市场主体也在不断蓬勃成长，包括各类企业在内的市场主体已经成了"我国经济活动的主要参与者、就业机会的主要提供者、技术进步的主要推动者"。[①] 因而科研工作者和相关服务人员在实现科研成果转化应用的过程中，必须充分利用企业等相关市场主体推动实现技术创新决策、研发投入、科研组织和成果转化等活动的顺利开展。在充分运用市场对技术研发、路线选择、要素配置等的导向作用的基础上，充分把握和发挥企业在推动创新成果应用转化上的积极作用，以企业为载体和生力军促进科技成果由样品到产品再到商品的顺利转化，实现从技术突破到产品制造到市场转化再到产业发展的顺畅衔接。并在此过程中不断结合成果转化的现实需求，构建完备的人才梯次结构和具有国际水平的创新团队，进而培育科技研发应用的单项冠军团队和核心技术能力突出、集成创新能力强的创新型领军人才队伍。

**（二）促进科技开放发展，提升自身宏观谋划能力**

当前，为推动国家强盛、民族复兴，我们国家正在努力建设成为世界主要科学中心和创新高地，正在全面推进世界科技强国建设。与此相对应，我们国家的科技工作者及相关活动参与者必然要适应建设世界科技强国的需要，更加重视增强自身的自主创新能力和国际合作能力，不断打造形成全球视野格局与宏观谋划能力。

一方面，要以增强自主创新能力作为促进科技开放发展的奋斗基点。"树高叶茂，系于根深。自力更生是中华民族自立于世界民族之林的奋斗基点，自主创新是我们攀登世界科技高峰的必由之路。"[②] 科学技术中的关键核心技术是掌握科技创新发展主动权的决定性因素，基础研究是整个科学体系的源头，只有掌握关键核心技术、夯实基础研究根基，才能支持和

---

① 习近平：《在企业家座谈会上的讲话》，人民出版社，2020，第2页。
② 习近平：《在中国科学院第十九次院士大会、中国工程院第十四次院士大会上的讲话》，人民出版社，2018，第10页。

支撑科技工作者在攀登科技高峰的道路上行稳致远。因而，促进科技开放发展必然要求广大科研工作者加强对关键核心技术的攻关与掌握，要求科研工作者必须以重任在肩的使命感和时不我待的紧迫感，勇于攻坚克难、追求卓越、赢得胜利，通过在关键共性技术、前沿引领技术、现代工程技术、颠覆性技术上的不断突破，来努力实现关键核心技术自主可控，构筑关键领域、重要环节的战略支撑。同时要强化对基础研究的前瞻性、趋势性安排，进而为世界科技强国建设打好基础、储备长远。

另一方面，要以布局利用国际创新资源作为促进科技开放发展的重要支撑。"科学技术是世界性的、时代性的，发展科学技术必须具有全球视野。"① 当今世界科技创新综合性越来越强，复杂度越来越高，国家间的科技创新越来越成为国际开放合作情境中相互深度交融的共同智慧创造成果，因此在进一步推动科技创新发展的过程中必须着力深化国际科技交流合作，并且要主动布局和充分利用国内国际两种创新资源，努力在科研工作者和科研团体组织之间构建合作共赢的伙伴关系。同时要培育全球视野格局，在保证国家技术安全的前提下提高国家科技创新事业的对外开放水平，主动深度融入全球科技创新治理体系，逐步提升我们国家在全球创新格局中的地位与影响，努力促进全球科技合作、全球科技发展和改善全球科技治理，推动全球科技创新发展更加公平，科技创新成果更加惠及全人类。

### （三）推进大众创业万众创新，提升自身创新创造能力

科学发展依赖于良好的社会整体人文环境，科学文化素养的培育也受哺于一个良好的社会科技生态。而科学精神作为来源于科学发展中探索科学真理、追求技术创新的思维方式、价值取向、行为规范的总体表现，不仅可以成就人们科学探索中求真务实的品格、坚韧严谨的作风、灵活宽容的心态，也可以浸润并促进社会精神文明的发展。党的十八大之后，为进一步充分激发亿万群众智慧和创造力，培育构建创业创新生态和人文环境，夯实实现国家强盛、人民富裕的重要根基，我们国家大力推进大众创

---

① 习近平：《在中国科学院第十九次院士大会、中国工程院第十四次院士大会上的讲话》，人民出版社，2018，第17页。

## 第一章 精神素养的涵养培育：新时代精神文明建设的内生系统

业、万众创新。在十三届全国人大四次会议表决通过的《中华人民共和国国民经济和社会发展第十四个五年规划和2035年远景目标纲要》中，再次特别强调要大力弘扬新时代科学家精神，推进创新创业创造向纵深发展，形成热爱科学、崇尚创新的社会氛围，提高全民科学素质，从而优化创新创业创造生态。① 因而，"双创"作为推动各类创新要素融合互动，以鼓励创新为核心的创业支持活动，对于提高全民科学文化素养，促进科学发展与科技创新，推动构建有利于创新创业创造生态的社会氛围具有重要作用。

首先，从实践支持来看，一方面，"双创"活动在政策层面上给亿万群众创业提供法律、金融、人力资源、知识产权保护、创业场所等便捷优惠服务，充分激发群众主体的科学探索实践和创新创造智慧。另一方面，"双创"活动也通过各种形式、各个方面的清障搭台，为普通民众、高校科研院所等各领域中乐于探索、志于创新的人员增强创新创业素养、积极投身科技创业提供了巨大支持。

其次，从驱动创新来看，"双创"对于我们国家推动经济结构调整、打造发展新引擎、增强发展新动力、走创新驱动发展道路具有重要意义。一方面，推进"双创"是培育和催生经济社会发展新动力的必然选择。在自然资源环境约束日益强化，越来越要求实现绿色发展的总体背景下，我国国家要素的规模驱动力逐步减弱，传统的高投入、高消耗、粗放式发展方式难以为继，经济发展进入新常态，需要从要素驱动、投资驱动转向创新驱动。推进大众创业、万众创新，就是要通过结构性改革、体制机制创新，消除不利于创业创新发展的各种制度束缚和桎梏，推动各类新产业新模式新业态的不断涌现，为实现创新驱动发展打造新引擎、形成新动力。另一方面，推进"双创"是激发亿万群众智慧和创造力的重大举措。中国经济发展进入新常态，劳动力要素的规模驱动力减弱，经济增长将更多地依靠人力资本质量和技术进步，创新必然要成为驱动发展的新引擎，同时新常态下稳增长与扩就业也成为实现经济发展的重要方面。人民群众有无

---

① 《中华人民共和国国民经济和社会发展第十四个五年规划和2035年远景目标纲要》，中国政府网，2021年3月13日，http://www.gov.cn/xinwen/2021-03/13/content_5592681.htm。

穷的创造力和巨大的首创智慧,"双创"的推进就是激发亿万群众智慧和创造力,实现"有了就业,就是9亿双可以创造巨大财富的手"①的重大举措。"双创"对于公平竞争创业环境的培育具有巨大推动作用,可以使有梦想、有意愿、有能力的科技人员、高校毕业生、农民工、退役军人、失业人员等各类市场创业主体"如鱼得水",实现创业增收、创业致富,促进收入分配结构调整,实现创新支持创业、创业带动就业的良性互动发展。

最后,从精神培育来看,"双创"对于厚植创新文化和培育科学精神,不断增强创业创新意识和科学探索进取意识,进而不断增强人们的科学文化素养具有巨大作用。当前"我国人才发展体制机制还不完善,激发人才创新创造活力的激励机制还不健全"②,同时创业创新理念尚未深入人心,创业教育培训体系还不健全,善于创造、勇于创业的能力仍显不足,鼓励创新、宽容失败的良好环境尚未充分形成。推进大众创业、万众创新,就是要通过全社会以创新为核心的创业教育,推动弘扬"敢为人先、追求创新、百折不挠"的创业精神,增强我们国家民众创新精神、创业意识和创新创业能力,弘扬勇攀高峰、敢为人先的科学家精神和敢于进取的企业家精神,并且有效激发和释放社会活力与巨大创造力,使遵从科学、崇尚创新成为全社会共同的价值追求和行为习惯。

## 第三节 身心健康素质提升

"健康是促进人的全面发展的必然要求,是经济社会发展的基础条件,是民族昌盛和国家富强的重要标志,也是广大人民群众的共同追求。"③党的十八大以来,我们国家将保障人民健康摆在优先发展的战略位置,推动卫生健康事业取得一系列新的显著成绩,促进医疗卫生服务水平获得大幅提高,使居民的主要健康指标总体上优于世界上其他中高收入国家的平均

---

① 《李克强总理出席记者会并回答中外记者提问》,《人民日报》2020年5月29日。
② 《习近平谈治国理政》第3卷,外文出版社,2020,第246页。
③ 《习近平关于社会主义社会建设论述摘编》,中央文献出版社,2017,第100页。

水平。同时，随着经济水平的不断提升，人民的生活水平获得了长足的改善，健康越来越成为人民追求美好生活的重要基础，成为支持和推动国家社会发展的坚实根基，社会经济的继续发展和人民的美好生活的需要也都对全民身心健康素质提出了更高的要求。我们党和国家立足国情，坚持以人民为中心的发展思想，牢固树立和贯彻落实新发展理念，坚持正确的卫生与健康工作方针，作出了实施"健康中国"战略的重大决策部署。实施"健康中国"战略旨在提高人民健康水平、促进人民健康发展、全面提升全民身心健康素质，就是要以提高人民健康水平为核心，以体制机制改革创新为动力，要推动健康服务供给侧结构性改革，促进卫生计生、体育等行业主动适应人民健康需求，深化健康领域体制机制改革，加快转变健康领域发展方式，优化健康领域要素配置和服务供给，全方位、全周期维护和保障人民健康，大幅提高健康水平，努力实现健康公平，推动全社会形成热爱健康、追求健康、促进健康的整体氛围，为实现"两个一百年"奋斗目标和中华民族伟大复兴的中国梦提供坚实的健康基础。

## 一 热爱健康：促进人民加深关于身心健康的思想认识

生命健康是广大人民群众的基本目标和共同追求，也是促进人的全面发展的必然要求。身心健康是国民综合素质和社会发展水平的重要标志，也是精神文明建设的主要内容之一，而提升人们对于身心健康的思想认识则是提高全民健康水平和综合素质的最根本、最经济、最有效的措施之一。也只有全面加深人民关于身心健康的思想认识，才能真正让人民热爱健康，发自内心地在现实中追求和向往身心健康状态，自觉承担起增进个人身心健康素质的主体责任，进而在实践中形成自主自律、符合自身特点的利于身心健康发展的生活方式，并且在行动上有效控制影响身心健康的生活行为因素。

### （一）加深健康认识，深化大健康思想观念

党的十八大以来，以习近平同志为核心的党中央全面践行以人民为中心的发展理念，将维护人民健康摆在更加突出的位置，将推进人民健康放在优先发展的战略位置，坚持人民至上、生命至上的思想原则，创新性地提出："树立大卫生、大健康的观念，把以治病为中心转变为以人民健康

为中心，建立健全健康教育体系，提升全民健康素养。"① 大卫生、大健康观念是相对于传统"治病救人"观念的提升与拓展，它不仅包含社会个体的卫生、健康，还全面涵括了精神、心理、生理、政策、社会、体系等多方面的卫生与健康，是因应时代发展、社会需求与疾病谱改变而提出的倡导自我健康管理、加强生命全过程呵护的全局性理念，在推进身心健康素质提升的过程中必须全面深化大卫生、大健康的思想观念。

首先，加深全局性健康认识，深化大健康观念，必须认识到健康梦是中国梦的重要组成部分。随着城镇化进程加快、工业化趋势加速，人口老龄化群体也在同步扩大，加上人民群众生活方式和疾病谱的多样化，各种影响和挑战人民健康的因素也在不断增多。统筹好人民健康素养提升、解决好人民健康问题已经成为实现中华民族伟大复兴中国梦的现实而又紧迫的事业。推进"健康中国"建设，深化和践行大卫生、大健康的思想观念，就是要把人民健康作为推进全面深化改革和奋力建设富强、民主、文明、和谐、美丽的社会主义现代化强国的坚强动力，就是要统筹各个部门和全社会力量实现好维护好人民日益增长的健康需求，以人民群众健康水平的提高支持人民对美好生活的向往目标的实现，并且在不断提升全民身心健康素质的过程中提升人民群众幸福指数，推动人民群众将健康梦融入中华民族伟大复兴的中国梦，为实现中华民族伟大复兴的中国梦提供有力支撑和强大助力。

其次，加深全局性健康认识，深化大健康观念，必须引导人们建立起正确全面的身心健康素质观念。"人民思想道德素质、科学文化素质和身心健康素质明显提高"② 是我们国家中长期发展中促进社会文明程度得到新提高的主要因素。当前发展现实和长远发展目标都要求必须在推动促进全民身心健康素质提升的过程中，引导人们建立系统科学的健康认识，树立正确全面的身心健康素质观念。这就要求人们必须认识到健康是指身体、精神和社会等方面都处于良好的状态，包括身体健康、心理健康、社

---

① 《习近平谈治国理政》第 2 卷，外文出版社，2017，第 372 页。
② 《中华人民共和国国民经济和社会发展第十四个五年规划和2035年远景目标纲要》，中国政府网，2021 年 3 月 13 日，http://www.gov.cn/xinwen/2021-03/13/content_5592681.htm。

会适应能力等多个组成部分。其中作为人的活动载体的身体的健康素质，是影响其他素质的形成和作用发挥的直接因素，包括人体的健康健全程度、智力状况、体质强弱、体力耐力、寿命长短、营养状况、抗病能力等要素。而心理健康素质则是指心理的各个方面及活动过程所处的状态，其良好状态是指人们性格完好、智力正常、认知正确、情感适当、意志合理、态度积极、行为恰当、适应良好，心理健康能够有效保障人们在社交、生产、生活中与其他人保持较好的沟通或配合，能较好地处理生活中发生的各种情况。同时，我们也必须认识到每个人是自己健康的第一责任人，人们必须建立起对健康知识主动学习的意识，必须主动养成健康生活方式，自觉维护和促进自身健康，理性认识生老病死的自然规律，充分了解到医疗技术的局限性，进而充分尊重医学和医务人员，共同应对健康问题。

最后，加深全局性健康认识，深化大卫生、大健康观念，也要求加快统筹推进健康体制机制改革。从病有所医到全民健康，实现更高水平的医疗卫生服务，为人民群众提供全生命周期的卫生与健康服务，解决好影响人民群众身心健康保障与提升的难点堵点问题，是满足人民生命健康需要和美好生活需要的关键。大卫生、大健康的思想理念要求我们必须提供更加丰富的健康产品和健康服务来满足人民日益增长的健康生活需要。这就要求我们必须坚持以人民为中心的发展理念和正确的卫生健康工作方针，认真落实医药卫生体制改革的职责任务，努力为人民群众提供更加优质高效、更加公平可及、更加科学完善的健康服务。

（二）加强健康教育，促进健康知识普及

公民身心健康素质是国民素质的重要标志，"普及健康知识，提高全民健康素养水平，是提高全民健康水平最根本最经济最有效的措施之一"。[①] 加强健康教育、促进健康知识普及是推进全民身心健康素质和健康水平提升的最根本、最长效的方式。以健康教育促进健康素养提升，就是要通过宣传教育激发居民热爱健康、追求健康的热情，使民众有能力获取和理解基本的健康信息和服务，并据此作出基本正确的判断和决定，以支

---

① 《健康中国行动（2019—2030 年）》，中国政府网，2019 年 7 月 15 日，http://www.nhc.gov.cn/guihuaxxs/s3585u/201907/e9275fb95d5b4295be8308415d4cd1b2.shtml。

持自身主动维持并促进自己的健康。健康教育内容包括基本知识和理念素养、基本技能素养、基本医疗素养等。

一方面,加强健康教育,促进健康知识普及,必须推动建立健全健康促进与教育体系,提高健康教育服务能力。健康教育必须充分纳入国民教育体系,把健康教育作为所有教育阶段素质教育的重要内容,推动实现健康教育从小抓起。特别是要以中小学为重点,建立学校健康教育推进机制,构建相关学科教学与教育活动相结合、课堂教育与课外实践相结合、经常性宣传教育与集中式宣传教育相结合的健康教育模式,培养健康教育师资,将健康教育纳入体育教师职前教育和职后培训内容。

另一方面,加强健康教育,促进健康知识普及,必须推动构建健康科普知识发布和传播机制。维护健康需要掌握健康知识,在身心健康素质提升工作实践中,要将加强健康教育,促进健康知识普及作为增进全民健康的首要工作,结合不同人群特点有针对性地加强健康教育,让健康知识、行为和技能成为全民普遍具备的素质和能力,实现健康素养人人有。并且要着力面向家庭和个人普及预防疾病、早期发现、紧急救援、及时就医、合理用药等维护健康的知识与技能,要充分发挥县域公立医疗单位的基层平台和主要载体作用,"加大公立医疗卫生机构建设力度,要推进县域医共体建设"[1],建立并完善健康科普专家库和资源库,构建健康科普知识发布和传播机制,强化医疗卫生机构和医务人员开展健康促进与教育的激励约束机制。鼓励各级电台电视台和其他媒体开办优质健康科普节目,推动各级各类媒体加大健康科学知识宣传力度,积极建设和规范各类广播电视等健康栏目,利用新媒体拓展健康教育。

## 二 追求健康:引导人民形成增进身心健康的生活方式

健康是人们享受幸福生活的基本前提,也是人们能够开创未来的现实根基,身心健康是每个人乃至整个人类的永恒追求。生命是一个人最根本的财富,追求健康也是一个人最基本的责任。并且,就身心健康素养的提

---

[1] 习近平:《在教育文化卫生体育领域专家代表座谈会上的讲话》,人民出版社,2020,第10页。

升及其有效保持来看,身心健康不仅是一种状态,同时也是人的主体能力的体现。因此,人们在创造美好生活的过程中向往健康,在不断加深对健康的全面正确的认识中热爱健康,在实现自身全面发展的进程中追求健康则是身心健康素质提升的基本要求和重要途径。

**(一) 追求健康要求人们必须着力消除健康危险因素**

在现实中,影响健康的主要因素通常包括遗传因素、环境因素、个人生活方式和医疗卫生服务情况,针对这些方面着力推进消除健康危险因素是实现人们对身心健康状态的追求和全民身心健康的素质提升的重要途径。

首先,在家庭层面上,为促进健康和追求健康,家庭成员一方面需有意识地主动学习健康知识,推进良好生活方式的养成,并且需要互相提醒定期体检,倡导和树立优生优育、爱老敬老、家庭和谐等健康理念。另一方面,有婴幼儿、老人和残疾人的家庭,需主动安排家庭主要成员参加照护培训,促进掌握相关必需的护理知识和护理技能,完善配备能满足基本急救需要的家用急救包。同时,家庭中还要倡导健康饮食、按需备餐,并且针对家族病史做好预防保健,提倡实行分餐制。

其次,在社会层面上,针对影响建设的主要问题和显著因素要全社会共同努力,尽早采取有效的相关干预措施,建立和完善相关防治策略,推动健康服务供给侧结构性改革。特别是针对疾病谱和生态环境中的相关健康危险因素,一方面要聚焦当前和今后一段时期内影响人民健康的重大疾病和突出问题,"强化重点人群和重大疾病综合防控,从源头上预防和控制重大疾病,实现从以治病为中心转向以健康为中心"[①];另一方面,还要在建设健康环境的过程中实施以环境治理为主的病媒生物综合预防控制策略,同时"按照绿色发展理念,实行最严格的生态环境保护制度,建立健全环境与健康监测、调查、风险评估制度,重点抓好空气、土壤、水污染的防治,加快推进国土绿化,切实解决影响人民群众

---

① 习近平:《在教育文化卫生体育领域专家代表座谈会上的讲话》,人民出版社,2020,第10页。

健康的突出环境问题"。①

最后，在个人层面上，要引导人们自觉改正影响身心健康提升的生活方式和行为习惯。"每个人是自己健康的第一责任人。世界卫生组织研究发现，个人行为与生活方式因素对健康的影响占到60%。"② 特别是我们国家居民在日常生活中，普遍存在诸如吸烟、过量饮酒、缺乏锻炼、不合理膳食等影响健康的生活方式，由此引起的健康问题也呈现增长的趋势。在促进身心健康素质提升的过程中，每个人应主动学习、了解、掌握有关疾病早期发现、紧急救援、及时就医、合理用药等维护健康的知识与技能，增强自我主动健康意识，不断提高健康管理能力，这是实践中追求和实现健康的最有效方式。

**（二）追求健康要求人们必须自觉参与健康提升行动**

经过长期的努力，我们国家卫生健康事业取得了一系列新的显著成绩，但同时应该认识到的是我们国家仍然处于社会主义初级阶段，"我们既面对着发达国家面临的卫生与健康问题，也面对着发展中国家面临的卫生与健康问题"③，人民日益增长的美好生活需要同不平衡不充分的发展之间仍然存在一定的矛盾，人民对身心健康的向往和要求仍然面临着多重疾病威胁。因而，为应对威胁健康的各种危险，促进全民身心健康素质提升，以习近平同志为核心的党中央作出了全面实施"健康中国"战略的重大决策部署。其规划落实的合理膳食行动、全民健身行动、控烟行动、心理健康促进行动、健康环境促进行动等一批重大行动，正是党和国家将人民健康事业融入国家建设发展大局的重要方式和主要表现。"共建共享、全民健康"④，身心健康素质的提升，全民健康水平的提升，必然要依靠和坚持政府、社会、个人协同推进，人们要追求和实现健康，就必须自觉参与到健康提升一系列行动中来。

一方面，坚持人人共建，引导人们自觉参与到身心健康素质提升行动

---

① 《习近平谈治国理政》第2卷，外文出版社，2017，第372页。
② 《健康中国行动（2019—2030年）》，中国政府网，2019年7月9日，http://www.nhc.gov.cn/guihuaxxs/s3585u/201907/e9275fb95d5b4295be8308415d4cd1b2.shtml。
③ 《习近平谈治国理政》第2卷，外文出版社，2017，第371页。
④ 《印发〈"健康中国2030"规划纲要〉》，《人民日报》2016年10月26日。

第一章　精神素养的涵养培育：新时代精神文明建设的内生系统

中来。"新时代属于每一个人，每一个人都是新时代的见证者、开创者、建设者。"① 新时代推进身心健康素质提升，每一个人都是建设提升合力的实践主体。在实践中，必须坚持以人民健康为中心，践行人民共建共享的卫生与健康工作方针，坚持将政府主导与调动社会、个人的积极性结合起来，强化个人自觉肩负起健康提升责任，推动人们塑造自主自律的健康行为，倡导和推动人们自觉参与到健康行动中来，进而积极引导人们"养成符合自身和家庭特点的健康生活方式，合理膳食、科学运动、戒烟限酒、心理平衡，实现健康生活少生病"。②

另一方面，坚持人人共享，促进人们共同享有追求和实现身心健康素质提升的机会与成果。人民健康是社会文明进步的坚实基础和最宝贵财富，同时健康也是广大人民群众的共同追求，实现身心健康素质的提升意味着人民拥有更优秀的综合素质和更全面的发展能力。这就要求在加快推进"健康中国"建设，着力推动全民身心健康素质提升的过程中，必须始终坚持以人民为中心的发展思想，坚持通过多种"健康中国"的实施行动使全体人民公平享有健康建设的成果，全方位全周期全覆盖地保障人民的健康权益。

## 三　促进健康：健全保障人民提升身心健康的体系机制

促进健康、实现健康是"健康中国"建设的根本目的，立足于全方位全周期全人群的关键要求与重要着力点，为全民身心健康素质建设提供公平可及、系统连续的健康服务，必须要在全面小康社会建成的基础上契合人民对于美好生活的向往而推动实现更高水平的全民健康。这就要求在推动身心健康素质提升、促进健康水平提高的过程中，必须结合现实情况和目标要求，着力推动健全保障人民身心健康提升的体系机制，使全体人民能够享有所需要的、有质量的、可负担的预防、改善、治疗、康复等促进健康的服务。特别是要针对生命不同阶段的主要健康问题与主要影响因

---

① 习近平：《在第十三届全国人民代表大会第一次会议上的讲话》，人民出版社，2018，第13～14页。
② 《健康中国行动（2019—2030）》，中国政府网，2019年7月9日，http://www.nhc.gov.cn/guihuaxxs/s3585u/201907/e9275fb95d5b4295be8308415d4cd1b2.shtml。

素，从为人民提供全方位全周期健康服务出发，实现从胎儿到老人的全程健康服务与全面健康保障。

**（一）坚持贯彻预防为主方针，改革完善全周期防控体系**

无数次实践证明，"预防是最经济最有效的健康策略"[①]，促进健康，推动全民身心健康素质的提升必须坚定不移地贯彻预防为主方针，在工作实践中坚持防治结合、联防联控、群防群控，努力为全体人民构筑起全生命周期的卫生与健康服务体系。

一方面，要把保障人民健康充分放在优先发展的战略位置，坚持以预防为主的方针指导完善国民健康促进政策，织牢织密国家公共卫生防护网。要充分认真贯彻党中央、国务院关于卫生健康工作事业的决策部署，全面落实大卫生、大健康理念和预防为主方针，加强政策上的统筹和部门间的协同。要大力倡导和树立每个人是自己健康第一责任人的意识，广泛普及健康知识，鼓励个人、家庭积极参与健康行动，促进"以治病为中心"向"以人民健康为中心"转变，有效促进全民身心健康素质提升，在全社会加快形成更健康的生活方式，不断提升人民群众在健康素养上的获得感、幸福感和生活质量。

另一方面，要着重做好重大疾病防控与重点人群健康状况监测的工作。我们党治国理政的一项重大任务就是确保人民群众生命安全和身体健康，坚持问题导向，坚持改革完善疾病预防控制体系是工作的重点之一，这就要求"坚决贯彻预防为主的卫生与健康工作方针，坚持常备不懈，将预防关口前移，避免小病酿成大疫"[②]。关口前移就是要充分加强疾病预防知识普及工作，推动疾病预防教育进课堂、进家庭、进社区、进单位，引导人们树立起预防为主的思想认识，进而养成良好的行为和生活方式。关口前移还要求必须加强健康干预和健康监测，广泛开展包括广播体操、课间操、工间操等在内的全民健身活动，为人们提供睡眠健康和心理咨询服务。特别是要面向妇幼、青少年、老年人以及贫困人口等重点人群统筹做

---

[①] 《习近平关于社会主义社会建设论述摘编》，中央文献出版社，2017，第104页。
[②] 《完善重大疫情防控体制机制 健全国家公共卫生应急管理体系》，《人民日报》2020年2月15日。

好健康工作,提供全生命周期健康服务。并且,还要建立重大疾病的全周期防控机制,推进早诊早治和健康管理,提高诊疗水平,延长健康寿命。

**(二) 深化医药卫生体制改革,推动优化全方位保障体系**

医药卫生体制是保护人民健康、保障国家安全、维护国家长治久安的重要公共卫生防护网,在坚持问题导向、目标导向的要求下,必须充分结合现实需要、人民期盼,持续推进聚焦重点、紧盯实效的重要领域改革,推动优化医药卫生体制系统集成、协同高效的全方位保障体系。

首先,要结合现实需要改革疾病预防控制体系,强化疾病预防控制方面的监测预警、风险评估、流行病学调查、检验检测、应急处置等长效机制和支持机制。一方面,要以公立医院建设为重点,建立比较稳健的公共卫生事业投入支持机制,充分改善疾控基础条件,不断完善公共卫生服务项目,强化基层公共卫生体系。另一方面,要着力落实医疗机构公共卫生责任,不断创新完善医防协同机制。结合突发公共卫生事件监测预警处置机制建设,推动医疗救治、科技支撑、物资保障体系的建立健全,充分保障和提高公共卫生部门应对突发公共卫生事件的能力。同时,还要坚持和突出基本医疗卫生事业公益属性,以充分发挥全民医保作用为重点,深化医药卫生体制改革,加快优质医疗资源整体上的扩容和区域间的均衡布局。结合医疗诊治工作的客观规律建设高效协同的分级诊疗体系,并且要着力推进国家组织药品和耗材集中采购使用改革,发展高端医疗设备研发制造产业。以引导教育民众提升自我健康管理能力为重点,提升全民健康教育、慢病管理及残疾康复服务的质量,结合身心健康发展需要推进精神卫生和心理健康质量的提升。

其次,要着力加强医疗卫生人才队伍建设和医疗卫生工作中医药、技术等关键性要素保障。一则,着力加强医疗卫生人才队伍建设,在推进县域医共体建设过程中,着重落实改善基层医疗工作人员特别是乡村医生待遇,优化基层医疗工作的基础设施条件,以人才建设培养推动基层防病治病和健康管理能力的整体性提升。二则,要结合防治结合、联防联控、群防群治工作机制和目标要求,推进现代医院管理制度、全民医保制度、药品供应保障制度、综合监管制度等方面改革建设取得突破。要重视中医药守正创新、传承发展工作,运用科学技术、科学方法,探索总结中医药内在特点与相关疾病诊疗规律、效果。

最后,要建立医疗卫生领域的关键核心技术攻关的资源支持供给机制,推动长效发展的医疗药品、医疗器械、医用设备、疫苗等领域攻关创新机制。这实质上就是要求继续推进医疗保险和救助制度改革,探索推进常态化制度化的药品集中带量采购,建立健全对人民健康安全影响重大的重特大疾病的保险救助制度,以基本医疗保险基金和公共卫生服务资金的规范统筹使用,减轻人民群众在重特大疾病就医就诊方面的沉重负担与后顾之忧。

**(三)营造尊医重卫社会氛围,促进提供高质量医疗服务**

"广大医务工作者是人民生命健康的守护者"①,广大医疗工作者和医务工作者是"健康中国"的建设者和人民生命健康的"卫士",他们也是提供高质量医疗服务与促进全民身心健康素质提升的主力军、生力军,营造尊医重卫社会氛围,是促进全民健康水平提高和健全保障人民健康的体系机制的题中之义和工作重点。

首先,要营造尊医重卫社会氛围必须加强社会宣传与舆论引导。一方面,要结合广大医务工作者践行"敬佑生命、救死扶伤、甘于奉献、大爱无疆"精神的工作事迹,讲好医务人员的感人故事,弘扬好医务人员的崇高精神。广大医务人员是推进和保障健康中国建设,促进全民健康水平提升的强大力量,他们每时每刻都在积极践行的临危不惧、义无反顾、勇往直前、舍己救人的壮举,应该充分受到和赢得全社会的认同与赞誉,要着力通过社会宣传与舆论导向引导人们发自内心地尊医重卫。另一方面,要通过多种形式增强医务人员职业认同度和荣誉感。医务人员是天然需要爱岗敬业、攻坚克难的群体,广大医生群体在长期刻苦的学习与对艰难复杂的医疗问题的解决中,获得了技术水平和解决临床疾病能力的提升,相关部门与社会舆论必须对优秀医务人员的巨大牺牲和无私奉献予以充分肯定和赞誉。这就要求我们必须不断完善医务人员荣誉评选和表彰制度,对为人民健康事业作出巨大贡献和巨大牺牲的先进医务人员和先进集体给予崇

---

① 《把保障人民健康放在优先发展的战略位置 着力构建优质均衡的基本公共教育服务体系》,《人民日报》2021年3月7日。

高荣誉,通过表彰与宣传将医务人员的职业荣誉转化为医务人员在全社会的良好声誉,着力构建形成全社会尊医重卫的长效机制。

其次,要营造尊医重卫社会氛围必须着力加强医务人员的权益保障。要促进医务人员为人民提供更加满意、更高水平的医疗卫生服务,首先必须要充分保障医务人员的人身安全与人格尊严,只有医务人员的身心健康、合法权益受到保护,他们才能全情全心投入到人民健康守护保障事业之中。因此,在基本医疗卫生制度建设和医疗卫生机构建设中,必须让"医疗卫生人员的人身安全、人格尊严不受侵犯,其合法权益受法律保护。禁止任何组织或者个人威胁、危害医疗卫生人员人身安全,侵犯医疗卫生人员人格尊严"。[①] 通过着力加强医疗机构的安保力量和设施建设,依法严厉打击相关医闹和暴力伤医行为,维护良好安全的医疗卫生服务秩序,推动共同构建和谐医患关系。

最后,要充分拓展医务人员的发展空间,关心保障医务人员的身心健康。医务人员的发展保障和能力提升是全民健康提升的重要保证,做好奋战在医疗救治工作一线的医务人员培养工作和关心工作是促进医疗卫生事业发展的应有之义。一方面,必须着力健全完善医务人员职称晋升、职务提拔、继续教育等方面的政策方案,充分拓展医务人员的晋升通道和发展空间。医疗卫生机构要以"健康中国"行动及全民健康水平提升为契机,加快构建全体医务人员薪酬待遇、职务晋升、职称评聘、继续教育和科研资助方面的提升机制,切实将尊医重卫的方针政策落实落细,使每一个医务人员真实受益。另一方面,必须关心医务人员的身心健康,推动医务人员健康体魄的养成培育。随着中国特色社会主义进入新时代,人民对美好生活的向往也成了我们的奋斗目标,人民也需要更加优质、更高水平的医疗卫生服务。但同时疾病谱、生态环境、生活方式等因素的交织变化也给维护和促进人民健康带来一系列新的挑战,这就对医务人员推进医疗救治工作和疑难重症诊疗攻关提出了更高、更大强度乃至更严苛的要求,这就使得医务人员的身心在长期紧张的工作中常态性地处于超负荷运行状态。

---

① 《中华人民共和国基本医疗卫生与健康促进法》,中国政府网,2019 年 12 月 29 日,http://www.gov.cn/xinwen/2019-12/29/content_5464861.htm。

因此，保障医务人员身心健康是发展医疗卫生事业的工作重点和当务之急，必须建立健全医务人员身心健康长期跟踪服务的体制机制，充分实行医务人员带薪休假制度，全社会共同帮助医务人员保持健康体魄，进而支持医疗人员护佑人民生命健康，投身于健康中国建设和人民健康水平提升工作中。

# 第二章　意识形态的守正创新：新时代精神文明建设的政治系统

意识形态处于社会主义精神文明结构体系的顶层，是新时代精神文明建设根本的、重要的内容。坚持马克思主义的主导地位，是新时代精神文明建设的灵魂，也是新时代精神文明建设的根本性质所在。坚持中国特色社会主义，是新时代精神文明建设的方向，是建设高度的社会主义精神文明的根本要求。坚持以人民为中心发展理念，就是坚定人民群众的政治立场，是新时代精神文明建设的立足点。践行社会主义核心价值观，是凝聚社会价值共识，推进新时代精神文明建设向纵深发展的实践进路。因此，必须以意识形态为统领推进新时代精神文明建设。

## 第一节　坚持马克思主义的主导地位

用什么样的思想理论指导新时代精神文明建设，是关系精神文明建设正确方向、人心团结凝聚的首要问题。在新时代精神文明建设过程中，首要的是坚持马克思主义的主导地位。马克思主义既是指导新时代精神文明建设的理论基础，也是新时代精神文明建设的重要内容。马克思主义作为一种思想体系，内含科学的世界观和方法论，要不断从中汲取科学智慧和理论力量，为推动新时代精神文明建设提供思想保证。理想信念是精神支柱，共同价值是思想纽带。要筑牢理想信念和共同价值，带动社会风气更加清朗，以强大的精神支撑和丰润的价值基础推动新时代社会主义精神文明建设。只有实现马克思主义理论由抽象到具体、由深奥到通俗，大力推进马克思主义的大众化，才能使马克思主义理论为群众所理解和接受，夯实新时代社会主义精神文明建设的思想根基。

## 一 汲取科学智慧和理论力量

推进新时代精神文明建设，离不开马克思主义这一强大思想武器。马克思主义是我们立党立国的根本指导思想，其理论体系和知识体系博大精深，具有巨大真理威力和强大生命力，必须从马克思主义理论中汲取科学智慧和强大的理论力量，为新时代精神文明建设提供科学依据和坚实理论基础。

马克思主义蕴含丰富而深刻的思想内容，首先必须从整体上认识和把握马克思主义的科学体系，深刻领会马克思主义的伟大真理力量。习近平总书记指出："马克思主义经典作家眼界广阔、知识丰富，马克思主义理论体系和知识体系博大精深，涉及自然界、人类社会、人类思维各个领域，涉及历史、经济、政治、文化、社会、生态、科技、军事、党建等各个方面。"[①] 马克思主义科学地总结和概括了人类社会优秀的思想成果，正确反映和深刻总结了自然界发展规律、人类社会发展规律以及人的解放规律，并提供了认识和揭示这些规律的立场、观点和科学方法。马克思主义包含着鲜明的世界观、方法论和价值观，具有联系实际和指导实践的功能，是认识世界和改造世界的伟大的认识工具和实践工具。马克思主义真理的科学性是在实践中得到检验的，通过正确回答现实问题得到表现和证明。中国革命、社会主义建设和改革开放的成功实践，从根本上说，是马克思主义真理性和价值性在中国社会主义发展中的统一。实践深刻证明了马克思主义具有巨大真理威力和强大生命力，无论时代如何变迁、科学如何进步，马克思主义依然显示出科学思想的伟力，依然占据着真理和道义的制高点。[②] 马克思主义的真理性和重要地位，决定了它是社会主义革命和建设事业的强大思想武器，必须坚定不移以马克思主义为指导，在学习和实践马克思主义理论中推进社会主义建设事业。

马克思主义的先进性和科学性决定了马克思主义是新时代精神文明的

---

[①] 习近平：《在哲学社会科学工作座谈会上的讲话》，人民出版社，2016，第11页。
[②] 《习近平谈治国理政》第2卷，外文出版社，2017，第329页。

## 第二章 意识形态的守正创新：新时代精神文明建设的政治系统

精华，要充分认识到马克思主义在精神文明建设中的重要地位。理论上清醒，政治上才能坚定。新时代精神文明建设是一个马克思主义的命题。任何一种精神文明都具有不同的性质和特点，直接同物质生产状况相联系，都是特定的社会经济关系所决定的社会意识形态的具体表现。因此，社会意识形态的具体内容决定了精神文明的性质和特点。从奴隶社会、封建社会到资本主义社会的精神文明，都是建立在以私有制为基础的经济结构上的，这也相应地决定了建立在该经济结构基础之上的政治、法律等上层建筑，以及与该经济基础相适应的社会意识形态必然以私有观念和利己主义为核心内容。社会主义社会的精神文明是建立在以公有制为主体的经济结构之上的，建立在该经济基础之上的是人民当家作主的政治制度，以及以马克思主义为最重要内容的社会主义意识形态。所以，马克思主义是新时代精神文明建设的核心和精神支柱。在实践中，离开了马克思主义的指导，新时代精神文明建设就会失去灵魂、迷失方向；在内容上，离开了马克思主义，新时代精神文明建设就会成为无源之水，无本之木。因此，新时代精神文明建设就是以马克思主义为意识形态的社会主义精神文明。

社会主义精神文明建设有赖于马克思主义在理论上的阐明，要高度重视理论建设。习近平总书记指出："坚持问题导向是马克思主义的鲜明特点。"[①] 一定的道德活动、文艺活动和教育活动等总是受制于一定的思想理论体系。先进理论作为一种社会意识，对社会变革具有巨大的先导作用。社会主义精神文明建设要在思想建设、道德建设、文化建设和民主法制建设中，培育有理想、有道德、有文化和有纪律的社会主义公民。它是由多方面、多层次、多因素构成的综合体，需要以科学的理论原则和方法论正确处理内部各要素之间的关系，以及解决出现的新情况、新问题，保证社会主义精神文明建设协调和顺利地向前发展。同时，社会主义精神文明建设的根本任务在于提高人的素质，是实现人的全面发展的伟大工程。马克思主义认为，人是社会活动的主体，是生产力中最革命最活跃的决定因素。要发挥人的主体能力推动社会主义精神文明建设，就必须提高人的思想道德素质以及其他各方面素质。所以，新时代精神文明建设必须加强理

---

① 习近平：《在哲学社会科学工作座谈会上的讲话》，人民出版社，2016，第14页。

论建设，从马克思主义中汲取科学智慧和理论力量，既为新时代精神文明建设提供理论指导和行动指南，也为促进人的素质的提高提供思想滋养。

从马克思主义中汲取科学智慧和理论力量，首先必须以科学的态度对待马克思主义。坚持以马克思主义为指导，是新时代精神文明建设的内在要求。以科学的态度对待马克思主义，就是要实事求是地深刻理解和准确把握蕴含于其中的核心要义和思想精髓。习近平总书记指出："对待马克思主义，不能采取教条主义的态度，也不能采取实用主义的态度。"① 在新时代精神文明建设过程中，掌握和运用科学的理论思维与认识方法至关重要。这就要求在对待马克思主义真理问题上，必须以科学的态度对待马克思主义，从整体的高度全面理解和把握马克思主义，既不能零散地、片段地、不完整地认识和掌握马克思主义，也不能简单化、绝对化理解。当然，马克思主义作为一种科学理论，它并未给新时代精神文明建设提供现成的答案，而是提供了一种推动新时代精神文明建设的方法论指导。因此，马克思主义是科学指南，而不是僵死的教条。恩格斯指出："马克思的整个世界观不是教义，而是方法。它提供的不是现成的教条，而是进一步研究的出发点和供这种研究使用的方法。"② 科学对待马克思主义真理，才能把马克思主义学精悟透用好，才能更好地把马克思主义科学理论转化为推动新时代精神文明建设的强大物质力量。

要在学习马克思主义中掌握其精髓与灵魂，以马克思主义的立场、观点和方法推进新时代精神文明建设。立场、观点和方法是马克思主义的精髓和活的灵魂。习近平总书记指出："坚持马克思主义，最重要的是坚持马克思主义基本原理和贯穿其中的立场、观点、方法。这是马克思主义的精髓和活的灵魂。"③ 掌握马克思主义的精髓与灵魂是把握马克思主义真理的关键，是发现、揭示和遵循客观事物发展规律的根本指南。新时代精神文明建设有其自身的运动、变化和发展规律，要在学精悟透马克思主义的立场、观点、方法的基础上来分析新时代下精神文明建设的"新特征"和

---

① 习近平：《在哲学社会科学工作座谈会上的讲话》，人民出版社，2016，第13页。
② 《马克思恩格斯文集》第10卷，人民出版社，2009，第691页。
③ 习近平：《在哲学社会科学工作座谈会上的讲话》，人民出版社，2016，第13页。

"新变化"。新时代精神文明建设既要从根本上解决为什么人的问题,也要解决如何塑造人的问题,更要解决批判与继承、协调与发展等多层次、多样化的矛盾关系。这就要在推进新时代精神文明建设过程中既坚持马克思主义鲜明的人民群众的政治立场,一切为了人民,一切依靠人民,也要以马克思主义的世界观、人生观和价值观作为精神文明建设的思想源泉和精神滋养,解决好这个"总开关"问题,更要掌握马克思主义唯物辩证法,科学研究问题和探索新路。

新时代精神文明建设是一项庞大的实践性很强的系统工程,必须在推进新时代精神文明建设实践中实现马克思主义的立场、观点和方法的统一。习近平总书记指出:"坚持以马克思主义为指导,最终要落实到怎么用上来。"① 要根据新时代精神文明建设现实情况的变化、面临的重大理论和现实问题,针对具体情况运用马克思主义的立场、观点和方法作出科学的判断、找到正确的思路和可行的办法,使马克思主义在推进新时代精神文明建设中放射出更加灿烂的真理光芒。

## 二 筑牢理想信念和共同价值

精神文明建设归根到底是人的建设。新时代精神文明建设提出把培养时代新人作为着眼点,推动人民在理想信念、价值理念、道德观念上紧紧团结在一起。培育时代新人,重中之重是以理想信念筑牢精神之基、以共同价值强化情感认同,凝聚全社会奋进新时代的精神力量。

理想信念和共同价值建立在马克思主义的世界观之上,是马克思主义意识形态以及当代中国核心价值理念的现实表达,是对中国特色社会主义理想和共产主义的理念认同与价值认同,二者在本质上具有高度的一致性。理想信念与共同价值在本质上同属于社会主义意识形态的范畴,它们既是对社会主义、共产主义的理念认同和精神信仰,也根植于中国特色社会主义实践的现实,是生成、发展和服务于现实社会的实践过程。

理想信念和共同价值与社会主义精神文明是辩证统一的。理想信念和共同价值是社会主义精神文明的内核,是社会主义精神文明繁荣发展的重

---

① 习近平:《在哲学社会科学工作座谈会上的讲话》,人民出版社,2016,第13页。

要思想保证；社会主义精神文明是理想信念和共同价值的主要载体形式，可为筑牢理想信念和共同价值提供空间场域。从理论基础来看，科学的世界观是正确的价值观形成的理论前提。理想信念和共同价值与社会主义精神文明都是以马克思主义真理为底色的，其基本立场、观点和方法贯穿于理想信念、共同价值与社会主义精神文明的方方面面，从根本上规定着理想信念和共同价值的性质与内容、明确着社会主义精神文明的属性和方向。从基本内容来看，思想道德建设和科学文化建设是社会主义精神文明建设的两个主要方面，其中，"社会主义思想道德集中体现着精神文明建设的性质和方向"①，是精神文明建设的灵魂，其基本任务是："坚持爱国主义、集体主义、社会主义教育，加强社会公德、职业道德、家庭美德建设，引导人们树立建设有中国特色社会主义的共同理想和正确的世界观、人生观、价值观。"② 理想信念和共同价值的基本内容涵盖了国家、社会、个人三个层面的核心价值理念，构成了社会主义精神文明建设的重要内容。从价值目标来看，人的全面发展是落脚点。无论是理想信念和共同价值，还是社会主义精神文明建设，其目的都在于培育有理想、有道德、有文化、有纪律的社会主义公民，实现人的自由而全面的发展。因此，理想信念与共同价值是从理想层次、信念层次和价值层次提升社会主义思想道德的必要条件，必须筑牢理想信念与共同价值，为社会主义精神文明建设固本培元。

筑牢理想信念和共同价值在新时代精神文明建设中具有引领和导向作用。习近平总书记指出："人民有信仰，民族有希望，国家有力量。"③ 坚定的理想信念和价值观念，是保证正确的政治方向的根本前提。理想信念和共同价值明确了人们奋斗的目标和价值取向。筑牢理想信念和共同价值能够有效协调和整合多样化的社会意识与价值观，增强社会成员的归属感和向心力，巩固马克思主义在我国社会主义意识形态中的主导地位。同时，坚定的理想信念和价值观念，是树立正确的世界观、人生观和价值观

---

① 《改革开放三十年重要文献选编》（上），中央文献出版社，2008，第874页。
② 《十四大以来重要文献选编》（下），人民出版社，1999，第2054页。
③ 习近平：《决胜全面建成小康社会 夺取新时代中国特色社会主义伟大胜利——在中国共产党第十九次全国代表大会上的报告》，人民出版社，2017，第42页。

第二章 意识形态的守正创新：新时代精神文明建设的政治系统

的坐标系，也是改造客观世界的内驱力。马克思指出："理论一经掌握群众，也会变成物质力量。理论只要说服人，就能掌握群众；而理论只要彻底，就能说服人。"① 理想信念和共同价值是一种追求，也是一种强大的精神力量。筑牢理想信念和共同价值的实质就是使理想信念和共同价值成为全体社会成员的精神生活主心骨和支柱，为人们所认同、接受和信仰，在目标的强大引力下激发强劲的内驱力，在推进新时代精神文明建设中不断体现着自己的价值。

筑牢理想信念和共同价值，必须建立在马克思主义的科学理论基础之上。马克思主义科学理论对筑牢理想信念和共同价值具有巨大的推动作用。"石可破也，而不可夺坚；丹可磨也，而不可夺赤。"② 认识、掌握和信仰马克思主义，是坚定理想信念，确立共同价值观念的精神前提。习近平总书记指出："坚定的理想信念，必须建立在对马克思主义的深刻理解之上，建立在对历史规律的深刻把握之上。"③ 马克思主义是确立正确理想信念和凝聚价值共识的理论基础。马克思主义科学理论既有对客观世界及其发展规律的解释功能，也有对未来社会发展趋势的科学判断和预测功能，这两个基本功能决定了马克思主义具有科学性和真理性，能够为人所主动认同和自觉实践。同时，马克思主义的重大贡献就在于马克思恩格斯通过运用唯物史观揭示了不以人的意志为转移的人类社会发展的客观规律；就在于运用唯物史观和剩余价值论，深刻论证了社会主义取代资本主义的必然性和客观规律，创立了科学社会主义理论。尽管社会主义事业经历过低谷，但中国特色社会主义的发展有力地证明了科学社会主义理论并未过时。毛泽东思想和中国特色社会主义理论体系是中国化的马克思主义，既体现着共产主义的远大理想，也凝结着中国特色社会主义共同理想的奋斗目标。因此，筑牢理想信念和共同价值，"要深入学习马克思列宁主义、毛泽东思想、邓小平理论、'三个代表'重要思想、科学发展观，深入学习党的十八大以来党中央治国理政新理念新思想新战略，不断提高马克思主义思想觉悟和

---

① 《马克思恩格斯选集》第1卷，人民出版社，2012，第9~10页。
② 《习近平关于党风廉政建设和反腐败斗争论述摘编》，中国方正出版社，2015，第143页。
③ 习近平：《在庆祝中国共产党成立95周年大会上的讲话》，人民出版社，2016，第11页。

理论水平，保持对远大理想和奋斗目标的清醒认知和执着追求"。①

筑牢理想信念和共同价值，最重要的是要以科学的理论武装头脑。用科学的理论进行武装和教育，是马克思主义的一个重要观点。马克思主义经典作家对理论武装作过系统论述。马克思恩格斯提出，要以极大的热情通过理论宣传的方式把社会主义"传播到工人群众中去"。②列宁也指出，社会主义思想意识的传播只能通过从工人阶级外部注入的方式，要以"理论家""宣传员""鼓动员""组织者"的身份到"居民的一切阶级中去"。③共产主义远大理想和中国特色社会主义共同理想是党的崇高奋斗目标，是全体中国人民的共同精神支柱。要深入开展党的理论创新成果宣传教育，高扬理想信念旗帜，注重突出价值引领，使中国特色社会主义和中国梦深入人心，推动形成昂扬向上的社会风气。

筑牢理想信念和共同价值，要自觉做共产主义远大理想和中国特色社会主义共同理想的坚定信仰者、忠实实践者。理论学习和教育终归要回到实践之中，将理论转化为改造客观世界的物质力量。习近平总书记指出："要坚持学而信、学而思、学而行，把学习成果转化为不可撼动的理想信念，转化为正确的世界观、人生观、价值观，用理想之光照亮奋斗之路，用信仰之力开创美好未来。"④只有在理论学习中真学真懂真信真用，才能持续"补钙""加油"，以信仰明确方向，以价值凝聚力量。远大理想和共同理想是项伟大的事业，必须在实践中去追求和实现。离开了具体实践，便失去了为远大理想和共同理想奋斗的力量，远大理想和共同理想也容易沦为空想。

总之，理想信念和共同价值是全社会共同拥有的前进方向和奋斗目标，是统摄社会生活各个领域的力量和行为，是新时代社会主义精神文明建设的重要内容。只有以科学的马克思主义作为筑牢理想信念和共同价值的核心内容，才能使理想信念和共同价值具有说服力，得到全社会的认同；才能发挥先进理论的指导作用，激发全社会深入实践，从而凝聚起全

---

① 《习近平谈治国理政》第2卷，外文出版社，2017，第35页。
② 《马克思恩格斯选集》第3卷，人民出版社，2012，第38页。
③ 《列宁选集》第1卷，人民出版社，2012，第366页。
④ 《习近平谈治国理政》第2卷，外文出版社，2017，第50页。

社会的磅礴力量。

### 三 推进马克思主义的大众化

在任何意识形态领域,马克思主义的指导地位只能被加强,不能被削弱。新时代精神文明建设亦是如此。社会主义精神文明建设渗透着意识形态的内容与影响。在新时代精神文明建设中,"社会主义思想不去占领,资本主义思想就必然会去占领"。[①] 任何对社会主义意识形态的削弱,就意味着资本主义意识形态的增强,确保新时代精神文明建设的社会主义性质,增强马克思主义在新时代精神文明建设中的意识形态话语权,就要坚持以意识形态为统领推进马克思主义大众化,用马克思主义对人民群众进行价值引导和观念整合,使马克思主义的核心价值理念内化于人民群众的精神生活、外化于人民群众的现实生活,形成人民群众对马克思主义的情感认同,以马克思主义科学认识和能动改造主观世界与客观世界,以此夯实新时代精神文明建设的意识形态基础,增强人民群众对社会主义主流意识形态的自觉认同和维护。

马克思主义大众化是新时代精神文明建设的内在要求。马克思主义是新时代精神文明建设的核心和灵魂。推进马克思主义大众化,关乎对主流意识形态的认识与鉴定,关乎新时代精神文明建设的未来。人民群众是新时代精神文明建设的实践主体,新时代精神文明建设从本质上说就是广大人民群众的实践性活动。只有人民群众认同、理解和掌握马克思主义这一主流意识形态,就会自觉坚定理论自信,主动投身于新时代精神文明建设之中。马克思指出:"理论一经掌握群众,也会变成物质力量。理论只要说服人,就能掌握群众;而理论只要彻底,就能说服人。所谓彻底,就是抓住事物的根本。"[②] 马克思主义大众化的过程,是理论与实践相结合、理论走向群众的过程。在这一过程中,马克思主义在广大人民群众参与新时代精神文明建设过程中,为人民群众所接受和掌握,并在实践过程中不断检验和发展马克思主义。可以说,只有不断推进马克思主义大众化,才能

---

① 《改革开放三十年重要文献选编》(上),中央文献出版社,2008,第600页。
② 《马克思恩格斯选集》第1卷,人民出版社,2012,第9~10页。

把马克思主义抽象话语转化为大众话语,推动理论逐步为人民群众所认同,真正实现理论掌握群众的目标,使马克思主义成为人民群众的坚定信仰和自觉追求,成为人民群众的行为准则和实践指南,让人民群众在新时代精神文明建设中运用和发展马克思主义。

同时,新时代精神文明建设面临的新困难和新挑战,需要不断推进马克思主义的大众化。党的十九大报告指出,经过长期努力,中国特色社会主义进入了新时代,但"我国仍处于并将长期处于社会主义初级阶段的基本国情没有变"。① 在社会主义初级阶段基础上建设新时代精神文明必然会面临着许多复杂问题和严峻考验。一是市场经济的快速发展,导致拜金主义、享乐主义和实用主义等腐朽观念甚嚣尘上,严重影响到了马克思主义信仰在人民群众中的树立。二是互联网和信息技术等现代媒介的广泛应用,导致网络信息真伪混杂,特别是西方发达国家利用其媒体传播优势,通过网络大肆宣扬本国价值观,直接冲击着人们的价值观念。三是人们思想的活跃性,导致社会思想意识相互交织,主流意识形态与多样化社会思潮相互激荡趋势更加显著。这些复杂的问题使得新时代精神文明建设具有长期性、艰巨性,必须坚持不懈推进马克思主义大众化,确保马克思主义在新时代精神文明建设中"始终在场"。

理论的群众性,来源于人民群众的需要,人民群众的需要是马克思主义实现大众化的现实关键。马克思指出:"理论在一个国家实现的程度,总是取决于理论满足于这个国家的需要的程度。"② 任何理论完成其使命、实现其价值,都需要为群众所掌握和运用,而掌握和运用的前提是被需要。从精神世界支撑角度来看,马克思主义作为真理性认识,能够赋予人民群众以强大的精神支撑。1936年,毛泽东在同美国记者斯诺谈话时指出:"我一旦接受了马克思主义是对历史的正确解释以后,我对马克思主义的信仰就没有动摇过。"③ 人民群众的需要是人民群众活动的动力,而人

---

① 习近平:《决胜全面建成小康社会 夺取新时代中国特色社会主义伟大胜利——在中国共产党第十九次全国代表大会上的报告》,人民出版社,2017,第12页。
② 《马克思恩格斯选集》第1卷,人民出版社,2012,第11页。
③ 〔美〕埃德加·斯诺:《西行漫记》,董乐山译,生活·读书·新知三联书店,1979,第131页。

## 第二章 意识形态的守正创新：新时代精神文明建设的政治系统

民群众通过实践形成的社会文明的发展程度也直接影响着满足人民群众需求的数量和满足需求的方式。从指导实践需要角度来看，马克思主义是与人民群众的实践发生直接联系的，能够满足人民群众改造客观世界的需要。在马克思主义看来，历史不是"某种脱离日常生活的东西，某种处于世界之外和超乎世界之上的东西"①，它与现实场域紧密相连。而马克思主义则是在全面领悟客观事物和融入日常生活中，探究历史发展的客观规律。可以看出，马克思主义与人民群众生活实践产生联系，实践性是马克思主义的重要特征之一。新时代精神文明建设作为一项群众性的实践活动，人民群众需要马克思主义在实践中发挥能动作用。因此，新时代精神文明建设，要始终着眼于"现实个人"的需要，实现马克思主义由抽象到具体、由深奥到通俗，使之为人民群众所认可和接受，成为精神生活必需品。正如毛泽东所言："任何思想，如果不和客观的实际的事物相联系，如果没有客观存在的需要，如果不为人民群众所掌握，即使是最好的东西，即使是马克思列宁主义，也是不起作用的。"②

推进马克思主义大众化，需要以贴近人民群众生活和实际、反映人民群众的根本利益诉求为切入点。列宁指出，马克思主义大众化就是要将马克思主义"渗透到群众的意识中去，渗透到他们的习惯中去，渗透到他们的生活常规中去"。③ 马克思主义作为鲜活和科学的理论，与人民群众的生活产生直接联系。人民群众接受和认同马克思主义的前提是，马克思主义充分反映人民群众的根本利益和价值诉求。马克思指出："人们为之奋斗的一切，都同他们的利益有关。"④ 人民群众参与新时代精神文明建设，其目的是要满足自身对美好生活的需要。而"'思想'一旦离开'利益'，就一定会使自己出丑"。⑤ 因此，马克思主义只有坚持以人民为中心，从广大人民群众生动的实践出发，正确捕捉和及时回答人民群众所面临的新情况、新问题，把人民群众的根本利益与现实利益结合起来，及时倾听人民

---

① 《马克思恩格斯选集》第1卷，人民出版社，2012，第173页。
② 《毛泽东选集》第4卷，人民出版社，1991，第1515页。
③ 《列宁全集》第39卷，人民出版社，2017，第100页。
④ 《马克思恩格斯全集》第1卷，人民出版社，1995，第187页。
⑤ 《马克思恩格斯文集》第1卷，人民出版社，2009，第286页。

群众的呼声、代表人民群众的根本利益和反映人民群众的价值诉求，才能以理论温度增强思想认知度，使广大人民群众切实感受到马克思主义的思想力量和实践力量，让马克思主义为人民群众所认可、接受和信赖，从而最大限度地发挥人民群众参与新时代精神文明建设的巨大能量。

要想推进马克思主义大众化，使马克思主义满足人民需要和掌握群众，关键在于以人民群众喜闻乐见的"话"解读马克思主义。所谓马克思主义大众化，就是把马克思主义理论用简单质朴的语言讲清楚、用群众喜闻乐见的方式说明白，使之更好地为广大党员和人民大众所理解、所接受。① 因此，推进马克思主义大众化，就要体现在形式的大众化上。要运用人民群众喜闻乐见的语言、风格和方式来阐释、传播马克思主义，即通俗易懂的语言、深入浅出的风格和广受欢迎的方式，才能既使马克思主义富有感染力和吸引力，为群众自觉接受和主动认同，也使广大人民群众运用马克思主义、实践马克思主义，以马克思主义推进新时代精神文明建设。

总之，推进马克思主义大众化，既要实现马克思主义基本原理的大众化，也要推进中国化马克思主义的大众化；既是马克思主义由抽象、深奥到具体、简单的过程，也是在理解、认同和信仰马克思主义后所呈现的精神状态和行为方式；既是理论与人民群众相结合，为人民群众所掌握、所践行，也是理论与实践相结合，在人民群众参与新时代精神文明建设过程中对马克思主义的检验和发展。一句话，推进马克思主义大众化与增强社会主义意识形态的吸引力与凝聚力、扩大马克思主义在新时代精神文明建设中的影响力是一致的。

## 第二节　坚持中国特色社会主义方向

中国特色社会主义是新时期精神文明建设的生长点和落脚点。中国特色社会主义四十多年的理论与实践发展表明，精神文明建设与中国特色社会主义紧密相连，精神文明建设既是中国特色社会主义的重要组成部分，也是中国特色社会主义发展的动力，只有坚持中国特色社会主义，才能坚

---

① 《十七大以来重要文献选编》（中），中央文献出版社，2011，第261页。

持社会主义精神文明建设的正确方向。新时代精神文明建设必须着眼中国特色社会主义的新的发展阶段，从开拓中国特色社会事业新局面的高度，用社会主义核心价值观统一思想、凝聚力量，推动社会主义核心价值观深入人心。理论是根植于道路的，中国特色社会主义理论是立足中国特色社会主义实践的理论，是坚持马克思主义和发展马克思主义的有机统一，是夯实新时代精神文明建设的思想基础。梦想是连接着道路的，中华民族伟大复兴的中国梦是以中国特色社会主义道路为根本保障的，必须以中华民族伟大复兴的中国梦为方向指引，在新时代精神文明建设中弘扬中国精神、凝聚中国力量。

## 一　用社会主义核心价值观凝聚力量

现实世界是价值形态的世界，人的现实活动总是要受到具体价值观念的支配和制约。价值观是主体对于价值现象所呈现出的理性化的态度、信念和观点等。价值观的主体性和观念化使主体能够按照一定的价值尺度和评价标准指导实践。现实主体的多元化决定了价值观的差异性、层次性，但这种多样化的存在状态并不否认存在共同价值观的可能性。这就需要以一般性的、整体性的共同价值观来统合人们的价值观念，规范人们的价值活动和价值关系。这种共同的价值观就是具有稳定性的、起主导作用的、明确价值标准的核心价值观。

核心价值观是任何社会都具有的主导性价值观念，它是建立在一定经济基础之上的上层建筑，是社会不可或缺的精神支柱，也是全体社会成员的"最大公约数"。习近平总书记指出："人类社会发展的历史表明，对一个民族、一个国家来说，最持久、最深层的力量是全社会共同认可的核心价值观。核心价值观，承载着一个民族、一个国家的精神追求，体现着一个社会评判是非曲直的价值标准。"[①] 核心价值观能够对多元主体的思想认识、价值观念进行统合，把社会成员个人的价值观提炼为社会的共同价值观，为人们提供共同的价值规范。它作为一种共同的思想意识和价值共识，是全社会赖以生存的共同思想基础。在我国，这种重要的具有统合和

---

① 《习近平谈治国理政》第1卷，外文出版社，2018，第168页。

引领作用的核心价值观就是社会主义核心价值观。社会主义核心价值观在整个社会价值观体系中居于主导地位，是社会主义的内在价值规定，决定着社会主义思想文化的性质，集中体现了社会主义先进文化的前进方向和社会主义文明的价值追求。

　　社会主义核心价值观作为全社会共同认可的最持久、最深层的力量，具有强大的凝聚力和感召力。精神文明的强弱表现为文化的影响力，而"文化的影响力首先是价值观念的影响力"。① 核心价值观作为一种基础性、广泛性的共同信仰和思想基础，在文化观念层面处于最深层、最核心的位置。习近平总书记指出："一个民族、一个国家的核心价值观必须同这个民族、这个国家的历史文化相契合，同这个民族、这个国家的人民正在进行的奋斗相结合，同这个民族、这个国家需要解决的时代问题相适应。"② 社会主义核心价值观的力量来源于以马克思主义为指导的科学的价值观，孕育于中华优秀传统文化资源之中，是中华民族优秀价值观在当代的创造性转换，又扎根于中国特色社会主义的具体国情，体现着鲜明的中国特色。社会主义核心价值观作为中国人民思想道德和价值观念的最大公约数，是中华民族的精神家园，具有价值导向、思想整合和力量凝聚的作用。习近平总书记指出："社会主义核心价值观是当代中国精神的集中体现，是凝聚中国力量的思想道德基础。"③ 社会主义核心价值观体现了全体社会成员的共同价值取向，奠定了共同的思想道德基础，能够凝聚和整合全体社会成员成为具有归属感和向心力的统一整体。

　　社会主义核心价值观是社会主义精神文明的内核，发挥社会主义核心价值观在新时代精神文明建设中的引领作用，是社会主义精神文明建设的本质要求。社会主义精神文明与社会主义核心价值观是社会主义制度在精神层面的质的规定性，是社会主义意识形态的深层次要素。社会主义精神文明是国家、社会和公民的思想支撑与价值追求，社会主义精神文明建设包括思想道德建设和科学文化建设两个方面。其中，思想道德建设是社会

---

① 《习近平关于社会主义文化建设论述摘编》，中央文献出版社，2017，第105页。
② 《习近平谈治国理政》第1卷，外文出版社，2018，第171页。
③ 《习近平谈治国理政》第2卷，外文出版社，2017，第351页。

## 第二章 意识形态的守正创新：新时代精神文明建设的政治系统

主义精神文明建设在精神层面的集中体现，是社会主义精神文明建设的灵魂，其基本任务是："坚持爱国主义、集体主义、社会主义教育，加强社会公德、职业道德、家庭美德建设，引导人们树立建设有中国特色社会主义的共同理想和正确的世界观、人生观、价值观。"① 这就内在需要以社会主义核心价值观为统领进行精神文明建设。社会主义核心价值观从国家、社会、公民三个层面提出了具体的价值要求和目标追求，深入回答了我们要建设什么样的国家、建设什么样的社会、培育什么样的公民的重大问题。社会主义核心价值观整合了国家、社会和公民三个层面的价值目标，涵盖着全社会的最核心的价值理念，体现着对社会主义文明的价值追求，深入回答了社会主义精神文明建设的重大问题，是社会主义精神文明建设的重要内容。

社会主义核心价值观的凝聚力在于它的内聚力和认同力，即社会成员对所拥有的共同文化的确认。人是文化的存在，"个体永远不能从自身来理解，他只能从支持他并渗透于他的文化的先定性中来获得理解"。② 文化以物质形态与非物质形态的符号、观念等文化表现形式，使社会成员产生心理确认并自觉形成归属感。也就是说，社会主义核心价值观通过彰显、解读和建构中华民族成员共同的文化象征，使中华民族成员在自觉认可中进行自我确证、寻求归属和趋向统一。因此，社会成员的身份属性具有民族文化的群体身份特征。以社会主义核心价值观凝聚力量，就必须对民族文化进行深入阐发、运用和体现，通过民族文化身份的确认激发中华民族成员的情感共鸣，达到以文化内聚力提升社会主义核心价值观凝聚力的目的。

以社会主义核心价值观凝聚力量，要大力弘扬爱国主义精神。人无精神则不立，国无精神则不强。爱国主义精神是中华民族精神的核心，是中华民族发展壮大的精神动力。习近平总书记指出："在社会主义核心价值观中，最深层、最根本、最永恒的是爱国主义。"③ 爱国主义是中华民族的

---

① 《十四大以来重要文献选编》（下），人民出版社，1999，第2054页。
② 〔德〕M.兰德曼：《哲学人类学》，阎嘉译，贵州人民出版社，1988，第273页。
③ 习近平：《在文艺工作座谈会上的讲话》，人民出版社，2015，第24页。

精神基因，是中国人对国家这一命运共同体的自觉认同，是心之所系、情之所归。它是中国人内心积淀的深沉精神力量，不是外在的约束力量，而是内在的心理诉求和坚定信仰。它作为一种"硬核力量"，维系着华夏大地上各个民族的团结统一，激励着一代又一代中华儿女为祖国发展繁荣而不懈奋斗。历史和实践表明，中华民族在千百年来的历史发展中，之所以能够历经磨难而不衰，之所以能够实现从站起来、富强来到强起来的巨大飞跃，靠的就是爱国主义精神的激励。爱国主义是一个历史范畴，在不同历史时期和不同发展阶段具有不同的内涵和表现形式。在新时代，实现中华民族伟大复兴的中国梦赋予了爱国主义新的时代主题，必须发挥爱国主义的巨大凝聚力和向心力，增强全国各族人民的共识，汇集中华儿女的精神力量。

以社会主义核心价值观凝聚力量，要立足于中华优秀传统文化。社会主义核心价值观作为一种稳定的核心价值观，有其固有的根本。中华优秀传统文化是社会主义核心价值观的根基，"积淀着中华民族最深沉的精神追求"。① 中华优秀传统文化是中华民族的根与魂，是中华民族的文化基因和精神血脉，在长期积淀中潜移默化地影响着中国人的思维方式、价值观念和行为方式，是凝聚中华儿女的特有的精神力量。习近平总书记指出，中华优秀传统文化蕴藏着丰富的思想资源，要"认真汲取中华优秀传统文化的思想精华和道德精髓……做好创造性转化和创新性发展"。② 中华民族优秀传统文化为社会主义核心价值观统一思想、凝聚共识和团结力量提供了重要保证。用社会主义核心价值观凝魂聚力，就必须立足于中华优秀传统文化，以中华优秀传统文化的内聚力提升社会主义核心价值观的影响力，为社会主义核心价值观提供力量源泉。

## 二　用中国特色社会主义理论夯实思想

思想是观念形态的东西，是新时代精神文明建设的主要内容。毛泽东

---

① 习近平：《在中国文联十大、中国作协九大开幕式上的讲话》，人民出版社，2016，第4页。
② 习近平：《把培育和弘扬社会主义核心价值观作为凝魂聚气强基固本的基础工程》，《人民日报》2014年2月26日。

## 第二章　意识形态的守正创新：新时代精神文明建设的政治系统

指出："感性认识的材料积累多了，就会产生一个飞跃，变成了理性认识，这就是思想。"① 从心理学视角来看，思想是人的心理活动产生的一种心理现象，包括人的认知、情感、意志，也包括人的气质、能力、性格等心理特征。② 无论是从唯物主义认识论还是从心理学视角来看，思想都具有自发性、内生性等特征，需要通过外部系统化、理性化的理论体系的输入，使系统化形态的"理论"转化为个体化存在的"思想"，形成个体理性的"思想"结构。

思想是观念形态，属于上层建筑，其性质是由意识形态的属性决定的。马克思恩格斯指出："每一个企图取代旧统治阶级的新阶级，为了达到自己的目的不得不把自己的利益说成是社会全体成员的共同利益，就是说，这在观念上的表达就是：赋予自己的思想以普遍性的形式，把它们描绘成唯一合乎理性的、有普遍意义的思想。"③ 从认识论的角度来看，意识形态在形式上代表绝大多数人的利益，是群体共同的思想观念体系，是普遍存在的社会意识，要求必须实现掌握群众与被群众掌握相统一。意识形态的演进，是先由少数人思想体系到多数人思想的发展过程，即理论的大众化过程。因此，个体意识或思想观念，与社会大多数成员所接受和认同的意识形态相关联，意识形态"是什么"，决定了民众"信什么"。在新时代精神文明建设中，只有实现社会主义意识形态的大众化，才能使正确的思想意识为广大人民群众所掌握，在全社会形成统一的思想认识。

人的发展在新时代精神文明建设中居于核心地位。新时代精神文明建设以社会的人为对象，把塑造人、培育人作为根本任务，本质就是做人的工作。马克思指出："人的本质……是一切社会关系的总和。"④ 思想素质作为人们行为的外化表象，是受一定时期的思想理论体系支配和制约的。一定时期的思想理论体系作为一种社会意识，是对社会存在的反映，随着社会存在的变化而不断发展。马克思指出："人们自觉地或不自觉地，归根到底总是从他们阶级地位所依据的实际关系中——从他们进行生产和交

---

① 《毛泽东文集》第8卷，人民出版社，1999，第320页。
② 苏振芳主编《思想政治教育学原理》，厦门大学出版社，2000，第123页。
③ 《马克思恩格斯选集》第1卷，人民出版社，2012，第180页。
④ 《马克思恩格斯选集》第1卷，人民出版社，2012，第135页。

换的经济关系中，获得自己的伦理观念。"① 伦理观念是人在认识客观事物的过程中表现出的情感、信念和意志等，它受社会上占统治地位的思想指导和制约。占统治地位的思想是统治阶级的物质关系以思想的形式在观念上的表现。建立在以公有制为主体的社会物质关系之上的社会主义精神文明，是以马克思主义为核心的思想理论。在当前我国社会主义发展阶段，社会主义精神文明首先就是当代中国的马克思主义，即中国特色社会主义理论。它反映了社会生活、影响着社会生活，是塑造人们的伦理观念、调整人们行为的基本规范。

理论的深入人心需要理论来说服人，掌握群众，关键在于理论的科学性。马克思指出："理论只要说服人，就能掌握群众；而理论只要彻底，就能说服人。所谓彻底，就是抓住事物的本质。"② 理论的彻底性源自理论自身的科学性而形成的感召力和影响力，以理论的真理力量来征服人。实践性、发展性是中国特色社会主义理论的鲜明品格。实践是检验真理的唯一标准。中国特色社会主义理论是在深刻回答和解决中国特色社会主义实践面临的重大问题中，将马克思主义基本原理同中国具体国情和时代特征相结合形成的系统化、科学化的思想理论成果，在实践、认识、再实践、再认识的循环往复中使理论进入高级阶段，以"思想在场"的形式显示了中国特色社会主义理论的强大生命力。同时，实践的发展也在推动理论的创新。对马克思主义的最好坚持就是发展。习近平总书记指出："坚持问题导向，坚持以我们正在做的事情为中心，聆听时代声音，更加深入地推动马克思主义同当代中国发展的具体实际相结合，不断开辟21世纪马克思主义发展新境界，让当代中国马克思主义放射出更加灿烂的真理光芒。"③ 中国特色社会主义理论坚持问题导向，在鲜活的当代中国实践中深化了对共产党执政规律、社会主义建设规律、人类社会发展规律的认识。可以说，中国特色社会主义理论将坚持马克思主义和发展马克思主义很好地统一起来，在紧跟实践发展和时代变化中不断丰富和完善，成为实现社会主

---

① 《马克思恩格斯选集》第3卷，人民出版社，2012，第470页。
② 《马克思恩格斯选集》第1卷，人民出版社，2012，第9~10页。
③ 《习近平谈治国理政》第2卷，外文出版社，2017，第34页。

## 第二章 意识形态的守正创新：新时代精神文明建设的政治系统

义现代化和中华民族伟大复兴的强大思想武器。因此，推动新时代精神文明建设，必须在新时代历史条件下使中国特色社会主义理论深入人心，在全社会形成有利于精神文明建设的理论氛围、价值观念和精神动力。

理论创新每前进一步，理论武装就跟进一步。习近平总书记指出："改革开放以来，我们坚持理论创新，正确回答了什么是社会主义、怎样建设社会主义，建设什么样的党、怎样建设党，实现什么样的发展、怎样发展等重大课题，不断根据新的实践推出新的理论，为我们制定各项方针政策、推进各项工作提供了科学指导。"① 中国特色社会主义理论是在深入系统地研究和回答建设什么样的社会主义、怎样建设社会主义中形成了科学的理论体系，特别是党的十八大以来，以习近平同志为核心的党中央在推进中国特色社会主义实践探索中坚持和发展中国特色社会主义理论体系，形成了马克思主义中国化的最新理论成果，即习近平新时代中国特色社会主义思想。这一思想适应了新的时代特征和当代中国发展进步要求，是指导党和国家事业发展的强大思想武器，具有强大的真理伟力和独特的思想魅力，是当代中国的马克思主义、21世纪的马克思主义。在新时代精神文明建设当前和今后一个时期，要把推进习近平新时代中国特色社会主义思想深入人心作为凝魂聚气的重要任务来抓，在全社会形成统一思想、广泛共识，不断提升全社会的思想觉悟、文明素养和文明程度，为新时代精神文明建设提供强大的精神力量和丰润的思想滋养，使精神文明建设在高度的思想自觉中不断推进。

理论宣传教育是提升全社会对中国特色社会主义理论认同、推动思想深入人心的重要途径。对于理论宣传教育，马克思恩格斯曾明确指出，依靠"耐心的宣传工作和会议活动"才能争取到广大人民群众，推动革命运动取得胜利。理论宣传教育不等于强制灌输，它是主体与客体、理论与实践的统一。恩格斯在谈及美国无产阶级发展问题时指出："越少从外面把这种理论硬灌输给美国人，而越多由他们通过自己亲身的经验（在德国人的帮助下）去检验它，它就越会深入他们的心坎。"② 在恩格斯看来，理论

---

① 《习近平谈治国理政》第2卷，外文出版社，2017，第343页。
② 《马克思恩格斯选集》第4卷，人民出版社，2012，第588页。

要更好地内化于人们的思想之中,需要结合人民群众的实践进行宣传教育。马克思指出:"思想本身根本不能实现什么东西。思想要得到实现,就要有使用实践力量的人。"① 理论的源泉来自于实践,重视宣传教育的理论与实践相结合,理论才能为实践的人所掌握,成为有生命力的东西。开展新时代精神文明建设,用中国特色社会主义理论夯实思想,既要开展丰富多彩的宣传教育活动、运用形式多样的宣传教育方式,推进中国特色社会主义理论宣传教育常态化,也要广大人民群众共同参与,调动人民群众自觉学习理论的积极性。理论宣传教育,只有把握好时、效、度,才能增强理论的吸引力和感染力,使中国特色社会主义理论深入人心,成为改造主观世界和客观世界的思想力量。

中国特色社会主义理论紧密连接着马克思主义与中国特色社会主义实践"两端",具有高度的政治性。用中国特色社会主义理论夯实思想,才能确保思想上的一元性,坚持正确的政治方向,使全社会在思想观念上紧密团结在一起,保证新时代精神文明建设始终沿着马克思主义和社会主义的大方向不断推进。

### 三 用中华民族伟大复兴梦指引方向

任何社会形态的巩固和发展,都是物质文明、政治文明与精神文明相互交织的统一体。其中,精神文明影响着物质文明和政治文明,是物质文明的反映,为物质文明提供原动力,也是政治文明正常运行的保证。精神文明是一个民族、一个国家的灵魂,无论哪一个民族、哪一个国家都需要高度的精神文明来获得前进的动力。古往今来,中华民族的前进之路,特别是近代以来中华民族对国家富强、民族振兴和人民幸福的渴望与追求,正是在强大思想引领和精神力量的支撑下,才得以打下坚实基础。党的十九大报告指出,经过长期努力,中国特色社会主义进入了新时代,也是奋力实现中华民族伟大复兴中国梦的时代。在新时代历史方位中,要以中华民族伟大复兴的中国梦为方向指引,全面推进精神文明建设。

实现中华民族伟大复兴的中国梦是物质文明与精神文明协同发展的过

---

① 《马克思恩格斯文集》第1卷,人民出版社,2009,第320页。

程。中华民族伟大复兴的中国梦是中华民族不断求索与奋斗、努力走向繁荣的伟大梦想。梦想源自一定历史条件的社会现实。中华民族伟大复兴的中国梦沿着近代以来中华民族不断奋争、生生不息的历史主线，深刻阐释了实现中华民族伟大复兴的中国梦的美好憧憬。习近平总书记指出："实现中华民族伟大复兴的中国梦，就是要实现国家富强、民族振兴、人民幸福，既深深体现了今天中国人的理想，也深深反映了我们先人们不懈追求进步的光荣传统。"① 国家富强、民族振兴、人民幸福是中华民族伟大复兴的中国梦的核心要义，也是崇高的目标追求。中国梦归根到底是人民的梦，是同人民对美好生活的向往高度契合的，体现了最高价值尺度和终极价值追求的统一。人民的美好生活，既需要物质资料的充分，也需要在经济社会不断发展的基础上享受精神生活。习近平总书记指出："实现中国梦，是物质文明和精神文明均衡发展、相互促进的结果。……实现中国梦，是物质文明和精神文明比翼双飞的发展过程。"② 满足人民对美好生活的需要，实现中华民族伟大复兴的中国梦，需要"坚持物质文明和精神文明两手抓两手硬"。一个民族，物质上不能贫困，精神上也不能贫困。习近平总书记指出："实现我们的发展目标，不仅要在物质上强大起来，而且要在精神上强大起来。"③ 物质文明与精神文明是民族复兴的两翼，物质文明为民族复兴提供物质条件，精神文明可以转化为物质力量，为民族复兴提供动力。

中华民族伟大复兴的中国梦是新时代精神文明建设的方向指引。历史证明，精神文明的产生需要以中华民族伟大复兴的中国梦为依据和基础。20 世纪初，在面对实现中华民族复兴的问题时，梁启超就指出，"中国之所以不振，由于国民公德缺乏，民智不开"，提出要从"人的革新"入手提高国民思想道德，以此来改造中国社会。中华民族伟大复兴的中国梦作为一种意识形态，是共产主义理想在当代中国实践中的具象化，集中体现了社会主义意识形态的性质规定和信仰内涵，是中华民族共同体在一定情

---

① 《习近平谈治国理政》第 1 卷，外文出版社，2018，第 39 页。
② 《习近平关于社会主义文化建设论述摘编》，中央文献出版社，2017，第 4~5 页。
③ 《习近平谈治国理政》第 1 卷，外文出版社，2018，第 46 页。

感、观念和信仰基础上形成的对共同理想的坚定追求并身体力行的稳定心理倾向和精神状态。中华民族伟大复兴的中国梦"将世俗的目标化为神圣的信仰，并在其信仰者中形成一种强大的凝聚力和义务感，从而为社会和团体提供合法性支持"。① 这就为社会或个体指明了未来，明确了社会存续发展的基本方向。正如习近平总书记所说："中国梦是历史的、现实的，也是未来的。中国梦凝结着无数仁人志士的不懈努力，承载着全体中华儿女的共同向往，昭示着国家富强、民族振兴、人民幸福的美好前景。"② 实现中华民族伟大复兴的中国梦，是中华民族从苦难走向辉煌的"压舱石"，是中华民族共有的精神向导。在实现中华民族伟大复兴的中国梦的伟大征程中，人民只有拥有共同的精神信念，民族复兴才有希望、才能汇聚力量。因此，实现中华民族伟大复兴的中国梦，是全体中华儿女的热切期盼和共同理想，需要加强精神文明建设，在实现中华民族伟大复兴的中国梦的方向指引中汇聚全体中国人民的强大力量。

要以中华民族伟大复兴的中国梦为方向指引，在新时代精神文明建设中弘扬和培育中国精神，筑牢中华民族共有的精神家园。实现中华民族伟大复兴的中国梦必须弘扬中国精神。中国精神既蕴含着中华民族共同的文化根基，又反映着特定阶段的整体风貌，是具有历时性与现时性双重向度的根本精神。习近平总书记指出："一个国家，一个民族，要同心同德迈向前进，必须有共同的理想信念作支撑。"③ 中国精神是中华民族在伟大壮阔的历史征程中的精神旗帜，是凝心聚力的兴国之魂、强国之魂。没有精神指引或精神指引出现偏差，精神上就会涣散，力量上就会松散。习近平总书记指出："实现中国梦，必须弘扬中国精神。用以爱国主义为核心的民族精神和以改革创新为核心的时代精神振奋起全民族的'精气神'。"④ 实现中华民族伟大复兴的中国梦，进一步回答了以什么样的精神状态、实现什么样的奋斗目标的问题，为共同身份的确认提供了精神基础。任何精神文明都会吸收和凝练本民族的信仰追求和价值规范，并结合时代性精神

---

① 蔡志强：《社会危机治理：价值变迁与治理成长》，上海人民出版社，2006，第177页。
② 《习近平谈治国理政》第1卷，外文出版社，2018，第49页。
③ 《习近平谈治国理政》第2卷，外文出版社，2017，第323页。
④ 《习近平谈治国理政》第1卷，外文出版社，2018，第56页。

创设自身发展的精神支柱和动力支撑。因此，新时代精神文明蕴含着中国精神的内在规定，是在真正对中国精神的深刻把握的基础上对其所反映的社会历史发展潮流的推动，必须把弘扬和培育中国精神作为新时代精神文明建设强基固本的关键因素。

民族文化是民族精神的生命之源，以中华民族伟大复兴的中国梦为方向指引，就要在新时代精神文明建设中为弘扬和培育民族精神创造文化条件。从民族文化认同的角度来看，文化是一个民族的灵魂和血脉，文化认同是民族文化主体对本民族文化作出的认知判断、价值选择和情感归属，其实质是观念的反映与客观存在的内在统一。民族文化孕育民族精神，生发于民族精神之上的中华民族伟大复兴的中国梦为民族文化的认同凝聚了广泛共识。要在精神文明建设中传承表征中华民族的优秀传统文化。习近平总书记指出："文明特别是思想文化是一个国家、一个民族的灵魂。无论哪一个国家、哪一个民族，如果不珍惜自己的思想文化，丢掉了思想文化这个灵魂，这个国家、这个民族是立不起来的。"[①] 民族文化作为思想精华和价值观念的外化表象，浓缩了中华民族共同的情感基础和精神基础，是凝聚民族归属感、凝聚力、向心力的"根"与"魂"。习近平总书记指出："没有文明的继承和发展，没有文化的弘扬和繁荣，就没有中国梦的实现。"[②] 丢掉了优秀传统文化这个"根"与"魂"，民族精神将成为无源之水、无本之木，实现中华民族伟大复兴的中国梦就没有了根基。习近平总书记指出："要继续锲而不舍、一以贯之抓好社会主义精神文明建设，为全国各族人民不断前进提供坚强的思想保证、强大的精神力量、丰润的道德滋养。"[③] 只有从整个社会主义先进文化发展出发，继承和弘扬民族文化的优秀传统，不断进行文化创新，大力发展民族的科学的大众的社会主义文化，才能不断以先进文化丰富人们的精神世界，增强人们的精神力量，为弘扬和培育民族精神提供先进文化基础，为实现中华民族伟大复兴的中

---

[①] 习近平：《在纪念孔子诞辰2565周年国际学术研讨会暨国际儒学联合会第五届会员大会开幕会上的讲话》，人民出版社，2014，第9页。
[②] 习近平：《出席第三届核安全峰会并访问欧洲四国和联合国教科文组织总部、欧盟总部时的演讲》，人民出版社，2014，第17页。
[③] 《习近平谈治国理政》第2卷，外文出版社，2017，第323页。

国梦创造文化条件。

中华民族伟大复兴的中国梦是当今中国的主旋律和精神旗帜,为新时代精神文明建设提供了精神指引和文化支撑。用中华民族伟大复兴的中国梦指引新时代精神文明建设,要抓好思想建设和文化建设两个方面,即把弘扬中国精神作为思想建设的精神滋养,把传承优秀传统文化作为文化建设的认同资源,在精神文明建设中同心共筑共圆中华民族伟大复兴的中国梦。

## 第三节 坚持以人民为中心的发展理念

发展是党执政兴国的第一要务,是解决我国一切问题的基础和关键。以人民为中心的发展理念是中国特色社会主义制度"十三大显著优势"之一,是新时代坚持和发展中国特色社会主义的基本方略。价值概念是在人与外界事物的需要关系中产生的。价值"表示物的对人有用或使人愉快等等的属性。……实际上是表示物为人而存在"。[①] 价值主体通过价值活动明确价值追求、创造价值、进行价值分配和共享价值成果。价值活动在物质生产领域和精神生产领域之中。新时代精神文明建设作为一项价值活动,在实践基础上顺应了新时代人民群众需求的变化和新时代我国社会主要矛盾的变化,使精神文明建设活动的正当性、合理性、合目的性得以确认。新时代精神文明建设坚持以人民为中心的发展理念,就是要坚持人民主体地位,解决了精神文明建设为谁而发展、依靠谁来发展、由谁来享有发展成果等根本问题,集中体现了人民主体性的价值自觉和价值取向。

### 一 发展为了人民

发展为了人民是发展的最终目的和价值归宿。马克思主义从唯物史观出发,把人看作现实的人,始终强调人民群众在历史发展中的重要作用。马克思指出:"历史活动是群众的活动,随着历史活动的深入,必将是群众队伍的扩大。"[②] 这就充分肯定了人民在历史活动中的主体性地位,其既

---

① 《马克思恩格斯全集》第35卷,人民出版社,2013,第277页。
② 《马克思恩格斯文集》第1卷,人民出版社,2009,第287页。

是历史的创造主体,也是历史的价值主体。马克思恩格斯指出:"应该严格地分清:群众对目的究竟'关注'到什么程度,群众对这些目的究竟怀有多大'热情'。"① 在这里,马克思恩格斯把为人民谋利益、实现人的自由而全面发展作为最终的价值旨归。因此,以人民为中心的发展理念把人民置于最高位置,首先解决了发展为了谁的问题。新时代精神文明建设要坚持以人民为中心的发展理念,把发展为了人民作为根本出发点和落脚点。

人的精神生产满足人的精神需要。在自然界中,人是物质实体与精神实体的复合,"人以其需要的无限性和广泛性区别于其他一切动物"。② 人的需要的产生必须依靠生产来满足,"没有需要,就没有生产"。③ 精神需要是精神生产的前提,离开了精神需要的精神生产是不存在的。马克思认为,生产既包括物质生产,也包括精神生产。相较于物质生产,精神生产是建立在一定物质生产基础之上满足人的精神需要的生产活动,是人的精神力量对象化的过程。马克思指出:"全部历史是为了使'人'成为感性意识的对象和使'人作为人'的需要成为需要而作准备的历史(发展的历史)。"④ 精神生产的主体并非抽象的处于固定不变状态的人,而是现实的历史的人,"人们是自己的观念、思想等等的生产者"。⑤ 实践是人的类存在特性,人的精神生产是积极的、能动性的活动。马克思指出:"思想、观念、意识的生产最初是直接与人们的物质活动,与人们的物质交往,与现实生活的语言交织在一起的。人们的想象、思维、精神交往在这里还是人们物质行动的直接产物。表现在某一民族的政治、法律、道德、宗教、形而上学等的语言中的精神生产也是这样。"⑥ 思想、观念和意识作为人的精神生产的产物,在表现上属于意识形态,其目的在于既要满足个体的精神生活,也要引领社会思潮,凝聚社会共识。因此,人类社会就是在精神需要与精神生产的辩证统一中实现个体的自我发展与社会的文明进步。

---

① 《马克思恩格斯文集》第1卷,人民出版社,2009,第286页。
② 《马克思恩格斯全集》第38卷,人民出版社,2019,第11页。
③ 《马克思恩格斯选集》第2卷,人民出版社,1995,第9页。
④ 《马克思恩格斯文集》第1卷,人民出版社,2009,第194页。
⑤ 《马克思恩格斯选集》第1卷,人民出版社,1995,第72页。
⑥ 《马克思恩格斯文集》第1卷,人民出版社,2009,第524页。

精神文明建设是当代中国精神生产的重要内容，满足人民的精神文化需要是精神文明建设的根本目的。精神文明作为全部精神成果的综合，是精神生产的产物。思想、道德和文化等精神产品具有自发性、不定型性，需要通过精神文明建设这个中间环节上升为社会统一意识，以科学的理论武装人，以正确的舆论引导人。人的全面发展既需要物质积淀，也需要精神文化滋养。其中，精神文化需要是高层次的、第二位的。随着中国特色社会主义进入新时代，我国社会主要矛盾已经转化为人民日益增长的美好生活需要和不平衡不充分的发展之间的矛盾，人民对美好生活的向往更加强烈，不仅在"物"的层面有更高的期待，而且对精神文化的需求愈加凸显。习近平总书记指出："当高楼大厦在我国大地上遍地林立时，中华民族精神的大厦也应该巍然耸立。"[1] 随着物质生产的丰富，物质需求的有效满足，推动着精神需要将逐步成为主导性需要，这既是我国经济社会发展的必然结果，也符合精神生产的规律，必须在实现高质量发展的基础上满足人民的精神文化需要。党的十九大报告指出："人民是历史的创造者，是决定党和国家前途命运的根本力量。必须坚持人民主体地位，坚持立党为公、执政为民，践行全心全意为人民服务的根本宗旨，把党的群众路线贯彻到治国理政全部活动之中，把人民对美好生活的向往作为奋斗目标，依靠人民创造历史伟业。"[2] 精神文明建设是全体人民的事业，人民是新时代精神文明建设的主体力量，满足人民群众对美好生活的期待和向往，必须搞好精神文明建设，为人民群众提供丰富的精神文化食粮。只有一以贯之地建设好新时代精神文明，才能做到发展为了人民，才能使人民精神文化需求得以满足，精神文化生活才能明显提高，精神世界才能极大丰富，才能耸立起中华民族精神大厦。

精神文明建设的目的，就是要解决精神文明建设为了谁的问题。坚持发展为了人民，就要在精神文明建设中一切以人民利益为重，着力解决好精神文化发展不平衡不充分的问题，不断满足人民群众的精神文化需要；

---

[1] 习近平：《在文艺工作座谈会上的讲话》，人民出版社，2015，第6页。
[2] 习近平：《决胜全面建成小康社会 夺取新时代中国特色社会主义伟大胜利——在中国共产党第十九次全国代表大会上的报告》，人民出版社，2017，第21页。

## 第二章 意识形态的守正创新：新时代精神文明建设的政治系统

就要切实增进人民福祉，提高人民群众的思想道德素质和科学文化素质，努力促进人的全面发展。

坚持发展为了人民，要积极回应人民群众最关心、最直接、最现实的精神文化问题。人民群众的生活品质关系人民群众的根本利益，关乎党和国家的永续发展。马克思指出："人们为之奋斗的一切，都同他们的利益有关。"① 人的利益追求是多层次的，既包括满足生存需要的现实物质利益，也包括建立在物质基础之上的更高层次的精神文化利益。新时代人民需要的变化，实质上就是由于利益需求结构的变化而引起了矛盾的转变，表现为人民日益增长的精神文化需要和不平衡不充分的现实精神文化发展之间的矛盾。马克思指出："'思想'一旦离开'利益'，就一定会使自己出丑。"② 利益只有以人民的现实生活为基础，才具有客观性和合理性；只有正确反映人民群众的当前利益，才能得到人民的支持和拥护，形成真正代表人民利益的思想。人民群众最关心、最直接、最现实的精神文化问题，直接反映了人民群众的根本利益。解决人民群众的根本利益问题，实现人民群众对美好生活的向往，是我们党一切工作的根本出发点和落脚点。习近平总书记指出："满足人民过上美好生活的新期待，必须提供丰富的精神食粮。"③ 新时代精神文明建设，要从人民群众关心的精神文化做起，准确把握人民群众在新阶段精神文化需要方面所呈现的新特征，着力解决文化基础设施、文化产品质量等发展不充分的问题，推动精神文化的平衡和充分发展，以丰富的精神文化产品和优质的精神文化服务满足人民日益增长的精神文化需要。

坚持发展为了人民，要把实现人的全面发展作为新时代精神文明建设的最终目的。生产力是社会发展的决定性力量，而人又是生产力中起决定性作用的因素。人的思想道德素质和科学文化素质直接影响着生产力作用的发挥，进而影响着社会的发展和人的全面发展。"我们建设有中国特色社会主义的各项事业，我们进行的一切工作，既要着眼于人民现实的物质

---

① 《马克思恩格斯全集》第1卷，人民出版社，1995，第187页。
② 《马克思恩格斯文集》第1卷，人民出版社，2009，第286页。
③ 习近平：《决胜全面建成小康社会 夺取新时代中国特色社会主义伟大胜利——在中国共产党第十九次全国代表大会上的报告》，人民出版社，2017，第43~44页。

文化生活需要，同时又要着眼于促进人民素质的提高，也就是要努力促进人的全面发展。"① 新时代精神文明建设是一项为人民服务的事业，要坚持以人民为中心的工作导向，提高人民群众的思想道德素质和科学文化素质，促进人的全面发展。在新时代，我国仍处于社会主义初级阶段，囿于物质生活的功利性，多元价值观和社会思潮伺机泛滥，严重侵蚀着人们的精神世界。为此，新时代精神文明建设要通过道德规范，形成健康的社会风气，变"经济人"为"社会人"，消解人对物的依赖的消极作用。同时，要把思想道德的主旋律、正能量与健康高雅的精神文化产品结合起来，建设美好的精神家园，引导人们树立正确的世界观、人生观、价值观，为促进人的全面发展打下坚实的基础。

## 二 创作为了人民

文艺创作是社会主义事业的重要组成部分，是一项精神生产活动，文艺的本质是人民主体性。文艺创作作为人的精神性活动，是人的本质力量艺术外化的过程。文艺创作是精神文明形成的源头，是提供丰富精神食粮的土壤。习近平总书记指出："文艺是时代前进的号角，最能代表一个时代的风貌，最能引领一个时代的风气。"② 文艺创作在立足社会现实的基础上通过文艺作品反映社会生活、倾诉时代之声。文艺与人民的关系问题是社会主义文艺的根本问题，既决定着文艺的价值取向，也决定着文艺的发展方向。习近平总书记指出："文艺要反映好人民心声，就要坚持为人民服务、为社会主义服务这个根本方向。"③ 政治是经济的集中体现，文艺作为意识形态的外在表现，必须要以建立在一定经济关系基础之上的政治关系为土壤。因此，文艺的根本性质在于它的政治性，为人民服务、为社会主义服务是文艺的政治功能。正如习近平总书记所说："社会主义文艺，从本质上讲，就是人民的文艺。"④ 人民文艺为人民，说到底就是要把广大人民群众作为社会主义文艺的主体，把为人民服务、满足人民精神文化需

---

① 《十五大以来重要文献选编》（下），人民出版社，2003，第1925页。
② 习近平：《在文艺工作座谈会上的讲话》，人民出版社，2015，第5页。
③ 习近平：《在文艺工作座谈会上的讲话》，人民出版社，2015，第13页。
④ 《习近平谈治国理政》第2卷，外文出版社，2017，第314页。

## 第二章 意识形态的守正创新：新时代精神文明建设的政治系统

求作为文艺和文艺工作的出发点和落脚点。

人民需要文艺。物质和精神是人的双重需要，当物质需要得到极大满足时，精神需要便会占据主导性地位。当前，我国社会生产力发展迅速，人民对满足精神享受的优秀文艺作品的需求不断增加，对精神文化生活有了更多诉求。习近平总书记指出："满足人民日益增长的精神文化需求，必须抓好文化建设，增加社会的精神文化财富。物质需求是第一位的，吃上饭是最主要的，所以说'民以食为天'。但是，这并不是说人民对精神文化生活的需求就是可有可无的，人类社会与动物界的最大区别就是人是有精神需求的，人民对精神文化生活的需求时时刻刻都存在。"[①] 文艺是人民生活的精神食粮，只有获取更多高品质的文艺作品，人民的精神世界才能得以丰富，精神力量才能得以增强。文艺作品是否具有价值，价值有多大，只能在满足人民需要的过程中得以体现。价值是标志主客体关系的状态，是客体对于满足人的需要的意义。文艺作品是否优秀，根本在于是否能够满足人民的需要，为人民所认可和接受。从艺术生产的角度来看，文艺消费内容和方式影响着文艺生产。文艺生产只有以文艺需求为导向，才能在价值上把握人民的根本利益和审美要求，创作出贴近人民、贴近生活的文艺作品。

文艺为人民服务是文艺和文艺工作的出发点和落脚点。从马克思主义文艺观来看，人民是文艺的主体，文艺创作的根本问题就是要解决文艺为什么人的问题。列宁提出了"艺术为劳动人民服务"的科学论断，指出"真正的文学"应为"千千万万劳动人民服务"。文艺是人民在劳动过程中创造的，文艺创作理应为人民服务，满足人民群众多样化的精神文化需要。毛泽东在延安文艺座谈会上指出："为什么人的问题，是一个根本的问题，原则的问题。"[②] 这一基本论断实际上就决定了文艺创作要坚持以人民为中心的工作导向，决定了文艺创作必须围绕人民主体地位运转，把为人民服务放在核心地位。习近平总书记指出，文艺"不能在为什么人的问

---

[①] 《习近平谈治国理政》第2卷，外文出版社，2017，第315页。
[②] 《毛泽东选集》第3卷，人民出版社，1991，第857页。

题上发生偏差,否则文艺就没有生命力"。① 人民文艺反映人民,文艺只有反映好民声,在情感上与人民产生共鸣、在经验上与人民形成互动,创作出丰富的文艺作品满足人民群众的精神文化需要,才能体现文艺的人民性和文艺创作的最终旨归。

文艺创作的目的是满足人民群众日益增长的精神文化需求,更重要的是要引导人民群众的需求。文艺工作是铸魂育人的工作,文艺工作者是灵魂的工程师。人民通过文艺作品传递出的精神文化营养来培育自己的"三观"。习近平总书记指出:"追求真善美是文艺的永恒价值。艺术的最高境界就是让人动心,让人们的灵魂经受洗礼,让人们发现自然的美、生活的美、心灵的美。"② 文艺工作者要把主流价值观和正能量融入到文艺作品中,通过文艺作品传递向善向上的力量,引导人们用美善战胜丑恶,增强道德判断力和道德荣誉感。

文艺工作者要热爱人民,把人民群众作为文艺创作的表现主体。人民不是抽象的符号,而是具有认知和情感的鲜活生物。优秀文艺作品是衡量一个时代文艺成就的重要标准,也是文艺工作者的立身之本。习近平总书记指出:"要解决好'为了谁、依靠谁、我是谁'这个问题,拆除'心'的围墙,不仅要'身入',更要'心入'、'情入'。"③ 人民是文艺创作的"剧中人",为人民服务是文艺工作者的天职。文艺工作者只有热爱人民,对人民有感情,自觉与人民同呼吸、共命运、心连心,才能创作出优秀的文艺作品。当然,热爱人民不是挂在嘴边的口号,要有深刻的理性认识和具体的实践行动。习近平总书记指出:"文艺创作方法有一百条、一千条,但最根本、最关键、最牢靠的办法是扎根人民、扎根生活。"④ 文艺创作的"根"在人民,必须扎根于人民生活,善于反映人民现实生活,倾听人民呼声。只有从人民的伟大实践和丰富多彩的生活中汲取营养,坚持为人民抒写、为人民抒情、为人民抒怀,才能创作出无愧于人民和时代的优秀作品。

---

① 习近平:《在文艺工作座谈会上的讲话》,人民出版社,2015,第9页。
② 习近平:《在文艺工作座谈会上的讲话》,人民出版社,2015,第24页。
③ 习近平:《在文艺工作座谈会上的讲话》,人民出版社,2015,第18页。
④ 《习近平谈治国理政》第2卷,外文出版社,2017,第319页。

## 第二章　意识形态的守正创新：新时代精神文明建设的政治系统

文艺创作要坚持市场要求与人民需要的统一。市场对社会资源配置具有决定作用，也对文艺创作具有重要的导向作用。市场的逐利性一方面为文艺创作点燃了热情、提供了发展动力；另一方面也造成了盲目追利、罔顾社会效益的现象。习近平总书记指出："在发展社会主义市场经济的条件下，许多文化产品要通过市场实现价值，当然不能完全不考虑经济效益。然而，同社会效益相比，经济效益是第二位的，当两个效益、两种价值发生矛盾时，经济效益要服从社会效益，市场价值要服从社会价值。"① 在文艺创作中，文艺工作者要始终坚持质量第一、宁缺毋滥的原则，精益求精搞创作。过度倚重市场要素，就会导致文艺成为市场的奴隶，出现"劣币驱除良币"的现象。习近平总书记指出："优秀的文艺作品，最好是既能在思想上、艺术上取得成功，又能在市场上受到欢迎。要坚守文艺的审美理想、保持文艺的独立价值，合理设置反映市场接受程度的发行量、收视率、点击率、票房收入等量化指标，既不能忽视和否定这些指标，又不能把这些指标绝对化，被市场牵着鼻子走。"② 文艺创作要坚持市场要求与人民的需求、人民的诉求相统一，牢记文艺创作为人民服务的使命，"不能在市场经济大潮中迷失方向，不能在为什么人的问题上发生偏差，否则文艺就没有生命力"。③

要把人民作为文艺的评判者，这是检验文艺创作是否为人民的根本标准。人民不仅是文艺作品的消费者，也是文艺价值的评价主体。马克思指出："人民历来就是什么样的作者'够资格'和什么样的作者'不够资格'的唯一判断者。"④ 文艺作品既然为人民所消费和享用，文艺创作既然服务于人民，理所当然应当接受人民的评判。习近平总书记指出："文艺要赢得人民认可，花拳绣腿不行，投机取巧不行，沽名钓誉不行，自我炒作不行，'大花轿，人抬人'也不行。"⑤ 只有把人民是否满意作为文艺评价的基本立场和价值尺度，文艺作品经得起人民的检验，才能成为经典。

---

① 《习近平谈治国理政》第2卷，外文出版社，2017，第320页。
② 习近平：《在文艺工作座谈会上的讲话》，人民出版社，2015，第20~21页。
③ 习近平：《在文艺工作座谈会上的讲话》，人民出版社，2015，第9页。
④ 《马克思恩格斯全集》第1卷，人民出版社，1995，第195~196页。
⑤ 习近平：《在文艺工作座谈会上的讲话》，人民出版社，2015，第10页。

### 三　人人参与建设

精神文明建设是一个长期的过程，同时也是一项艰巨的任务。要增强新时代精神文明建设的实效，就要借助人民群众的力量，发挥人民群众的主体性和自觉性。马克思主义认为，人民群众是历史的主体，是历史的创造者；不仅是物质财富的创造者，也是精神财富的创造者。在新时代精神文明建设中，必须尊重人民群众在精神文明建设中的主体地位，深入动员和组织广大人民群众参与精神文明建设，发挥人民群众的积极性、主动性和创造性，为精神文明建设提供建设基础和动力之源。

精神文明建设是人民群众的事业。从理论上说，无论是物质文明建设还是精神文明建设都是党领导下的人民群众的事业。中国共产党始终代表最广大人民的根本利益，这决定了精神文明建设体现着人民群众的利益。利益反映的是客体满足主体需要的关系范畴，即人与物、人与人之间的利害关系。马克思通过对现实的人的利益问题的研究，提出："人们为之奋斗的一切，都同他们的利益有关。"① 人的本质是一切社会关系的总和，不能离开一定的社会关系来谈个人利益，"私人利益本身已经是社会所决定的利益，而且只有在社会所设定的条件下并使用社会所提供的手段，才能达到"。② 而个人利益则是在共同利益的基础上实现的，"这种共同利益不是仅仅作为一种'普遍的东西'存在于观念之中，而首先是作为彼此有了分工的个人之间的相互依存关系存在于现实之中"。③ 社会发展的根本目的是实现个人利益；人与人之间的社会结合所构成的利益共同体是实现个人利益的有效形式。精神文明建设以广大人民群众的利益为出发点和落脚点，把人民群众精神文化需求转化为精神文明建设的重点，反映了人民群众的呼声和诉求。它将个人的精神文明利益有效地整合为公共利益，通过提供一定的精神产品服务人民群众的精神文化需求，凸显了人民群众作为受益主体的地位，满足了人民群众的利益要求。

---

① 《马克思恩格斯全集》第 1 卷，人民出版社，1995，第 187 页。
② 《马克思恩格斯文集》第 8 卷，人民出版社，2009，第 50 页。
③ 《马克思恩格斯选集》第 1 卷，人民出版社，2012，第 163 页。

## 第二章　意识形态的守正创新：新时代精神文明建设的政治系统

人民群众是精神文明建设的主体，精神文明建设必须依靠人民群众。精神文明建设就其本性而言，必须面向大众，人民群众的生产生活实践是精神文明建设的源头活水。我国精神文明建设所取得的一切成效，不仅仅是因为精神文明建设顺应了人民和时代的要求，得到了人民的支持和拥护，更重要的是，精神文明建设各项工作的开展，都始终坚持人民群众的主体地位，紧紧依靠人民群众自己的生活和实践经验不断探索和前进。习近平总书记指出："人民群众有着无尽的智慧和力量，只有始终相信人民，紧紧依靠人民，充分调动广大人民的积极性、主动性、创造性，才能凝聚起众志成城的磅礴之力。"① 精神文明建设始终依靠人民群众，是对人民群众主体地位的确证，也是对人民群众主体力量的充分肯定。离开人民群众的实践创造，精神文明建设将停滞不前。中国特色社会主义进入新时代，必须坚持精神文明创建的群众主体性，提高群众参与度，使精神文明建设成为全民参与的事业，确保精神文明建设事业的顺利推进。

精神文明创建的群众主体性，体现了精神文明的创造者和享用者、精神文明建设的目标与过程的统一。精神文明建设具有双重目标，即为人民服务、提高全民族的思想道德素质和科学文化素质。精神文明建设首先体现了精神文明的创造者和享用者的统一。人民群众是创造物质财富与精神财富、物质文明与精神文明的双主体。从奴隶社会、封建社会到资本主义社会，由于私有制的存在，人民群众创造的精神文明成果被统治阶级所占有和独享，广大人民群众处于被压迫的地位，造成了建设者与享用者相分离。我国精神文明建设既坚持人民群众在建设中的主体地位，把人民群众的广泛参与作为精神文明建设的力量源泉，又坚持为人民服务的方向，使全体人民共享精神文明成果，实现了精神文明的创造者和享用者的有机统一。同时，把提高全民族的思想道德素质和科学文化素质作为精神文明建设的战略目标，是提升中华民族主体性的过程。而中华民族主体性的提升，又会自觉拓展和创新社会实践，给予精神文明建设丰富的实践和生活滋养，推动精神文明建设的不断发展。因此，精神文明的群众性创建，实现了精神文明建设的目标与过程的统一。

---

① 《习近平谈治国理政》第 2 卷，外文出版社，2017，第 52 页。

依靠人民群众创建精神文明，要充分发挥人民群众的主体性作用。生产实践是人们有目的、有意识地改造客观世界的对象性活动，也是人类满足自身需要和实现生存的基本条件。马克思指出，人类"第一个历史活动就是生产满足这些需要的资料，即生产物质生活本身"。① 精神文明建设是人民有目的、有意识的实践活动，也就是说，精神文明建设与人民群众利益和要求息息相关。而且，精神文明建设的认识主体是人民群众，人民群众的实践活动形成了人民实践主体意识。只有当人民群众理性认识到自身的主体意识，才会自发投入到实践活动之中去。只有在精神文明创建过程中，积极培育人民群众的主体意识，才能有效激发广大人民群众的主动性，使广大人民群众自觉投身于精神文明建设之中。

要在精神文明创建中充分激发广大人民群众的首创精神。人民群众的首创精神是人民群众改造世界、推动社会进步的生动表现。列宁对人民群众的首创精神给予了高度赞扬："由于存在苏维埃组织，现在人民'下层'中的求知热情和首创精神是多么高涨。"② 为此，列宁在实施新经济政策过程中，特别强调"应全面、大力、坚决地发挥地方的首创精神、创新精神和扩大它们的独立程度"。③ 肯定人民群众的首创精神，也就是肯定人民群众的实践主体力量。精神文明建设是尊重、汲取人民群众首创精神进而指导实践的过程。习近平总书记指出，前进道路上要"尊重人民主体地位，尊重人民群众在实践活动中所表达的意愿、所创造的经验、所拥有的权利、所发挥的作用，充分激发蕴藏在人民群众中的创造伟力"。④ 在新时代精神文明建设中，必须充分尊重和发挥人民群众首创精神，要贯彻落实尊重劳动、尊重知识、尊重人才、尊重创造的方针，让人人都有参与精神文明建设的机会、施展才华的广阔空间，把全社会的智慧和力量凝聚到创建精神文明建设之中。

依靠人民群众创建精神文明，还要正确处理好主体与领导、广泛性与先进性的关系。人民是精神文明建设的主体，精神文明建设的各项任务必

---

① 《马克思恩格斯文集》第1卷，人民出版社，2009，第531页。
② 《列宁全集》第34卷，人民出版社，2017，第169页。
③ 《列宁全集》第41卷，人民出版社，2017，第232页。
④ 习近平：《在庆祝改革开放40周年大会上的讲话》，人民出版社，2018，第25页。

须依靠人民群众的实践来实现。同时，精神文明建设保持明确的目标方向，稳步协调推进，还离不开顶层设计和顶层推动，即党的领导对精神文明建设的整体谋划和方案设计。精神文明建设的顶层设计是从人民群众的精神文明实践和发展要求中总结凝练出来的，顶层设计的推进落实要集中人民群众的智慧和力量。因此，必须把人民群众主体与党的领导更好地结合起来。只有人民群众在精神文明建设中主动参与和积极实践，党领导制定的方针政策才能符合人民群众的要求，得到人民群众的拥护和支持，进而汇聚起推动精神文明建设的强大社会力量。同时，人人参与精神文明建设，也会产生广泛性与先进性的矛盾。不同精神文明主体在文化素质、思想观念等条件上存在着层次性，在精神文明需要上存在着差异性，造成了精神文明建设存在明显的不平衡性。而精神文明建设鲜明的意识形态性，强调社会先进分子要站在精神文明建设的前头。人民群众中存在着先进群体，他们体现着精神文明建设的基本要求，代表着精神文明建设的方向，对其他群体具有引领作用。因此，必须把人民群众的广泛性与精神文明建设的先进性结合起来，既要充分调动广大人民群众的积极性和主动性，使精神文明建设拥有广泛的群众基础，也要培育先进典型，作为推动精神文明建设的重要支点。

## 四 成果由人民共享

建设高度的精神文明是以人民为中心的发展理念的表征，也是中国共产党的价值追求。社会主义精神文明建设是形成社会精神生活、构建新型文明的实践活动。增进民生福祉，建设高度的精神文明，让人民拥有更多获得感，充分享受精神文明建设带来的成果，是精神文明建设的根本价值。习近平总书记指出："以人民为中心的发展思想，不是一个抽象的、玄奥的概念，不能只停留在口头上、止步于思想环节，而要体现在经济社会发展各个环节。"[①] 精神文明建设成果由人民共享，秉承以人民为中心的精神实质，致力于让百姓有更多获得感和幸福感。习近平总书记指出："始终把实现好、维护好、发展好最广大人民根本利益作为一切工作的出

---

① 《习近平谈治国理政》第 2 卷，外文出版社，2017，第 213~214 页。

发点和落脚点，让发展成果更多更公平惠及全体人民。"① 中国共产党代表中国先进文化的前进方向，代表中国最广大人民的根本利益，坚持精神文明建设成果由人民共享，实现好、维护好、发展好最广大人民群众的根本利益，这是精神文明建设对坚持以人民为中心的发展理念的深刻诠释。

作为精神文明建设的主体，人民对精神文明建设成果享有权利。从主体维度来看，人民作为一个历史范畴，在这里强调的是那些拥护和支持党的领导，积极参与到精神文明建设事业中的社会大众。习近平总书记指出："我们追求的发展是造福人民的发展。"② 人民通过精神文明建设这一"有意识的生命活动"，产生了精神文明成果，反过来也会要求精神文明成果服务于人民自身。只有享受精神文明成果，才能实现人的全面发展。邓小平指出："建设社会主义精神文明，最根本的是要使广大人民有共产主义理想，有道德，有文化，守纪律。"③ 提升广大人民的思想道德素质和科学文化素质，关键要靠精神文明成果的滋养，通过精神文明创建活动，让人民共享精神文明成果。习近平总书记指出，推动精神文明建设，"要坚持以人民为中心的创作导向，提高文化产品质量，为人民提供更好更多精神食粮。坚持面向基层、服务群众，加快推进重点文化惠民工程，加大对农村和欠发达地区文化建设的帮扶力度，继续推动公共文化服务设施向社会免费开放"。④ 在新时代精神文明建设过程中，坚持精神文明成果由人民共享，这既肯定了人民在精神文明建设中的主体地位，也指明了精神文明建设的本质要求和价值旨归。

人民共享的内容是精神文明建设的全部成果。精神文明建设成果是精神文明建设主体对象化活动的结果和产物，是相对于物质财富而形成的教育、科学、文化和艺术等精神文化产品。从人的发展的全面性来看，人的全面发展是一个由低层次向高层次的上升过程，这意味着在新时代伴随社会主要矛盾的转变，享有更多、更丰富的精神文化产品，是实现人的全面发展的必要条件。同时，在这一阶段，人的精神文化需要也呈现出多样性

---

① 《习近平关于社会主义社会建设论述摘编》，中央文献出版社，2017，第9页。
② 《习近平关于社会主义社会建设论述摘编》，中央文献出版社，2017，第35页。
③ 《邓小平文选》第3卷，人民出版社，1993，第28页。
④ 《十八大以来重要文献选编》（上），中央文献出版社，2014，第25页。

的特征。马克思恩格斯指出，在共产主义社会，全体人民共同享有生产资料和劳动产品，才能实现人的自由全面发展。因此，应当使"所有人共同享受大家创造出来的福利"①，享有精神文明建设所创造的全部精神文明成果，不断促进人的全面发展。

人民共享精神文明建设成果是渐进共享的过程。精神文明建设就其过程而言，是一个从不充分到充分、从不均衡到均衡的渐进发展过程。恩格斯指出："世界不是既成事物的集合体，而是过程的集合体。"② 精神文明建设受生产力发展状况的制约，其成果的共享水平和程度是具有鲜明的历史性和阶段性的。这就决定了在不同阶段，人民群众所享有的精神文明成果也必然具有明显的阶段性。尽管中国特色社会主义进入了新时代，但我国仍处于社会主义初级阶段，我国的生产力水平仍比较落后，精神文明建设过程仍然会遇到各种困难和障碍，这直接会影响到精神文明成果从低层次向高层次共享的进程。因此，在新时代创建精神文明，提升精神文明成果共享的层次和水平，要"根据现有条件把能做的事情尽量做起来，积小胜为大胜"。③

精神文明建设成果由人民共享，并不意味着实行平均主义。精神文明成果由人民共享，不是提倡回归平均主义，使建设成果在全体社会成员中进行平均分配。马克思在批判绝对的平均主义时指出："整个文化和文明的世界的抽象否定，向贫穷的、没有需求的人——他不仅没有超越私有财产的水平，甚至从来没有达到私有财产的水平——的非自然的单纯倒退，恰恰证明私有财产的这种扬弃决不是真正的占有。"④ 因此，精神文明成果由人民共享，不等于对精神文明成果的绝对平均占有，而是在分配过程中兼顾全体人民的诉求，满足人们多样化、多层次的精神文化需求。也就是使全体人民共同享有精神文明建设成果，实际上强调的是在精神文明建设过程中要人人享有、普遍受益。这是精神文明建设追求公平正义的必然要求，是在公平和平等的前提意义下的公正。共享的水平和程度还与精神文

---

① 《马克思恩格斯选集》第1卷，人民出版社，2012，第308页。
② 《马克思恩格斯选集》第4卷，人民出版社，2012，第250页。
③ 《习近平谈治国理政》第2卷，外文出版社，2017，第215页。
④ 《马克思恩格斯文集》第1卷，人民出版社，2009，第184页。

明建设水平相适应，完全的平均主义的共享是超历史的。

精神文明建设成果由人民共享，要把精神文明建设的成果"蛋糕"做大的同时，还必须不断分好这块"蛋糕"。精神文明重在建设，这是夯实共享的前提要件。只有做大做强精神文明建设成果这块"蛋糕"，才能使人民拥有丰富的精神文化产品，为人民的获得感和幸福感提供充分的动力。马克思主义认为，经济基础决定上层建筑，精神文明发展水平是由经济发展水平所决定的。精神文明的发展离不开物质文明的进步，它为精神文明的发展提供物质条件和实践经验。精神文明建设成果由人民共享，必须从现实的生产力发展水平出发，要坚持物质文明和精神文明"两手抓、两手硬"，形成物质文明与精神文明同向共振、和谐共生。只有实现经济的又好又快发展，才能在全社会建立起相应的社会物质基础，以经济发展的硬实力提高精神文明建设成果的共享能力。同时，精神文明建设成果的做大做强，还离不开精神文明自身的建设。马克思指出："消费资料的任何一种分配，都不过是生产条件本身分配的结果。"① 精神文明自身的建设是实现成果由人民共享的关键。要大力加强思想道德和科学文化建设，大力发展文化事业和文化产业，生产创作出更多满足人民需求的精神文化产品，以均等化的精神文明建设提供更多高品质的精神文明建设成果，把精神文明建设成果的"蛋糕"做大做强。

同时，要把不断做大的精神文明建设成果"蛋糕"分好。分好"蛋糕"，强调的是社会的公平正义，使发展成果更多更公平惠及全体人民。它要求在精神文明建设过程中，全体人民的基本需求得到基本满足，享有的基本文化权益得到充分保障。习近平总书记指出："'蛋糕'不断做大了，同时还要把'蛋糕'分好。我国社会历来有'不患寡而患不均'的观念。我们要在不断发展的基础上尽量把促进社会公平正义的事情做好，既尽力而为、又量力而行。"② 精神文明建设具有普惠性，其成果由人民共享，要在最大限度上满足不同层次、不同地区人民的精神文明诉求，消除存在的共享不均、不全面等问题，让全体人民有条件、有机会共享精神文

---

① 《马克思恩格斯选集》第3卷，人民出版社，2012，第365页。
② 《十八大以来重要文献选编》（上），中央文献出版社，2014，第553页。

明建设成果。要从区域协调、制度构建等方面，保证和规范精神文明建设成果均衡地让人民受益，使全体人民的获得感显著提高。

## 第四节　践行社会主义核心价值观

践行社会主义核心价值观是推进社会主义核心价值体系建设的基础性、系统性工程。社会主义核心价值观不仅具有理论逻辑的力量，还具有直接现实性的品格。列宁指出："实践高于（理论的）认识，因为它不仅具有普遍性的品格，而且还具有直接现实性的品格。"① 实践是检验真理的唯一标准，实践性品格是社会主义核心价值观的重要属性。社会主义核心价值观作为全社会的最大公约数，必须在实践中落实为一种普遍性的行为，转化为全体社会成员的自觉行动。社会主义核心价值观从观念到实践，既要个体明德修身，进行自我教育，培养和完善自我人格，也要社会道德的引导，规范公民行为，更要德法兼治的制度保障，为践行社会主义核心价值观提供合理性和合法性的操作，从而使社会主义核心价值观内化为人们的精神追求、外化为人们的自觉行动。

### 一　明德修身的根本遵循

明德、修身是儒学经典著作之一《大学》的基本要义，"大学之道，在明明德，在亲民，在止于至善"。所谓明德，明即明白、了解和彰显，德即品行、道德。《大学》："物格而后知至，知至而后意诚，意诚而后心正，心正而后身修，身修而后家齐，家齐而后国治，国治而后天下平。"② 要经过格物、致知、诚意、正心的过程，涵养德性，修养身心。在此基础上，达到齐家、治国和平天下的理想目标。因此，修身是前提，只有通过修身完善自我才能实现家定、国兴。明德修身，即个体要在生活实践、在价值认同中提升道德修养、提高精神境界、塑造道德人格。践行社会主义核心价值观，不能脱离特定主体及其生活实践。在生活实践中践行社会主

---

① 《列宁全集》第55卷，人民出版社，2017，第183页。
② （战国）曾参、子思：《大学·中庸》，陕西旅游出版社，2003，第16页。

义核心价值观,必须以明德修身为根本遵循,在价值认同中修德,在修德中树立正确的世界观、人生观、价值观,不断将社会主义核心价值观内化于心、外化与行。

践行社会主义核心价值观的主体既是单个的现实的人,也是现实的人的集合。人首先是作为现实的、有生命的个体而存在的。马克思指出:"个体是社会存在物。因此,他的生命表现,即使不采取共同的、同他人一起完成的生命表现这种直接形式,也是社会生活的表现和确证。"① 这种现实的人,具有在社会生活自我确证的向度,能够构成社会生活的独立个体。同时,他不是处于某种虚幻的离群索居状态的人,而是处于与自然、社会紧密联系在一起的人。马克思指出:"不仅我的活动所需的材料——甚至思想家用来进行活动的语言——是作为社会的产品给予我的,而且我本身的存在就是社会的活动。"② 单个个体与社会的联系,决定了其实践活动也必然是社会的实践活动。马克思指出:"人是特殊的个体,并且正是人的特殊性使人成为个体,成为现实的、单个的社会存在物,同样,人也是总体,是观念的总体,是被思考和被感知的社会的自为的主体存在。"③ 现实的个人既是具有生命的、能动的和理性的个体,也是构成总体的个体。马克思指出:"理论一经掌握群众,也会变成物质力量。理论只要说服人,就能掌握群众;而理论只要彻底,就能说服人。"④ 理论彻底说服人,就要抓住人的根本,即人本身,也就是单个的现实的人与人民群众总体。社会主义核心价值观的践行,首先要以现实的个人为出发点,依靠个体的践行,获得个体的认同,为个体所掌握。同时,社会主义核心价值观的践行也需要人民群众的总体实践。因此,必须以领导干部、公众人物、先进模范为特定主体,引领社会主义核心价值观的践行。

在道德自觉中实现社会主义核心价值观认同。所谓道德自觉是指道德对于时代的伦理使命和教化责任要有一个自觉的担当和深切的认同。⑤ 道

---

① 《马克思恩格斯文集》第1卷,人民出版社,2009,第188页。
② 《马克思恩格斯文集》第1卷,人民出版社,2009,第188页。
③ 《马克思恩格斯文集》第1卷,人民出版社,2009,第188页。
④ 《马克思恩格斯选集》第1卷,人民出版社,2012,第9~10页。
⑤ 戴茂堂:《道德自觉·道德自信·道德自强》,《道德与文明》2011年第4期。

德是为人处世之根本。习近平总书记指出:"道德之于个人、之于社会,都具有基础性意义,做人做事第一位的是崇德修身。这就是我们的用人标准为什么是德才兼备、以德为先,因为德是首要、是方向,一个人只有明大德、守公德、严私德,其才方能用得其所。"① 社会主义核心价值观作为一种德,是人们必须遵守的行为准则,需要内化为人的道德品质。社会主义核心价值观作为一种社会意识,是建立在一定的经济基础之上的思想观念、价值原则,具有高度的抽象性和概括性。社会主义核心价值观在本质上是实践的。马克思指出:"社会生活在本质上是实践的。凡是把理论引向神秘主义的神秘东西,都能在人的实践中以及对这种实践的理解中得到合理的解决。"② 立足实践活动去理解和思考社会主义核心价值观,意味着社会主义核心价值观本身来源于生活实践,是在生活实践的基础上、与经济基础和社会存在现实连接的基础上进行的观念建构和认知过程,因而是一种根植于生活实践基础上的价值观念。由此可见,社会主义核心价值观与人们的生活条件、价值诉求等生活实践是统一的,并成为人们生活实践的内在环节。社会主义核心价值观作为一种"实践的意识",由抽象化转化为具体化、由概念化转化为观念化、由客观化转化为主观化,必须经过生活实践这一中间环节。习近平总书记指出:"一种价值观要真正发挥作用,必须融入社会生活,让人们在实践中感知它、领悟它。"③ 在生活实践中践行社会主义核心价值观,才能拉近大众与其之间的距离,使社会主义核心价值观内化于心、外化于行,将其作为价值判断标准与道德行为准则。

在道德自律中树立正确的道德观念。自律是道德的内在属性。马克思指出:"道德的基础是人类精神的自律。"④ 道德自律是道德主体在对价值观认同的基础上自觉进行道德选择、道德判断以及道德践行的过程。社会主义核心价值观作为公民自觉恪守的基本行为准则和道德标准,需要公民在生活实践活动中通过对照与衡量,确定事物的好坏与行为的正当与否,以此树立正确的世界观、人生观、价值观。黑格尔指出,离开了规定性的

---

① 《习近平谈治国理政》第1卷,外文出版社,2018,第173页。
② 《马克思恩格斯文集》第1卷,人民出版社,2009,第501页。
③ 《习近平谈治国理政》第1卷,外文出版社,2018,第165页。
④ 《马克思恩格斯全集》第1卷,人民出版社,1995,第119页。

"自在存在",只会是对存在的空洞抽象。① 社会主义核心价值观作为一种现实的规定性,是存在的评价参照和衡量标准,是衔接主观世界与客观事物的中介。社会主义核心价值观作为一种社会意识,是当代中国精神的集中体现,凝结着全体人民的共同价值追求,回答了我们要建设什么样的国家、建设什么样的社会、培育什么样的公民的重大问题,体现着一个社会评判是非曲直的价值标准。社会主义核心价值观作为道德自律的理性材料,是崇德向善的价值标准,要以此明辨真善美,作出正确道德抉择,在知善念、行善举中树立正确的世界观、人生观、价值观。正如习近平总书记所说:"要明辨,善于明辨是非,善于决断选择。要树立正确的世界观、人生观、价值观,掌握了这把总钥匙,再来看看社会万象、人生历程,一切是非、正误、主次,一切真假、善恶、美丑,自然就洞若观火、清澈明了,自然就能作出正确判断、作出正确选择。"②

明德修身是知、意、行的有机组合。其中,认识道德、认同价值观是前提,但这并不意味着道德的践行,道德的践行还需要具有将道德价值观念内化于心的道德动能,并身体力行地践行道德。列宁指出:"实质:'善'是'对外部现实性的要求',这就是说,'善'被理解为人的实践。"③ 道德作为一种精神质态,本质上是实践的,它是一种在指导行为中促成正确行为方式养成的精神要素。社会主义核心价值观作为一种"实践道德",最终要落实在实际行动上。习近平总书记指出:"道不可坐论,德不能空谈。于实处用力,从知行合一上下功夫,核心价值观才能内化为人们的精神追求,外化为人们的自觉行动。"④ 道德实践作为自觉的行为,并非外界的强制所驱使,是知行的统一。在获得正确的道德认知后,理应把这种道德认知推入实践,在实践中整合已有的道德认知、道德判断。

## 二 日用而不觉的道德规范

道德规范是存在的普遍性、形式上的主观性与内容上的客观性的统

---

① 〔德〕黑格尔:《小逻辑》,贺麟译,上海人民出版社,2009,第204页。
② 《习近平谈治国理政》第1卷,外文出版社,2018,第173页。
③ 《列宁全集》第55卷,人民出版社,2017,第183页。
④ 《习近平谈治国理政》第1卷,外文出版社,2018,第173页。

## 第二章　意识形态的守正创新：新时代精神文明建设的政治系统

一。道德规范就其存在而言，它是人类社会的特有属性，无论是奴隶社会、封建社会、资本主义社会还是社会主义社会，都存在着道德规范，用以规范特定社会主体的社会活动及其行为，是调整社会秩序、调节社会关系的社会规范的总和，是社会生活的"道德底线"。就其形式而言，道德规范是一种社会意识，是人们根据社会的道德需要制定或约定的全体社会成员共同具备的道德观念。就其内容而言，道德规范并不是脱离社会而存在的主观映像，其在本质上是实践的产物，是人们在物质生产发展和社会活动中对道德关系的深刻反映，也是对人们道德实践的理念升华和经验总结。道德规范的三重性，决定了其并非一种消极的、被动的和强制的施加于人身上的规矩约束，而是一种促进人的发展的道德主张。牟宗三指出："道德并不是来拘束人的，道德是来开放人、来成全人的。"① 道德规范作为一种正向的激励措施，需要将道德规范的他律性转化为道德规范的自律性，即道德主体自身的道德修养。

中华民族在长期实践中形成了独特的道德规范。道德规范的形成和发展总是与一定的时代条件、物质生产和社会活动紧密联系在一起的。在长期的历史发展中，中华民族形成了自强不息、敬业乐群、扶正扬善、扶危济困、见义勇为、孝老爱亲等传统美德。② 新中国成立后，爱祖国、爱人民、爱劳动、爱科学、爱护公共财产的"五爱"成为全体公民的公德规范，并以宪法的形式确定下来。改革开放后，"五爱"的内涵进一步发展和丰富，"社会主义道德建设的基本要求，是爱祖国、爱人民、爱劳动、爱科学、爱社会主义"③，充分反映了这一时期全体社会成员的共同道德追求。进入新时期，《中共中央关于加强社会主义精神文明建设若干重要问题的决议》首次提出要"大力倡导文明礼貌、助人为乐、爱护公物、保护环境、遵纪守法的社会公德，大力倡导爱岗敬业、诚实守信、办事公道、服务群众、奉献社会的职业道德，大力倡导尊老爱幼、男女平等、夫妻和睦、勤俭持家、邻里团结的家庭美德"④ 的"三德"具体规范。党的十八

---

① 牟宗三：《中国哲学十九讲》，吉林出版集团有限责任公司，2010，第70页。
② 习近平：《在文艺工作座谈会上的讲话》，人民出版社，2015，第25页。
③ 《改革开放三十年重要文献选编》（上），中央文献出版社，2008，第434页。
④ 《十四大以来重要文献选编》（下），人民出版社，1999，第2057页。

大报告提出要"加强社会公德、职业道德、家庭美德、个人品德教育,弘扬中华传统美德"[1],使"五德"成为新时代的道德规范。

社会主义核心价值观也是一种道德规范。社会主义核心价值观表达的是社会成员共同的价值认同和价值追求,涵盖了国家、社会和公民三个层面的总体要求和具体规范,是构建社会主义道德规范的根本指向。习近平总书记指出:"核心价值观,其实就是一种德,既是个人的德,也是一种大德,就是国家的德、社会的德。国无德不兴,人无德不立。如果一个民族、一个国家没有共同的核心价值观,莫衷一是,行无依归,那这个民族、这个国家就无法前进。这样的情形,在我国历史上,在当今世界上,都屡见不鲜。"[2] 社会主义核心价值观具有"德"的本质属性。从意识形态的维度来看,社会主义核心价值观是中华民族的精神追求,是凝心聚力的"最大公约数",是社会主义意识形态的本质体现,"体现了社会主义制度在思想和精神层面的质的规定性,凝结着社会主义先进文化的精髓,是中国特色社会主义道路、理论体系和制度的价值表达,是实现中华民族伟大复兴的中国梦的价值引领"。[3] 社会主义核心价值观代表着全体社会成员的基本价值观念和价值取向,确立了社会的主流价值观念,集中体现为社会的"纲常",能够找到全体社会成员在价值认同上的最大公约数,以共同的利益追求和思想共识超越各种社会差异和思想混乱,在全社会形成强大的精神力量。从社会和个人层面来看,社会主义核心价值观是社会和个人的自律精神和价值支撑。因此,社会主义核心价值观从国家、社会和公民三个层面概括了价值目标、价值取向和价值准则,是调节国家、社会、个人关系及行为的规范体系,是国家的德、社会的德和个人的德的统一体。习近平总书记指出:"广泛开展社会主义核心价值观宣传教育,积极引导人们讲道德、尊道德、守道德,追求高尚的道德理想,不断夯实中国特色社会主义的思想道德基础。"[4] 可以看出,社会主义核心价值观是被作为一种道德规范来提出和要求的。同时,社会主义道德规范在社会主义价值观念传播、

---

[1] 《十八大以来重要文献选编》(上),中央文献出版社,2014,第25页。
[2] 《习近平谈治国理政》第1卷,外文出版社,2018,第168页。
[3] 刘云山:《着力培育和践行社会主义核心价值观》,《求是》2014年第2期。
[4] 《习近平谈治国理政》第1卷,外文出版社,2018,第163页。

## 第二章　意识形态的守正创新：新时代精神文明建设的政治系统

内化和外化中发挥着重要的载体功能。在既有的道德规范中进行道德实践，是对道德规范所承载的社会主义核心价值观的理解认同和贯彻落实。

要将道德规范贯穿于日常生活的方方面面。日用而不觉，"日用"具有双重性，一是时间的长期性，二是紧密联系日常生活。道德规范的"日用"，就在于将道德规范贯穿于日常生活的方方面面，使社会主义核心价值观在生活中践行。习近平总书记指出："一种价值观要真正发挥作用，必须融入社会生活，让人们在实践中感知它、领悟它。要注意把我们所提倡的与人们日常生活紧密联系起来，在落细、落小、落实上下功夫。"[①] 日常生活既是社会主义核心价值观的生发起点，也是其回归终点。马克思指出："不是意识决定生活，而是生活决定意识。"[②] 社会主义核心价值观作为一种社会意识，应当置于现实的日常生活之中去阐释和发挥作用。赫勒指出，人的"个性的统一性总是在日常生活之中并为日常生活所建立"。[③] 人性的发展是在日常生活中形成的，需要在日常生活中为人性的发展创造条件。《新时代公民道德建设实施纲要》指出："坚持贯穿结合融入、落细落小落实，把社会主义核心价值观要求融入日常生活，使之成为人们日用而不觉的道德规范和行为准则。"[④] 这就要通过教育引导、舆论宣传、文化熏陶、实践养成、制度保障等途径，将社会主义核心价值观融入到人们的生产生活之中，从小做起，由小到大。

要大力加强道德建设，使道德规范像空气一样无处不在。道德规范日用而不觉，不觉在于没有发觉，是在无意间感知和领悟它。习近平总书记指出："我们要在全社会大力弘扬和践行社会主义核心价值观，使之像空气一样无处不在、无时不有，成为全体人民的共同价值追求，成为我们生而为中国人的独特精神支柱，成为百姓日用而不觉的行为准则。"[⑤] 要使社会主义核心价值观像空气一样无处不在，就要加强道德建设，在全社会营

---

[①] 《习近平谈治国理政》第1卷，外文出版社，2018，第165页。
[②] 《马克思恩格斯选集》第1卷，人民出版社，2012，第152页。
[③] 〔匈牙利〕阿格妮丝·赫勒：《日常生活》，衣俊卿译，黑龙江大学出版社，2010，第7页。
[④] 《中共中央国务院印发〈新时代公民道德建设实施纲要〉》，《人民日报》2019年10月28日。
[⑤] 习近平：《在文艺工作座谈会上的讲话》，人民出版社，2015，第23页。

造良好的道德环境。马克思指出:"人创造环境,同样,环境也创造人。"① 环境对人具有潜移默化的影响,良好的道德环境有助于人们在潜移默化中践行社会主义核心价值观。同时,人作为社会的存在物,人的本质在其现实性上是一切社会关系的总和。处于一定社会联系之中的人,必须在社会环境中进行活动。因此,要大力加强道德建设,构建和谐的社会环境、营造纯正的社会风气。习近平总书记指出:"要利用各种时机和场合,形成有利于培育和弘扬社会主义核心价值观的生活情景和社会氛围,使核心价值观的影响像空气一样无所不在、无时不有。"② 这就要在广度上,把社会主义核心价值观的要求融入各种精神文明创建活动之中,在润物细无声中使全体社会成员得到锤炼。

### 三 德法兼治的制度保障

社会主义核心价值观的践行,既需要道德自觉和道德自律,也需要德治软件和法治硬件的双重制度保障。制度是具有根本性、全局性和长期性的手段,是国家和社会治理的重要抓手。党的十八届四中全会指出:"国家和社会治理需要法律和道德共同发挥作用。必须坚持一手抓法治、一手抓德治……既重视发挥法律的规范作用,又重视发挥道德的教化作用,以法治体现道德理念、强化法律对道德建设的促进作用,以道德滋养法治精神、强化道德对法治文化的支撑作用,实现法律和道德相辅相成、法治和德治相得益彰。"③ 推进社会主义核心价值观的践行,必须以德治和法治的相互协调和相互作用作为推进社会主义核心价值观践行的两翼。

社会主义核心价值观的践行需要制度保障。制度在社会主义核心价值观践行中发挥着重要作用。制度与核心价值观在本质上都是上层建筑的有机组成部分,社会主义核心价值观是社会主义制度的内在本质和外在表现,依靠社会主义制度来保障人民群众的价值诉求,使社会主义核心价值观成为共同的思想观念和价值共识。社会主义核心价值观践行的最终目的

---

① 《马克思恩格斯选集》第1卷,人民出版社,1995,第92页。
② 《习近平谈治国理政》第1卷,外文出版社,2018,第165页。
③ 《十八大以来重要文献选编》(中),中央文献出版社,2016,第159页。

## 第二章　意识形态的守正创新：新时代精神文明建设的政治系统

是实现价值认同，而制度通过提供一种规则或运作的程序框架，为人们各个领域的社会生活提供一个无形的、稳定的边界，由此规定了人的活动的条件、范围和越界后果。同时，制度作为一种外在的强制力量，具有系统性、层次性和长期性，能够在社会主义核心价值观践行的不同阶段提供相应的制度保障。亚当·斯密说："良好的社会制度和政治制度将能够给那些既有益于个人完善又有助于他人幸福的品质提供培养和发挥作用的环境，同时，又能够有效地控制那些损人利己的恶劣品质和行径。"[①] 制度通过规则、程序来调整和约束社会秩序以及社会行为，使社会主义核心价值观的践行保持持久性和稳定性，形成社会主义核心价值观践行的长效机制。因此，以制度推进社会主义核心价值观的践行，能够为社会主义核心价值观由外化向内化、由抽象到具体、由理论向实践的转变提供条件，确保社会主义核心价值观的规范、引领和主导作用得以有效发挥。

道德与法律相互协调、相互作用，为践行社会主义核心价值观提供了德法兼治的逻辑前提。道德与法律作为国家和社会治理的重要抓手，在作用特点、作用范围、作用方式、作用力度和作用效力等方面，具有明显的差异性。道德是一种"软约束"，表现为一种观念上的道德规范和道德约束，其作用范围遍及人类社会生活的各个领域，主要依靠主体的"自律"实现自我道德完善和行为矫正，其效果往往受人为因素的影响较大。法治与人治相对，是一种"刚性约束"，表现为形式意义上的法治价值和法治精神、实质意义上的法律制度和法制机制，在作用范围上具有被动性，受客观存在的发展状态和人为因素的影响，是一种不易受人的意志影响的"他律"，其效果具有显著性。道德与法律的差异性，也直接影响着二者的互补性。习近平总书记指出："法律是成文的道德，道德是内心的法律，法律和道德都具有规范社会行为、维护社会秩序的作用。"[②] 道德和法律作为不同质态的社会规范，各有所长、各有所短，是国家治理和社会治理不可或缺的手段。道德以其非强制性、柔性化，能够实现横向到边、纵向到

---

① 〔英〕亚当·斯密：《国民财富的性质和原因的研究》（上卷），郭大力、王亚南译，商务印书馆，1972，第225页。
② 《习近平谈治国理政》第2卷，外文出版社，2017，第116页。

底的全程治理，法律以其强制性、排他性，具有见效快、调控得力的优点。因此，"法安天下，德润人心。法律有效实施有赖于道德支持，道德践行也离不开法律约束。法治和德治不可分离、不可偏废，国家治理需要法律和道德协同发力"。① 一方面，道德是法律的基础，是法律发挥作用的支撑。道德通过体现法治要求，为法律提供道德滋养。另一方面，法律是底线的道德，把基本道德规范上升至法律规范，能够实现善治。道德与法律一柔一刚、刚柔相济，在国家和社会治理中必须相互作用、同向发力。正如习近平总书记指出的："法律是准绳，任何时候都必须遵循；道德是基石，任何时候都不可忽视。"②

发挥德治的教化功能。德治的核心要义是"重视发挥道德的教化作用"。③ 德治作为一种非正式治理，主要是通过道德教化来教育、规范人们的行为。从个体道德的形成角度来看，"个体道德发展一般包括三个阶段：他律阶段、自律阶段、他律和自律统一的阶段"。④ 社会主义核心价值观的践行是他律和自律的统一，也就是社会道德的规范和社会道德的教化促使个体道德上升到自律的过程。在社会生活场域中，社会舆论、风俗习惯和行为规范等是德治的重要内容，要把社会主义核心价值观的要求融入各种精神文明创建活动之中，形成有利于培育和弘扬社会主义核心价值观的生活情景和社会氛围。要利用各种时机和场合，全方位、全过程地抓好道德教育引导和实践活动，以先进模范引领道德风尚、以正确舆论营造良好道德环境、广泛开展弘扬时代新风行动、充分发挥礼仪礼节的教化作用、持续推进诚信建设等。⑤

在社会生活中，道德主要通过社会舆论、风俗习惯、人们的内心信念等形式发挥作用，能够广泛地渗透到社会生活的各个领域，从精神、思想领域去发挥作用，因而能够使人们自觉地而不是被动地遵循社会行为规

---

① 《习近平谈治国理政》第 2 卷，外文出版社，2017，第 133 页。
② 《习近平谈治国理政》第 2 卷，外文出版社，2017，第 133 页。
③ 《习近平关于全面依法治国论述摘编》，中央文献出版社，2015，第 30 页。
④ 唐凯麟编著《伦理学》，高等教育出版社，2001，第 168 页。
⑤ 《中共中央国务院印发〈新时代公民道德建设实施纲要〉》，《人民日报》2019 年 10 月 28 日。

## 第二章 意识形态的守正创新：新时代精神文明建设的政治系统

范。这就使道德建设能够在广泛的社会领域引导人们自觉地调整人与人以及个人与社会的关系，从而广泛持久地起到维持和促进充满活力、安定有序的和谐社会稳定发展的作用。

把社会主义核心价值观融入法治建设的全过程，以法治体现道德理念，实现良法善治。社会主义核心价值观的践行，仅靠道德教化是不行的，还必须依靠法治的硬手段。亚里士多德曾指出："法治应包含两重意义：已成立的法律获得普遍的服从，而大家所服从的法律又应该本身是制定得良好的法律。"① 法治是社会主义核心价值观的内核所在，也是社会主义核心价值观的价值追求。从本质上来看，法治作为一种制度，具有工具属性，通过刚性约束与强制力量规范和调整社会秩序与社会成员的行为。法律是底线的道德，法律的这种特性，要求实现法治的道德化，引导全社会崇德向善，使社会主义核心价值观的应然状态有效转化为实然状态。习近平总书记指出："要把道德要求贯彻到法治建设中。以法治承载道德理念，道德才有可靠制度支撑。法律法规要树立鲜明道德导向，弘扬美德义行，立法、执法、司法都要体现社会主义道德要求，都要把社会主义核心价值观贯穿其中，使社会主义法治成为良法善治。"② 要善于运用法治思维和法治方式推进社会主义核心价值观践行，依靠法律在社会生活中至高无上的权威，为社会主义核心价值观践行提供具有明确性、确定性和强制性的规范。一方面，要坚持立改废释并举，把社会主义核心价值观的要求体现到宪法法律、法规规章和公共政策之中，严格规范公正文明执法，对社会中存在的突破道德底线、丧失道德良知、实施失德行为的现象给予严厉惩戒。另一方面，要实现法律的道德化，以道德滋养法治、以法治承载道德理念。习近平总书记指出："要把实践中广泛认同、较为成熟、操作性强的道德要求及时上升为法律规范，引导全社会崇德向善。"③ 要通过一定的程序，将一些基本道德规范转化为法律规范，使道德要求得到法律的刚性支撑，通过法律的强制力增强道德的感染力，确保道德底线的稳固。

---

① 〔古希腊〕亚里士多德：《政治学》，吴寿彭译，商务印书馆，1965，第199页。
② 《习近平谈治国理政》第2卷，人民出版社，2017，第134页。
③ 《习近平谈治国理政》第2卷，外文出版社，2017，第134页。

# 第三章　核心精神的历久弥新：新时代精神文明建设的精神系统

以马克思主义为指导的社会主义精神文明是社会主义社会的重要特征。在社会主义时期，物质文明为精神文明的发展提供物质条件和实践经验，精神文明又为物质文明的发展提供精神动力和智力支持，为它的正确发展方向提供有力的思想保证。党的十八大以来，习近平总书记高度重视社会主义精神文明建设，作出一系列重要论述，提出一系列明确要求，为推动新时代精神文明建设指明了方向。

## 第一节　孕育于历史进程的伟大精神

中华民族伟大的历史进程，孕育了伟大的民族精神。尤其是中国共产党成立以后，在党的光辉历程中，中华民族伟大精神焕发出伟大光芒，指引着整个中华民族的前进方向。习近平总书记指出，中国人民在长期奋斗中培育、继承、发展起来的伟大民族精神，为中国发展和人类文明进步提供了强大精神动力。① 中国人民具有伟大创造精神、伟大奋斗精神、伟大团结精神和伟大梦想精神。

### 一　伟大创造精神

中华民族的历史，就是一部伟大创造的历史。正如习近平总书记指出的："人民是历史的创造者，人民是真正的英雄。波澜壮阔的中华民族发

---

① 《习近平谈治国理政》第 3 卷，外文出版社，2020，第 140 页。

## 第三章 核心精神的历久弥新：新时代精神文明建设的精神系统

展史是中国人民书写的！博大精深的中华文明是中国人民创造的！历久弥新的中华民族精神是中国人民培育的！中华民族迎来了从站起来、富起来到强起来的伟大飞跃是中国人民奋斗出来的！"① 在这部雄伟壮阔的历史中所凝聚起来的伟大创造精神，既是中华民族民族精神的时代体现，又是中国共产党百余年奋斗历程的精神提炼，更是马克思主义中国化的理论成果的价值凝聚。

中华民族的伟大创造精神有着深厚的历史底蕴，是中华民族不断前进的精神动力。回望悠悠五千余年中华历史，无处不体现着这样的伟大创造精神。自然科学领域有"四大发明"，有以圆周率为代表的数学成就，有天文历法方面的发展，有独特的中国医学的创立。思想文化领域更是异彩纷呈，在伟大创造精神指引下的中华优秀传统文化从中国历史开端延续至今，在不同时期有不同的形态，不同的理论内容，但无不体现出中华民族的伟大智慧和创造精神的传统。查究这种精神传统的根源，一方面是人民群众的历史创造贡献，另一方面是独特的中华传统文化精神的指引。马克思主义认为，人民群众是历史的创造者，人民群众不仅创造了丰富的物质财富，更创造了精神财富。人民群众是创造精神的开创者和发展者，更是创造精神的承载者，正是在创造精神的指引下，人民群众才开创了历史。放眼世界历史，也是由各国人民创造的。但中华民族的伟大创造精神在中华优秀传统文化的影响下，表现出独有的特点。首先，中华民族伟大创造精神重在政治实践，有着优良的传统和经验。作为中华传统文化重要组成部分的儒家和道家都提出过各种治国的理念和学说，尤其是儒家，儒者一直紧密联系政治，形成了独特的儒家文化。其次，中华民族的伟大创造精神紧密依托中华人民吃苦耐劳、艰苦奋斗的精神。在中国人民创造历史的过程中，经历过多次血雨腥风，民族存亡的危急时刻，正是这种优良的民族品质，支撑着中华民族伟大创造的历史不断前进。最后，中华民族伟大创造精神在中国共产党的领导下焕然一新，开辟了新的时代。1921年中国共产党成立，中华民族走向了新的历史时期，中华民族的伟大创造精神被赋予了新的内涵，创造了中国革命新道路，创造了中国特色的社会主义制

---

① 《习近平谈治国理政》第3卷，外文出版社，2020，第139页。

度，创造了马克思主义中国化丰富的理论成果。这也是近代中华民族伟大创造精神的最为集中的体现。尤其是中国特色社会主义制度，既是中华民族伟大创造精神在新时期的创造成果，又进一步丰富和发展了中华民族的伟大创造精神。

正如习近平总书记所指出的："中国特色社会主义制度和国家治理体系不是从天上掉下来的，而是在中国的社会土壤中生长起来的，是经过革命、建设、改革长期实践形成的。"① 早在新民主主义革命时期，我们党就已经开始探索建立新民主主义经济、政治、文化制度，建立了新民主主义性质的新中国。新中国成立以后，我们党带领人民完成了社会主义改造，确立了社会主义的基本制度，探索了社会主义本质的内容。在思考如何坚持马克思主义指导和社会主义性质的同时兼顾到中国实际，创造性地提出了中国特色社会主义理论。改革开放以后，我国从经济领域开始，逐渐展开了全面改革的进程，创造了中国特色市场经济，一方面以公有制为主体，不改变社会主义的经济制度本质；另一方面鼓励和发展非公有制经济，促进了生产力的发展。除此之外，我们党不断完善中国特色社会主义制度和国家治理体系，党的十九届四中全会部署的总体任务，是党领导制度建设取得重大历史性进展的指针。值得一提的是，2013年，习近平总书记到湖南湘西考察时首次作出了"精准扶贫"的重要指示，创造性地提出了精准扶贫的战略，拉开了全国脱贫攻坚战的序幕。截至2021年，经过全党全国各族人民的共同努力，在中国共产党成立100周年的重要时刻，我国脱贫攻坚战取得了全面胜利，现行标准下9899万农村贫困人口全部脱贫，832个贫困县全部摘帽，12.8万个贫困村全部出列，区域性整体贫困得到解决，完成了消除绝对贫困的艰巨任务，中华民族创造了又一个人间奇迹，这是中国人民的伟大光荣，是中国共产党的伟大光荣，是中华民族的伟大光荣，更是中华民族伟大创造精神的又一集中体现。

伟大的创造精神既是中国人民创造历史的精神财富，又是中华民族不断前进的精神动力。中国共产党领导下的中国人民，共同赋予了伟大创造精神新的内涵和新的方向，伟大的政党带领伟大的人民，在伟大创造精神

---

① 《习近平谈治国理政》第3卷，外文出版社，2020，第119页。

## 第三章 核心精神的历久弥新：新时代精神文明建设的精神系统

的指引下，创造出更多中华民族的物质财富和精神财富，书写出辉煌的中华历史新篇章。

### 二 伟大奋斗精神

伟大奋斗精神既是中国人民的民族特点，又是中华文明持续前进的不竭精神动力。习近平总书记曾指出："中国人民自古就明白，世界上没有坐享其成的好事，要幸福就要奋斗。"[1] 这既体现了中国人民自古以来的民族特点，又对新时代我们继续秉承奋斗精神提出了新的要求。只有保持奋斗精神，我们才能应对各种风险考验，才能实现中华民族的伟大复兴。

伟大奋斗精神深深烙印在中华民族的历史传统中。自古以来中华民族就是一个崇尚奋斗的民族。《易传》有言"天行健，君子以自强不息"，认为君子应向"天"刚强劲健的品行看齐，应该自我要求进步，品行刚毅坚定，发奋图强，不断前进。自强不息，发奋图强是中华传统价值取向的重要组成部分。但中华传统文化中的奋斗精神更多体现在个人层面，奋斗的目的是实现个人的进取，达成修身、齐家、治国、平天下的目标。中华民族的伟大奋斗精神得以升华的关键是中国共产党成立以后，中华民族传统的奋斗精神吸收了中国革命奋斗精神的重要养分，在新时期焕发出别样的光彩。

在中国共产党领导的中国革命的光辉历程中，蕴含着中国革命的伟大奋斗精神，主要以井冈山精神、苏区精神、长征精神、抗战精神和西柏坡精神为代表。2016年2月，习近平总书记用28字概括了井冈山精神，那就是"坚定执着追理想、实事求是闯新路、艰苦奋斗攻难关、依靠群众求胜利"。[2] 井冈山精神体现了中国共产党人坚定不移的革命信念，体现了坚持党的绝对领导、密切联系人民群众的思想作风，体现了一切从实际出发的思想路线和艰苦奋斗的作风。后来的一切革命精神，都可以从井冈山精神中找到源头，这些革命精神都是对井冈山精神的发挥和发展。井冈山精神不仅是引导中国革命走向胜利的宝贵精神，更是今天党的建设和发展的

---

[1] 《习近平谈治国理政》第3卷，外文出版社，2020，第140页。
[2] 《井冈山精神》，共产党员网，https：∥www.12371.cn/special/zgjs/jgsjs/？S = yle95。

重要历史资源。苏区精神是井冈山精神的直接延续和发展，习近平总书记将苏区精神概括为："坚定信念、求真务实、一心为民、清正廉洁、艰苦奋斗、争创一流、无私奉献。"① 苏区精神既强调作风建设，又注重制度建设，是使广大干部自觉地努力实现清正廉洁、克己奉公的精神，为当代中华民族的伟大奋斗精神注入了巨大的精神力量。

中国共产党在二万五千里长征中创造的长征精神表现出共产党人对革命理想和事业无比的忠诚、坚定的信念，表现出不怕牺牲、敢于奋斗的无产阶级革命乐观主义精神，表现出顾全大局、严守纪律、亲密团结的高尚品德，表现出与人民群众生死相依、患难与共、艰苦奋斗的精神。抗战精神是指在中国共产党的领导下，中国各族人民万众一心，团结一致，不畏强暴，不屈不挠，前仆后继，同仇敌忾，一致对外，捍卫领土，追求民族独立和解放的精神。实事求是、理论联系实际，全心全意为人民服务和自力更生艰苦奋斗的延安精神，是中国革命和建设的伟大的精神动力。西柏坡精神集中体现了敢于斗争、敢于胜利的彻底革命精神，主要内容包括：永不停步，奋斗不止，将革命进行到底，坚持以经济建设为中心，坚持两个"务必"，保持党的优良传统和作风，团结高效，加强党的集中统一。西柏坡精神同井冈山精神、苏区精神、长征精神、抗战精神和延安精神一样，是我们党的宝贵精神财富。在革命战争中，无数为了国家存亡而献出自己宝贵生命的仁人志士，他们的事迹和姓名闪耀在中国历史上，是他们的血汗筑起我们新的长城。中国革命中的奋斗精神丰富和发展了中华民族伟大奋斗精神的内涵，使伟大奋斗精神焕然一新。新时期的奋斗精神的目标不仅有个人生命轨迹的艰苦奋斗，更有为国、为社会主义、为中华民族而奋斗的历史责任。

经历了中国历史，尤其是中国革命史，使我们深刻体会到在中国共产党的带领之下，只有时刻坚持中华民族的伟大奋斗精神，坚持用双手去奋斗，才能创造出中国人民自己的家园，才能拥有中国人民想要的生活。值得注意的是，在伟大奋斗精神指引下的中国人民需要注意这种奋斗精神的

---

① 田延光：《牢记初心使命 让"苏区精神"永放光芒》，党建网，2020年9月30日，http：//www.dangjian.com/shouye/zhuanti/zhuantiku/dangjianzazhi/202009/t20200930_5807111.shtml.

## 第三章 核心精神的历久弥新：新时代精神文明建设的精神系统

目标不仅要关注"小我"更要重视"大我"。"大我"和"小我"是一对在晚清时出现，经五四时期得以发展的范畴。近代中国，最早提出并区分"大我"与"小我"这一对概念的是梁启超。① 梁启超在《中国积弱溯源论》中，提出"大我"是"一群之我"，"小我"是"一身之我"。② 后来，梁启超又指出："何谓大我？我之群体是也。何谓小我？我之个体是也。"③ 从上述引述可知，梁启超对"大我"和"小我"的区分主要在个体性和群体性上，同时，梁启超亦强调一身之我与一群之我有着密切的关联，一身之我是群体中的个体，一群之我是个体组成的群体。五四时期，"大我"和"小我"的观念得到了进一步的发展，且更加强调"大我"和"小我"之间的互动。五四时期的个人，虽然具有强烈的道德自主性，能够自证价值，但是，在五四时期的知识分子看来，个人的意义与人生境界，仍然需要放置到更广阔的社会时空和人类命运之中，才能得以延续与提升。五四以后，中国革命走上新道路，在中国共产党的带领之下，中国人民团结奋战，结束了半殖民地半封建的社会性质，建立了新中国。新中国成立至今70余年，中国取得了前所未有的建设成就，经济飞速发展，社会迅速进步。"大我"的观念，亦随着时代的发展而被赋予了新的内涵，从群体之国家、民族再到整个人类的命运共同体。作为独立个体存在的"小我"得到了进一步的肯定和发展，个体的价值、尊严和全面的发展日益受到弘扬和重视，"小我"是"大我"得以发展的重要力量。社会的发展和国家的富强，为作为个体的"小我"的发展提供了便利的条件和强有力的保障。

中华民族伟大奋斗精神的实质，恰恰体现在这种为国、为民族而奋斗的目标上。我们要不忘初心、牢记使命，继续以逢山开路、遇水架桥的开拓精神，开新局于伟大的社会革命，强体魄于伟大的自我革命。在伟大奋斗精神的指引下，在中国共产党的领导之下，中华民族将继续行进在谱写新时代历史的奋斗之路上。

---

① 许纪霖：《个人主义的起源——"五四"时期的自我观研究》，《天津社会科学》2008年第6期。
② 《梁启超全集》第2卷，北京出版社，1999，第417页。
③ 《梁启超全集》第5卷，北京出版社，1999，第1373页。

### 三 伟大团结精神

习近平同志指出，中国人民是具有伟大团结精神的人民。[①] 中国取得的令世人瞩目的发展成就，是全国各族人民同心同德、同心同向努力的结果。这种团结精神来自于中华民族的民族基因，随着历史的发展不断凝聚、巩固，展现出不一样的时代精神特色。

团结精神是中华民族的基因特质，是中华传统"和"文化的精神体现。早在《国语·周语下》中就有："众心成城，众口铄金"的记载，《墨子·尚贤》引《汤誓》中有："聿求元圣，与之戮力同心，以治天下"之说。中华民族自古以来就崇尚团结一致，这跟中华传统文化中的"和"文化密切相关。中华文化中一直以来都有"贵和"的传统，"和"意指一种经过协调而达成的均衡状态，就是指不同事物之间的协调、和睦、融洽。《论语·学而》中，有"礼之用，和为贵。先王之道，斯为美"。《孟子·公孙丑下》中有"天时不如地利，地利不如人和"的记载，可见中国人历来崇尚和谐，把达到和谐状态视为家国政治的最高目标之一。再加上，中华传统文化中的大一统思想影响深远，不管是为和而合，还是为合而和，都最终形成了中华传统文化的基本精神面貌。那么，想要实现古人所崇尚的这种"和"的状态，必然不能分崩离析、各自为政，需要团结一致，勠力同心。可见，中华民族伟大的团结精神深刻体现在中华民族的文化传统之中。中华民族的伟大团结精神不仅有深厚的历史底蕴，更在中华历史的书写过程中不断丰富和发展，展现出越来越丰富的精神内涵。自从中国共产党成立以后，中华民族伟大的团结精神与中国革命的奋斗精神相结合，谱写了中国革命的辉煌篇章。

在中国革命时期，团结精神突出表现为争取民族独立和人民解放的合作精神。中国共产党建立后，党为了中国革命的前途，为了全体中国人民的命运，团结一切可以团结的力量，大力弘扬团结精神，并为团结精神注入了不竭的精神力量，其中比较有代表性的是同国民党的两次合作。中国共产党于1923年在广州召开第三次全国代表大会，正确地估计了孙中山和

---

[①] 《习近平谈治国理政》第3卷，外文出版社，2020，第141页。

## 第三章 核心精神的历久弥新：新时代精神文明建设的精神系统

国民党的革命立场，决定共产党员以个人身份加入国民党，实现国共合作。在中国共产党人的帮助下，孙中山在广州召开了国民党第一次全国代表大会，重新解释了"三民主义"。大会通过了共产党人起草的以反帝反封建为主要内容的宣言，确定了联俄、联共、扶助农工的三大政策，从而把旧三民主义发展为新三民主义。以国共合作为特征的革命统一战线的建立，加速了中国革命的进程。在抗日战争时期，中国共产党同国民党进行了第二次合作，建立了抗日民族统一战线，团结一切可以团结的力量，抗击日本帝国主义的侵略，经过艰苦卓绝的抗争，最终取得了抗战的胜利。

在社会主义改造和初期建设时期，团结精神突出表现为确立社会主义制度，进行生产劳动的大生产精神。尤其是第一个五年计划的制订和实施，全国上下团结一致，集中力量办大事，进行以苏联帮助中国设计的156个建设项目为中心、由限额以上的694个建设项目组成的工业建设。建立社会主义工业化的初步基础，对重工业和轻工业进行技术改造，用现代化的生产技术装备农业；生产现代化的武器，加强国防建设等。在伟大团结精神的指引下，顺利地完成了社会主义改造，确立了社会主义制度，初步奠定了新中国的工业基础。

在改革开放初期，团结精神表现为思想理论的解放和兼容并蓄。中国的改革开放进程开辟出了一条中国特色社会主义道路，改变了传统研究社会主义的思维方式，破除离开发展生产力抽象谈论姓"社"姓"资"的思维定式，破除把马克思主义教条化的思想倾向，真正做到在实践基础上既继承前人，又能推陈出新，在新的历史阶段进一步发展了马克思主义。通过解放思想，邓小平对"怎样建设社会主义"作出了正确的回答。把国家发展的重心转移到经济建设上来，结束了以阶级斗争为纲的历史，以改革改变了僵化半僵化和死气沉沉的社会状况，换之以生机勃勃的社会新风貌，以对外开放改变了封闭半封闭的社会状况，正是对外开放，使我们能够吸收和借鉴人类一切文明成果，使社会主义事业获得了强劲动力和充沛活力。

在社会主义进入新时代以后，团结精神集中表现在人类命运共同体思想中。习近平总书记提出的构建人类命运共同体的思想是伟大团结精神在新时代新意义的集中体现。新时代的团结精神不仅指向中华民族和中国人民，更指向全人类。人类社会的发展历程越来越表明，整个人类都是休戚相关的整体，任何国家或个人都不能在整体发展的大背景下独善其身。经济全球化的推进使得人类发展的脚步越发整齐。但在发展过程中，亦出现了全球性的经济发展不平衡、社会治理危机和生态环境污染、动植物保护等较为严重的问题，这些问题与世界各国的利益紧密相关，而解决这些问题需要世界各国共同努力，共建解决世界性问题的协同机制。中国作为一个大国，需要为关系人类共同命运的问题贡献中国智慧，提出解决问题的中国方案，中华民族伟大团结精神的内涵在新时代得以进一步超越和升华。

**四 伟大梦想精神**

习近平总书记指出，中国人民具有伟大梦想精神，中华民族充满变革和开放精神。① 伟大梦想精神作为中华民族伟大民族精神的重要组成部分，不仅深刻体现出中华优秀文化传统的历史底蕴，更引领中华民族前进步伐，凝聚当代中华民族精神。当代中华民族伟大梦想精神的内涵指实现中华民族伟大复兴的中国梦。中国梦是中国人民和中华民族共同的价值认同和价值追求，是中华民族在新时期民族奋斗目标的重要体现。习近平总书记指出：中国梦是国家的、民族的，也是每一个中国人的。② 国家好、民族好，大家才会好。在不同的发展时期，中国梦有不同的具体内容和目标，但又有着共同的方向即中华民族的伟大复兴。

中华民族的伟大梦想精神凝结在中华民族的历史伤痛之上。作为在世界历史发展中既创造过辉煌又经历过苦难的民族，中华民族深刻地理解复兴的意义和必要性。悠悠五千余年的历史，中华文明传承至今。16世纪以前，影响人类生活的300项重大科技发明中，中国人的发明有175项之多。中国古代历史先后出现如文景之治、贞观之治和康乾盛世等繁荣景象，直至乾隆时期，中国人口占世界人口的三分之一，粮食产量和工业产值占世界的三分之一，清朝在当时是世界上最富有的国家。在很长一段时间，中国在科技、经济、社会治理等诸多方面的发展均走在世界前列。近代以

---

① 习近平：《在庆祝改革开放40周年大会上的讲话》，人民出版社，2018，第39页。
② 《十八大以来重要文献选编》（上），中央文献出版社，2014，第277页。

## 第三章 核心精神的历久弥新：新时代精神文明建设的精神系统

来，制度的落后、政治的腐败，中国逐渐沦为半殖民地半封建社会，中国人民亦遭受了巨大的苦难，经历了山河破碎的历程。在这段黑暗的历史中，是中国共产党带领中国人民完成了反帝反封建的革命任务，承担了民族复兴的历史使命。中国历经了从追求民族独立和人民解放到进行社会主义革命，确立社会主义基本制度，再到进行改革开放的伟大革命，中华民族日益发展壮大，开始走向伟大复兴的历史进程。

落后就要挨打，伟大梦想精神需要经济发展和综合国力提升的现实支撑。改革开放以来，我国取得了举世瞩目的建设成就。尤其是党的十八大以来，我国在经济建设、民主法治建设和思想文化建设等方面实现了跨越式的发展。我国经济持续保持中高速增长，在世界主要国家中名列前茅，2021年，国内生产总值更是突破110万亿元大关①，对世界经济增长贡献率超过30%，经济总量稳居世界第二位，我国的对外贸易、对外投资和外汇储备等亦稳居世界前列。通过供给侧结构性改革，我国的经济结构不断优化，生产力水平得到了进一步的提高。互联网经济的发展和移动支付的普及改变了传统生活方式，使得出行和购物更加方便，共享经济的发展和无人商店的出现与普及，进一步推动了智能生活的发展，移动智能生活成为全新的生活方式。同时，在教育、医疗等领域，以人为本，全面深入的改革使得教育发展更均衡全面，医疗体制更加健全。在不断健全和完善的社会保障体系之下，中国人民的生活更有安全感和获得感，幸福指数得到不断的提升。

伟大的梦想精神需要一代又一代中国人民立志实现，为之奋斗。苏轼曾言："古之立大事者，不惟有超世之才，亦必有坚忍不拔之志。"王守仁亦曾说："志不立，天下无可成之事。"可见，立志对一个人的一生具有多么重要的意义。立志不仅是立个人发展之志，更是树立为全民族的伟大复兴而努力的奋斗之志。2018年，习近平同志在北京大学师生座谈会上的讲话中曾提出广大青年应培养奋斗精神，树立奋斗之志，应做到理想坚定，

---

① 《2021年国内生产总值1143670亿元 同比增长8.1%》，中华人民共和国国务院新闻办公室网站，2022年1月17日，http://www.scio.gov.cn/xwfbh/xwbfbh/wqfbh/47673/47722/zy47726/Document/1719004/1719004.htm。

信念执着，不怕困难，勇于开拓，顽强拼搏，永不气馁。幸福都是奋斗出来的，奋斗本身就是一种幸福。为实现中华民族伟大复兴的中国梦而奋斗，是我们人生难得的际遇，我们应该珍惜这个伟大时代，在伟大的梦想精神的指引下，共同实现中华民族伟大复兴的中国梦！

## 第二节 以爱国主义为核心的民族精神

爱国主义是中华民族精神的核心。习近平总书记在党的十九大报告中要求加强爱国主义、集体主义、社会主义教育，引导人们树立正确的历史观、民族观、国家观、文化观。习近平总书记的要求指明了新时代弘扬爱国主义精神，进行爱国主义教育的重要性和必要性。正确理解爱国主义的历史发展脉络，厘清当代爱国主义的科学内涵，弘扬和培育新时代以爱国主义为核心的民族精神。

### 一 爱国主义的历史脉络

中华传统文化中的爱国思想，是当代中华民族爱国主义价值观的重要历史底蕴，对当代中华民族以爱国主义为核心的民族精神的形成和塑造产生了巨大的影响。在深度挖掘中华传统文化中的爱国思想的同时，要注重弘扬社会主义核心价值观。正确解读爱国主义的科学内涵，在决胜全面建成小康社会进而全面建设社会主义现代化强国的进程中，全国各族人民团结奋斗、不断创造美好生活，逐步实现全体人民的共同富裕。在中国特色社会主义新时代，要充分认识以爱国主义为核心的民族精神，树立正确的爱国主义价值观。

中国传统文化饱含爱国精神，爱国思想历来是中华传统文化的重要内容之一，古代文献中论述爱国思想的记载数不胜数。《左传》道："临患不忘国，忠也。"认为在危难之际，不忘国家利益之举即为忠，提出报国为忠的观点；《礼记·儒行》中亦有："苟利国家，不求富贵"的记载，认为国家利益在个人利益之上，在国家利益面前，不能计较个人的富贵得失；《论语》中更是有"志士仁人，无求生以害仁，有杀身以成仁"的论断，认为志士仁人，不能因贪生怕死而损害仁德，只能勇于牺牲自我来成全仁德,"杀身成仁"的观点在后世逐渐发展,演变为历代爱国之士所追求的崇高精神;《西汉文纪》道:"常思奋不顾身,以殉国家之急",肯定在国家危难之时,能够为了国家利益而牺牲个人生命的行为,对以身殉国高度赞扬;北宋范仲淹更是有"先天下之忧而忧,后天下之乐而乐"的名言,高扬以天下苍生为己任的情操;明代顾炎武有"保天下者,匹夫之贱,与有责焉耳"的说法,意指保卫国家,即使是"匹夫",也有义不容辞的责任,所谓"天下兴亡,匹夫有责"。中国古代文献中有关爱国思想的记载,不可尽数。在中华优秀传统文化影响下的每个时代,特别是在国家危难时刻,总会涌现出众多的爱国典范,这些爱国典范不仅包括身居高位的士大夫,而且也不乏平民百姓。在中华民族悠久的历史中,在传统文化的影响和感召下,忠于国家、热爱国家成为普遍的自然情感,人民把杀身成仁、精忠报国当作成就自身德性的至高证明。我们应当对古代英雄的爱国壮举大力弘扬,使之成为振奋民族精神的强劲力量。

在传统文化中有许多按照当时的社会条件来看是爱国主义的行为,在今天看来却不具有爱国意味,切忌运用拿来主义的态度对待传统的爱国思想。传统爱国思想往往与"忠君"并论,传统文化中,忠的对象主要指向国与君。《论语》有言:"定公问:'君使臣,臣事君,如之何?'"孔子对曰:"君使臣以礼,臣事君以忠。"孔子认为,君主应该依礼来使用臣子,臣子应该忠心地服事君主,强调臣子应为君主尽忠。随着专制背景下君权的不断集中和强化,国与君二者越来越紧密地相关联,如董仲舒提出"天子受命于天,天下受命于天子",进一步强化了天下之国与天下之君的关系,为国尽忠就要尽忠于君主,尽忠于君主就是爱国,即所谓的忠君爱国。忠君爱国之说的产生和发展有其特定的历史条件,爱国思想的内涵在这一历史时期既包括对君主的服事和遵从,又包括对国家整体意义上的保卫和忠诚。传统爱国思想中对于"国"的解读,更偏重于家国同构意义上的国。家国同构是中国古代社会的重要特征,所谓"家国同构",是指家与国在组织结构上的共通性:父为家之君,君为民之父,君父同伦与家国同构相辅相成。其内在思想基础是移孝作忠的忠孝一体,《孝经》曾道:"君子之事亲孝,故忠可移于君。"明确提出了移孝于忠的观点。另外,中国古代的修齐治平之说亦从另一个角度强化了这种家国同构思想。《论语·宪问》道:"修己以安百姓。"其认为,提高自己的修养,可以使所有百姓都安乐。这里将自己的修养同安天下百姓紧密相连,且指出二者的因果联系。《大学》中将这一进路概括得更为明晰。《大学》有言:"古之欲明明德于天下者,先治其国;欲治其国者,先齐其家;欲齐其家者,先修其身。"这段论述深刻表述了中国传统文化中的修身、齐家、治国、平天下层层递进的逻辑进路,又指明了家国之间的内在关联。随着历史的发展,家与国的内涵都发生了变化,家不再是"家天下"的家,国也不再是皇帝的私有财产,而是人民共和国,因而需要改变对传统家国的看法,对传统爱国思想进行现代性转化。对待中国传统文化要以辩证的、历史的方法来看待。在传统爱国思想的家国观中,被传承至今的,更多的是经过时代洗礼后的家国情怀,其成为新时代以爱国主义为核心的民族精神的重要历史底蕴。

值得注意的是,爱国主义情感虽然是最为深层、热烈和持久的情感,但是爱国主义却是情感与理性思维的统一。爱国主义首先表现为对祖国深厚的感情,但在强烈情感支配下的爱国主义常常表现为一种朴素、非理性的爱国情感,这种缺乏理性规范的爱国情感往往会流于空泛的形式,表现为狭隘的爱国主义。① 故在爱国主义情感培育的问题上要注重考虑爱国主义的理性因素,实现爱国主义情感与理性因素的辩证统一。

爱国主义不等同于狭隘的民族主义。爱国主义是在最为深沉和强烈的爱国情感的驱动下,对国家的使命感和责任感。爱国主义在不同时代背景之下都有其明确的道德规范和行为准则,是自国家产生以来人类文明社会的共有价值。民族主义的界定有多种方式,根据英国思想家伯林的定义,民族主义的主要特征是:"坚信归属一个民族的压倒一切的要求;构成一个民族的所有成员的有机的关系;我们的价值之所以有价值就是因为它是我们自己的;最后,在诸多争夺权威或忠诚的竞争者中,民族的诉求是至高无上的。"② 爱国主义和民族主义是两个不同的概念,有观点认为民族主

---

① 章秀英:《加强对狭隘爱国情感的理性教育》,《思想教育研究》2004 年第 9 期。
② 转引自任娟玲、王志泉《以现代化史观辩证看爱国主义与民族主义之关系》,《人民论坛》2013 年第 23 期。

义比爱国主义带有更多的自私色彩和感情色彩,民族主义较为容易成为离心力量,导致民族矛盾,不利于国家的统一,从这个意义上来看,民族主义与爱国主义是相冲突的。在爱国主义与民族主义的关系中,更值得警惕的是把爱国主义的政治情感与民族主义的政治思潮等同起来,然后再片面地把民族主义等同于盲目排外、狭隘自私的极端民族主义或狭隘民族主义。经过这样一番概念的偷换,就把爱国主义等同于我们所一贯反对的极端民族主义和狭隘民族主义。① 由此可知,在爱国主义情感的培育上,需要特别注意爱国主义与极端民族主义、狭隘民族主义之间的区别。警惕别有用心的人打着爱国主义旗号,借由强大的爱国主义情感而煽动民族情绪,破坏社会稳定的行为。

爱国主义情感需要注入理性的因素。随着国际、国内形势的发展和变化,在中国和平崛起的时代背景之下,理性爱国是近年来不断提及的声音。为爱国主义情感注入理性因素是十分必要的,积极的爱国情感是爱国主义的前提与基础,理性的爱国行为是爱国主义的本质与升华,爱国主义是情感与理性的辩证统一。弘扬爱国主义,应潜移默化地培育对祖国故土、骨肉同胞和历史文化的深厚情感。要审时度势,形成对国家形势和国际环境的理性认识,实现爱国情感与理性爱国的有机统一。② 理性爱国以遵守法律、法规为最基本的准则。随着国家的不断发展,我国在国际事务中扮演着越来越重要的角色,国际经济、贸易、文化和军事等各方面的交往不断增加。由于国际交往的增加以及一些遗留的历史领土争端问题,国与国之间的冲突日益尖锐。近年来,在解决与日本、韩国和菲律宾等国的矛盾过程中,少数国人高举爱国主义的旗号,实则越过底线,违反国家的法律、法规。以非理性的行为来显示爱国之举,不仅触犯了我国的法律,而且破坏了社会的安定和团结,这跟爱国主义是格格不入的。

习近平总书记在党的十九大上,郑重宣告中国特色社会主义进入了新时代。新时代之"新"不仅在于发展进入新的阶段,发展环境、发展条件

---

① 张健:《爱国主义不等于狭隘民族主义》,《人民论坛》2016年第22期。
② 柳礼泉、黄艳:《爱国情感与理性爱国相统一的辩证思考》,《科学社会主义》2010年第1期。

和目标任务都发生了变化，而且还在于社会主要矛盾和奋斗目标出现了新变化。作为历史范畴的爱国主义在新时代被赋予了新的内涵，表现出了新的特点。新时代的爱国主义是对中国特色社会主义道路的坚持和发展。爱国主义最为重要的内涵之一即为积聚力量，遵循国家发展道路，持续前行，增强国力。坚持走中国特色社会主义道路是我国取得辉煌成就的重要因素。习近平总书记指出，中国特色社会主义是党和人民长期奋斗、创造、积累的根本成就。过去的历史深刻地表明，只有社会主义才能救中国。近代中国在被侵略和任人宰割的时期，尝试过多种不同的救国方案，资本主义、改良主义、自由主义、社会达尔文主义、无政府主义、实用主义等，均没有解决中国的问题，只有马克思主义、毛泽东思想引导中国人民走上了独立解放的道路，建立了新中国。过去的历史亦表明，只有坚持和发展中国特色社会主义才能实现中华民族的伟大复兴。中国特色社会主义是改革开放40多年来伟大实践的成果总结。正是这40多年来的坚持不断地发展，中国取得了举世瞩目的建设成就，这表明只有坚持走中国特色社会主义道路才能使中华民族继续前进。新时代的爱国主义对中国特色社会主义的坚持既要明确中国特色社会主义是社会主义而不是其他什么主义，更要一以贯之地坚持和发展中国特色社会主义。

新时代的爱国主义是对实现中华民族伟大复兴中国梦的共同实践。党的十九大报告指出，中国特色社会主义进入新时代，我国社会的主要矛盾已经由人民日益增长的物质文化需要同落后的社会生产之间的矛盾，转化为人民日益增长的美好生活需要和不平衡不充分的发展之间的矛盾。在新的历史条件下，实现中华民族伟大复兴，是近代以来中国人民最伟大的梦想。新时代的爱国主义就是凝聚全民族共同力量，实现全民族共同的梦想。爱国主义精神深深根植于中华民族心中，是中华民族的精神基因，维系着华夏大地上各个民族的团结统一，激励着一代又一代中华儿女为祖国发展繁荣而不懈奋斗。五千多年来，中华民族之所以能够经受住无数难以想象的风险和考验，始终保持旺盛生命力，生生不息，薪火相传，同中华民族有深厚持久的爱国主义传统是密不可分的。习近平总书记的论断深刻表明了，持久的爱国主义传统是中华民族生命力的关键所在。爱国主义情感的持久性表现在爱国主义情感始终贯穿于中华民族的发展过程中，从未中断。

## 二　爱党与爱国相辅相成

爱国不仅体现在情感、志向等方面，更需转化为实践，落实在行动之中。历史上无数仁人志士为了保卫祖国和报效祖国，谱写了可歌可泣的篇章。不同时代的爱国主义表现形态不同，在实践层面的要求也不同。自从中国共产党成立以后，中国人民在中国共产党的带领之下，谱写了一部壮阔辉煌的中华民族历史篇章。中国共产党的建立和领导深深地融入以爱国主义为核心的民族精神中，爱党和爱国浑然一体，相辅相成。

不同历史时期的爱国主义有不同的表现和要求。新中国成立以前，为了完成反帝反封建、结束中国半殖民地半封建社会性质的历史任务，爱国意味着以各种方式投身战争之中，尽己所能，浴血奋战，共同努力实现民族独立和人民解放。随着战争的结束，和平年代的到来，世界局势和国内形势发生了巨大的变化，新时代的爱国之举有了新的内容和新的要求。

新时代的爱国主义精神的核心是热爱中国共产党，坚决拥护中国共产党的领导。过去百余年的历史表明，没有共产党就没有新中国。在中国人民处于水深火热之中，面对多种救国方案的尝试均以失败告终的背景之下，马克思主义政党——中国共产党的成立，给全体中国人民带来了新的希望。在中国共产党的带领下，中国人民取得了反侵略战争的胜利，实现了民族独立和人民解放这一国人期盼已久的诉求。在中国共产党的带领之下，新中国从成立发展至今，取得了伟大的建设成就，每一名中国人都能设身处地地体会到国家的飞速发展和社会的快速进步。随着改革开放的稳步推进，国家的综合实力进一步提高，人民的生活越发的便利和富裕。可以说，国家建设所取得的一切成就，都离不开中国共产党的领导。坚持党的领导是四项基本原则的重要内容之一。党的领导是我国建设和发展的重要保证，是中华民族发展的生命线。作为领导阶级的政党的建设直接关系着民族和国家的发展，关系着中华民族未来的命运，更关系着人民的信任和支持。从古至今，从西方到东方，各国人民普遍不满的是执政党的腐化和腐败问题。这种腐化和腐败问题严重影响政府形象，影响人民对于政府的信任和支持，严重威胁执政基础，更从根本上影响爱国主义的培育和弘扬。

近年来，我国全面从严治党成效卓著，得到了全国人民的支持和肯定。全面加强党的领导和党的建设，进一步保证了党执政的稳定性，成为一切发展的重要前提。党通过推行"两学一做"学习活动，不断推进"两学一做"学习教育的常态化和制度化，通过严明党的政治纪律和政治规矩，不断增强党员的理想信念和党性。特别值得一提的是，党中央出台八项规定，严厉整治形式主义、官僚主义、享乐主义和奢靡之风，坚决反对特权。而某些领导干部的上述行为，正是群众最为关注和反映最为强烈之处，如果不加以整治，则会严重影响党和政府的形象，严重影响人民对党和政府的信任。

在过去，形式主义和官僚主义在某些领域较为常见。另外，享乐主义和奢靡之风也是领导干部腐化的重灾区，挪用公共经费，进行个人支出，造成了多项不必要的浪费。特权现象更是影响恶劣，近年来广受群众关注的几起宣扬领导干部特权的事件，不仅再次表明了人民群众对领导干部特权的深恶痛绝，又体现出这种行为恶劣的社会影响力和破坏力。中央八项规定的出台和执行，中央和省级党委全面覆盖的巡视有力打击了腐败，真正改善了领导干部的作风，符合人民群众的期望。习近平总书记在党的十九大报告中强调"不忘初心"，这四个字既是希冀，又是警醒。时刻提醒着广大党员干部，中国共产党自成立以来，无数先辈英烈用生命铸就的伟大光辉历程。当下虽处和平年代，社会繁荣发展，但此刻绝不是可以安享奋斗成果之时，应时刻不能忘记中国共产党人的初心和使命。

爱党和爱国相辅相成，爱党就是爱国，爱国就是爱党。在实践要求上，爱党爱国不仅要求我们坚决拥护和执行党中央的各项要求，更应自觉维护国家利益。作为社会主义国家，国家利益从根本上来说就是人民的利益。国家利益包括诸多层面，如经济利益、政治利益、文化利益、安全利益等，上述几个方面并非完全独立，而是相互联系、相互影响。首先，维护国家的经济利益指了解和拥护国家的经济制度和各种政策，按照各项法律、法规从事相关经济活动。正确认识并看待我国同其他国家的经济交往行为，当发生摩擦和矛盾时，坚决站在祖国的立场上，拥护和支持国家决策。各行各业，尤其是从事国际贸易的人员，心中要有清晰的红线，以国家利益为各种经济行为的根本出发点。其次，维护国家的政治利益，主要表现为坚决拥护党的领导，了解并拥护新时期党的各项路线、方针、政策,共同维护和支持国家政治的稳定和发展。再次,维护国家的文化利益,在新时代主要表现为坚定文化自信,共同促进社会主义文化的繁荣发展。中华民族历史悠久,文化底蕴丰厚,博大精深。但近代所经历的被侵略和被奴役的历史,使得国人曾一度对中华民族的文化失去信心,盲目推崇外来文化。综观中华传统文化,的确有不少已不适合时代发展的糟粕需要抛弃,但一味否定中华传统文化,就是否定中华民族的历史,否定中华民族的文化自信。习近平总书记曾指出,"文化是一个国家、一个民族的灵魂。文化兴国运兴,文化强民族强。没有高度的文化自信,没有文化的繁荣兴盛,就没有中华民族伟大复兴"。[①] 坚定文化自信,合理看待中华传统文化,对中华优秀传统文化进行创新性发展和创造性转化,警惕各种外来文化的有目的的价值输送,坚定中华文化立场。最后,维护国家的安全利益。维护国家的主权和领土完整是维护国家安全利益中的重要内容之一。正确看待和警惕他国对我国内政的干涉,正确看待和认识别有用心的妄图分裂祖国的各种行为,坚定中华人民共和国是不可分割的整体的立场。无论是现实生活中,还是虚拟网络世界里,警惕某些国家和地区窃取我国某些领域情报的行为,始终保持清醒的立场,共同维护国家的安全利益。

## 三 爱社会主义的价值指向

以爱国主义为核心的民族精神在当代另一重要核心内容是热爱社会主义。过去的百余年历史表明,只有社会主义才能救中国。近代中国曾尝试过不同的救国道路和救国方案,虽取得了一定的成就,但最终均以失败告终,未能完成民族独立和人民解放的历史任务。只有在马克思主义理论指导之下的社会主义道路取得了成功,而当下建设成就的取得亦离不开社会主义制度的保障。将马克思主义理论与中国具体实际相结合,走有中国特色的社会主义道路是未来国家持续发展的根本保障。

中国共产党的领导和中国特色社会主义道路,是实现中华民族伟大复兴中国梦的根本保障。没有中国共产党的领导和中国特色社会主义道路,

---

[①] 《习近平谈治国理政》第3卷,外文出版社,2020,第32页。

就没有稳定的国内环境，更谈不上国家的发展和人民的富裕。反对党的领导和中国特色社会主义道路，实质上就等同于破坏稳定政局，阻碍国家发展。故新时代以爱国主义为核心的民族精神，最重要的是坚持和拥护社会主义道路，同反对党的领导和中国特色社会主义道路的势力做坚决的斗争。同时，从我做起，为中国特色社会主义的建设贡献力量。

爱社会主义不仅指学习社会主义理论，坚持社会主义道路，更重在行动，将爱社会主义转化为实践。人民群众作为精神财富和物质财富的创造者，同国家的强盛和发展有着密切的关联，国家的发展和进步是广大人民群众共同努力的结果。作为中华民族的一分子，每一个人同祖国的关系都是休戚与共、血脉相连的。人们将对祖国最为深沉的热爱转化为实际生产和生活中的实践行动，在实践中体现对社会主义国家的热爱，即通常所言的报效祖国。报效祖国指国家成员在国家利益至上的基础上，以社会生产、生活中的实际行动，拥护国家发展和建设的路线、方针和政策，响应国家发展和建设的号召，在自身的工作岗位上各尽其职，尽己所能，为国家的发展和民族的进步贡献自身的建设力量。新时期的报效祖国有着特定的内涵和要求，习近平同志在主持中央政治局第二十九次集体学习时指出：实现中华民族伟大复兴的中国梦，是当代中国爱国主义的鲜明主题。① 中国梦的本质是国家富强、民族振兴和人民幸福，而实现中华民族伟大复兴中国梦的关键一步，是全面建成小康社会。故新时代爱国主义的效国之行，主要体现在以实际行动，为全面建成小康社会贡献力量，共同努力实现中华民族伟大复兴的中国梦上。

党的十八大以来，以习近平同志为核心的党中央提出了全面建成小康社会新的目标要求，内容包括经济实现高质量发展、创新驱动成效显著、发展协调性明显增强、人民生活水平和质量普遍提高、国民素质和社会文明显著提高、生态环境质量总体提高和各方面制度更加成熟更加定型等方面，按照全面建成小康社会的目标要求，新时期的爱国爱社会主义有了具体的要求。

第一，各尽其职，做好本职工作，共促经济实现高质量发展，建设社

---

① 《习近平关于社会主义文化建设论述摘编》，中央文献出版社，2017，第127页。

## 第三章 核心精神的历久弥新:新时代精神文明建设的精神系统

会主义新中国。各尽其职指各自负责并尽到自己的职责,应树立工作岗位责任心,进一步完善和明确工作中的责任制。国家经济的发展和社会财富的创造离不开全体人民的共同参与,实现经济的高质量发展需要全体人民的共同创造。坚守工作岗位,树立责任心,爱岗敬业,深刻认识到对工作负责就是对自己负责,就是对国家负责。个人所从事工作的意义不仅仅是为个人及家庭创造财富,更是在为国家和社会创造财富,而国家和社会财富的积累和使用会增强国家的综合实力,完善各项基础设施建设,不断建立和健全社会保障体系,改善民生,最终惠及社会中的每一名成员。在工作中要提高工作质量,自觉树立创新意识,增强自主创新能力。另外,各尽其责还意味着心系祖国的发展和建设,响应国家号召,服从国家安排。不少各行各业的海外人才,不忘国家的培养和教育,学成之后归国工作,在工作岗位上尽职尽责。此外,需进一步完善和明确工作岗位责任制。明确责任制有助于进一步明确工作范围和岗位职责,有助于完善考核和奖惩机制,从而提高生产效率,发展社会生产力,推动经济的健康发展。

第二,从我做起,提高国民素质,共建社会主义社会文明。一般来说,国民素质是一个综合的概念,包括诸多方面,这里重点强调的是社会文明的角度。社会文明是人类文明的形态之一,既是社会发展程度的外在体现,人民获得感和幸福感的重要来源,又是社会主义的重要目标和重要特征之一。党的十八大以来,党中央高度重视培育和践行社会主义核心价值观,在党和国家的积极引导之下,当前的社会道德风尚有了明显好转,人民素质有了明显提高。习近平总书记在党的十九大报告中指出,要"把社会主义核心价值观融入社会发展各方面,转化为人们的情感认同和行为习惯"。[①] 要提高人民思想觉悟、道德水准、文明素养,提高全社会文明程度。在构建文明社会的过程中,要从我做起,注重培养社会成员的公共精神和社会责任感。其中,共享经济的产生和发展,既进一步唤醒了公共精神和社会责任感,又暴露出许多相应的问题。共享经济是应时代发展而产生的,是节约资源,追求效率最大化的产物,社会成员对共享经济经历了从陌生到熟悉的过程。对共享物品只有使用权,而没有所有权,其取得、

---

① 《习近平谈治国理政》第 3 卷,外文出版社,2020,第 33 页。

使用和归还在较大程度上依靠公民的道德自觉。共享经济的发展强化了公共精神,但亦暴露出国民素质有待进一步提高的诸多问题。新时代的效国之行是使提高国民素质,共建社会文明成为个人的生活方式,认识到报效祖国就是规范自我的公共行为。提高公共道德素质,还需要自觉维护国家的国际形象。随着生活水平的提高,走出国门的国人越来越多,在这个过程中的确暴露出一些问题。因文化和生活习惯存在差异,以及少数同胞存在不良的生活习惯,一些外国人对国人的印象不佳,国家对外形象的提高依赖于每一个中国人道德素质和文化素养的提高。

第三,实践绿色生活方式,保护环境,实现中国特色社会主义的可持续发展。习近平总书记指出,绿水青山就是金山银山。建设生态文明是关系人民福祉、关乎民族未来的千年大计,是实现中华民族伟大复兴的重要战略任务。党的十八大提出了中国特色社会主义"五位一体"的总体布局,党的十九大明确提出到21世纪中叶把我国建设成为富强民主文明和谐美丽的社会主义现代化强国的目标,十三届全国人大一次会议通过的宪法修正案,将这一目标载入了国家根本法。提倡并实施低碳生活方式,树立节能减排意识,落实可持续发展的环保责任,促进人与自然和谐发展。报效祖国,就是以国家发展的目标为己任,以实际行动践行绿色生活方式,将生态文明的发展和建设内化为生活方式的常态。在实际生活中,可以选择公共交通出行,减少汽车尾气排放,缓解交通拥堵压力。使用环保袋,减少使用塑料袋,自带水杯,减少使用一次性杯子,养成用完随手关闭电器电源的习惯,避免浪费电力等。

回顾中华民族的历史,无数中华儿女用自身的效国之行,为中华民族的发展谱写了壮丽的篇章,为我们树立了榜样的力量。榜样在前,为我们续写新时代的建设篇章提供精神动力。在以爱国主义为核心的民族精神力量的指引之下,全体社会成员立足自身,投身到实践之中,尽己所能,共同建设中国特色社会主义道路,实现中华民族伟大复兴。

## 第三节 以改革创新为核心的时代精神

不同的时代,有不同的精神凝聚。时代精神反映时代的特色,彰显社

第三章 核心精神的历久弥新：新时代精神文明建设的精神系统

会历史发展的阶段特点。当代中华民族的时代精神是在波澜壮阔的改革开放历史进程之上形成的以改革创新为核心的时代精神。通过改革开放的历史，我们既可以看到革故鼎新的创新精神，又可以看到与时俱进的务实精神，既有自强不息的奋斗精神，又有自我革命的斗争精神。正是在这些时代精神的引领下，中国特色社会主义道路不断前进、发展。

## 一 革故鼎新的创新精神

中国共产党带领下的中国人民之所以能够不断从胜利走向胜利，正是因为党注重解放思想，不断创新。尤其是改革开放以来，中华民族，尤其是中国共产党不断用创新的理论指导实践，实现了理论素养和思想观念的提高，加深了对历史规律和执政规律的把握，从而使中国特色社会主义事业始终走在正确的轨道中，成为革故鼎新的创新精神的核心内容。

创新精神的重要体现是解放思想和党的理论创新，只有做到解放思想和理论创新，才能加强党的领导。党的领导要想不落后于形势，不脱离现实，就必须做到解放思想，加强理论创新，解放思想和理论创新是加强党的领导的关键和核心。加强党的领导是推动解放思想的根本前提。解放思想，就是在中国特色社会主义理论体系指导下，冲破种种不合时宜的思想观念和体制机制的束缚。只有在科学理论的指导下，进一步加大解放思想的力度，冲破一切阻碍发展的思想观念，不断研究新情况、新问题，使思想认识符合客观实际，做到永不自满、永不僵化、永不懈怠、永不停滞。领导越深入，思想解放就越彻底。加强党的领导是党的思想建设的核心内容，是解放思想的关键所在。解放思想要用习近平新时代中国特色社会主义思想武装头脑，要把学习贯彻习近平总书记重要讲话和重要指示精神作为根本性举措，使理论符合实际，使思想合上时代的节拍，更加自觉主动地投身伟大斗争、建设伟大工程、推动伟大事业、实现伟大梦想。

不解放思想，不进行理论创新，党的领导就不能得到有效的加强。解放思想和理论创新二者之间密切关联，相辅相成，互为条件。历史表明，没有思想解放，就不会有理论的创新，也不会有正确理论的指导。解放思想就是要破除旧观念，如果做不到解放思想，就不能做到理论创新，解放思想是理论创新的前提。理论创新是指人类在开拓进取的社会实践活动中，对不断出现的新情况、新问题作新的理性分析和理论解答，对认识对象或实践对象的本质、规律和发展变化的趋势作新的揭示和预见，对人类历史经验和现实经验作新的理性升华。解放思想必须通过理论创新来体现，如果解放思想不以理论创新的形式表现出来，对解放后的思想不进行理论上的提炼和概括，这种思想往往会流于主观主义，只有上升到理论创新之上的解放思想才能保证思想解放的成果具有普遍有效性。在破旧立新的过程中，解放思想与理论创新紧密结合，并通过理论创新实现其对人类历史进步的推动作用。理论创新是解放思想的结果。理论创新就是要实现思想的突破，打破固有的思维形式和旧有的思维框架，只有在对那些不再适合社会和历史发展要求的旧思想、旧思维的否定和超越中，符合社会和历史发展的新思想和新思维才能得以形成和确立。

  作为创新精神核心内容的解放思想和理论创新是唯物辩证法的内在要求。所谓解放思想，就是强调要以发展的辩证的眼光对客观实际进行动态的认识。唯物辩证法就其本质来说就是从暂时性方面去理解现存的一切，它以批判的、否定的精神对待现存事物，因而唯物辩证法充满批判和革命精神。"辩证法在对现存事物的肯定的理解中同时包含对现存事物的否定的理解，即对现存事物的必然灭亡的理解；辩证法对每一种既成的形式都是从不断的运动中，因而也是从它的暂时性方面去理解；辩证法不崇拜任何东西，按其本质来说，它是批判的和革命的。"[①] 解放思想和理论创新就是要从对现存事物的肯定的理解的过程中不放弃对现存事物的否定的理解，解放思想和理论创新就是把现存事物看成暂时性的。既然事物总处在运动变化之中，思想和理论就必须始终跟随事物自身的运动而运动，否则，就会导致对事物的固化和机械的理解，自然也掌握不了事物的内在规律，导致得出错误的认识。不断解放思想本身就是一个辩证法的命题，是辩证法彻底性的体现。解放思想和理论创新就是要保持一种彻底的批判精神，没有彻底的批判精神，解放思想和理论创新都是难以实现的。"要对现存的一切进行无情的批判，所谓无情，就是说，这种批判既不怕自己所

---

① 《马克思恩格斯选集》第 2 卷，人民出版社，2012，第 94 页。

作的结论，也不怕同现有各种势力发生冲突。"① 唯物辩证法真正崇尚的是批判精神，只有对自身和权威都持批判精神，才能做到解放思想和理论创新。

同时，解放思想与理论创新是时代发展的必然要求。社会存在决定社会意识，社会意识是对社会存在的反映，要做到解放思想和理论创新，必须深入把握决定时代发展变化的物质的生活关系，这些物质的生活关系是一种客观必然性，它不以人的意志为转移。物质的生活关系总是处在运动变化的过程之中，思想和理论如果不能正确反映变化的物质的生活关系，不能深入了解每个时代的农业、工业、商业发展的状况，就不能把握决定社会意识的社会存在的内在规律、趋势和走向。物质的生活关系发生的重大变化，都会带来思想和理论上的重大飞跃。物质的生活关系决定了解放思想和理论创新的程度，它是解放思想和理论创新的客观基础。只有在思想上和理论上正确反映时代的发展状况和社会生活的发展状况，才能在思想上和理论上把握住时代的脉搏，真正体现时代精神。时代的精神蕴含在每个时代的物质的生活关系之中，做不到与时俱进，就不能使思想和理论正确地反映时代的客观发展规律。与时俱进就是把世界看成一个处在永恒运动之中的世界，世界总是处在生成之中，这种生成并没有把世界看成一个方生方死的世界，生成是以承认相对静止为前提的，即以肯定现存事物为前提的，在承认相对静止、肯定现存事物的暂时性的过程中，它是从绝对的运动，即永恒的生成中去理解事物的。解放思想和理论创新必须从相对静止和绝对运动、肯定与否定的辩证关系中去理解世界，只有以生成的眼光观察世界，解放思想和理论创新才是可能的，才能做到与时俱进。

## 二 与时俱进的务实精神

与时俱进的务实精神是以改革创新为核心的时代精神的又一重要内容。实事求是是中国共产党思想路线的核心，一切从实际出发，理论联系实际，与时俱进是实事求是思想的内在要求。

马克思、恩格斯创立的辩证唯物主义和历史唯物主义，突出强调的就

---

① 《马克思恩格斯文集》第10卷，人民出版社，2009，第7页。

是实事求是。实事求是，是毛泽东同志用中国成语对辩证唯物主义和历史唯物主义世界观与方法论所作的高度概括。坚持实事求是，就是坚持一切从实际出发来研究和解决问题，坚持理论联系实际来制定和形成指导实践发展的正确路线方针政策，坚持在实践中检验真理和发展真理。我们党是靠实事求是起家和兴旺发展起来的。正如邓小平同志所指出的："过去我们搞革命所取得的一切胜利，是靠实事求是；现在我们要实现四个现代化，同样要靠实事求是。"① 实事求是作为党的思想路线，它始终是马克思主义中国化理论成果的精髓和灵魂，即是毛泽东思想的精髓和灵魂，是包括邓小平理论、"三个代表"重要思想以及科学发展观在内的中国特色社会主义理论体系的精髓和灵魂；它始终是中国共产党人认识世界和改造世界的根本要求，是我们党的基本思想方法、工作方法和领导方法，是党带领人民推动中国革命、建设、改革事业不断取得胜利的重要法宝。坚持实事求是，就必须坚持一切从实际出发。为什么想问题、作决策、办事情必须从实际出发，而不能从本本出发呢？因为实际事物是具体的，而本本是对实际事物研究、抽象的结果，不能成为研究问题和作决策的出发点，出发点只能是客观实际。要了解客观实际，就必须深入群众、深入实践进行调查研究，把客观存在的事实搞清楚，把事物的内部和外部联系弄明白，从中找出能够解决问题、符合群众要求的办法来。所以，调查研究是从实际出发的中心一环。没有调查就没有发言权，没有调查也没有决策权。

坚持实事求是，就必须坚持与时俱进。中国共产党是一个理论性政党，党的先进性是通过其思想解放和理论创新实现的，中国共产党如果不能做到与时俱进，党的先进性和纯洁性就会受到威胁。新时代中国特色社会主义的重要内容之一就是要做到与时俱进，理论强党。如果不能在思想上和理论上精准把握当代世界的脉搏，体现时代精神，就不能永葆党的生命力。

面对不断变化的世界现实，必须在思想上和理论上进行高度概括与总结，从而得出正确的认识，使中华民族的建设实践得到正确理论认识的指

---

① 《改革开放三十年重要文献选编》（上），中央文献出版社，2008，第3页。

引。改革开放以来，中国共产党带领中国人民取得了伟大的历史成就，这是由于党能够从历史经验中和现实经验中不断进行理论总结，形成了一整套合理有效的制度，制定出符合中国发展实际的一系列路线、方针、政策，使中国共产党永远走在正确的轨道中。没有与时俱进，求真务实，中华民族就不可能在实践中做到坚强有力。中国特色社会主义的本质特征是中国共产党的领导，中国共产党正是因为在思想建党、理论强党上有所作为，始终站在时代发展的潮流之前，才没有思想僵化，迷信盛行。

需要注意的是，与时俱进的务实精神需牢牢立足社会主义初级阶段这个最大实际。务实就是要从当代中国最大的客观实际出发，而不能从观念的主观本性出发。当代中国最大的客观事实是什么？就是我国仍处于并将长期处于社会主义初级阶段，这是我们认识当下、规划未来、制定政策、推进事业的客观基点。中国的实际是进行建设和发展的前提，创新一刻都不能脱离中国的实际。只有始终关注中国经济社会发展等各种关系的客观本性，不断研究执政规律，才能创造出符合中国发展实际的道路、制度、理论和文化。"任何超越现实、超越阶段而急于求成的倾向都要努力避免，任何落后于实际、无视深刻变化着的客观事实而因循守旧、固步自封的观念和做法都要坚决纠正。"① 中国特色社会主义进入新时代，我国社会主要矛盾已经转化为人民日益增长的美好生活需要和不平衡不充分的发展之间的矛盾。正是由于在发展过程中存在着不平衡不充分问题，决定了中国特色社会主义仍然处在初级阶段，这就是中国面临的最大实际，这种发展状况就是生产关系的客观本性。所以，"必须认识到，我国社会主要矛盾的变化，没有改变我们对我国社会主义所处历史阶段的判断，我国仍处于并将长期处于社会主义初级阶段的基本国情没有变，我国是世界最大发展中国家的国际地位没有变"。② 我国仍处于社会主义初级阶段的客观状况，决定了党的路线、方针、政策的制定和执行都必须紧紧围绕这个客观事实，最大限度地发挥社会主义在解放生产力和发展生产力方面的优势。

---

① 《十八大以来重要文献选编》（上），中央文献出版社，2014，第696页。
② 《习近平谈治国理政》第3卷，外文出版社，2020，第10页。

值得注意的是，随着时代的变化和发展，新生事物的出现会带来新的问题。在时代精神的提炼和总结过程中，需要注意加强有效的监督和进行正确的引导。改革开放以来，随着文化价值观的多元化发展以及国内外反共反华势力对我广泛开展西化分化活动，在网络新媒体平台上，争夺意识形态领导权、话语权的斗争日益激烈。习近平总书记强调指出："一个政权的瓦解往往是从思想领域开始的，政治动荡、政权更迭可能在一夜之间发生，但思想演化是个长期过程。思想防线被攻破了，其他防线就很难守住。我们必须把意识形态工作的领导权、管理权、话语权牢牢掌握在手中，任何时候都不能旁落，否则就要犯无可挽回的历史性错误。"① 为此，我们必须加强两个方面的工作。一是加强正面的宣传教育工作，加强对爱国主义精神的宣传教育。二是加强反面的批判反击工作。这两方面工作我们在很长一段时期忽视了，放松了，怕担"左"之污名。实际上，思想阵地我们自己不去占领，别人就一定会去占领。如果反共反华势力占领了思想阵地，那么，我们的意识形态领导权、管理权、话语权就必然丧失，随之而来的，就是政权更迭。同时，在培育与颂扬爱国主义精神过程中，要用法律手段坚决打击那些污蔑英雄，诋毁先烈，歪曲爱国主义历史的行为。2018年4月27日，由中华人民共和国第十三届全国人民代表大会常务委员会第二次会议通过的《中华人民共和国英雄烈士保护法》，自2018年5月1日起施行。《中华人民共和国英雄烈士保护法》以法律的形式，加强对英雄烈士的保护，维护社会公共利益，传承和弘扬英雄烈士精神、爱国主义精神，培育和践行社会主义核心价值观，激发实现中华民族伟大复兴中国梦的强大精神力量。

### 三 自我革命的斗争精神

习近平总书记曾多次指出自我革命的重要性，他提出越是长期执政，越不能忘记党的初心使命，越不能丧失自我革命精神。在以改革开放为核心的时代精神中，自我革命的斗争精神既是中国共产党百余年历史的精神凝练，又是保持党的先进性，坚持和改善党的领导，持续发展中国特色社

---

① 《习近平关于社会主义文化建设论述摘编》，中央文献出版社，2017，第21页。

## 第三章 核心精神的历久弥新：新时代精神文明建设的精神系统

会主义道路的重要精神指引。

自我革命的斗争精神形成的背景是改革开放中出现的新的利益关系、利益格局，其中有的是固化利益、既得利益，构成利益藩篱、利益壁垒，成为发展前进的重大阻力。2013年11月9日，习近平总书记在关于《中共中央关于全面深化改革若干重大问题的决定》的说明中指出："冲破思想观念的障碍、突破利益固化的藩篱，解放思想是首要的。在深化改革问题上，一些思想观念障碍往往不是来自体制外而是来自体制内。思想不解放，我们就很难看清各种利益固化的症结所在，很难找准突破的方向和着力点，很难拿出创造性的改革举措。因此，一定要有自我革新的勇气和胸怀，跳出条条框框限制，克服部门利益掣肘，以积极主动精神研究和提出改革举措。"[①] 只有这样，思想解放才能看清各种利益固化的症结所在，才能找准突破的方向和着力点，才能拿出创造性的改革举措。将改革进行到底，要求我们以勇于自我革命的气魄、坚忍不拔的毅力推进改革，敢于向积存多年的顽瘴痼疾开刀，敢于触及深层次利益关系和矛盾，坚决冲破思想观念束缚，坚决破除利益固化藩篱，坚决清除妨碍社会生产力发展的体制机制障碍，以坚决的自我革命推动深刻的社会革命取得最后胜利。改革是人民的利益所系、希望所在，是团结带领人民共同奋斗的旗帜。全面深化改革是一场深刻革命，要想推进社会公平正义，改革利益分配机制，就需要克服利益关系调整、利益格局重塑时遇到的重大阻力，破除阻碍国家和民族发展的一切思想和体制障碍。

自我革命的斗争精神的重要内容是不忘初心，牢记使命。不忘初心，是时刻牢记以人民为中心。在改革开放的进程中所形成的坚持以人民为中心的思想，是习近平新时代中国特色社会主义思想的核心内容，是对马克思主义唯物史观的历史传承和创新发展，是我们党领导中国革命、建设和改革发展实践的经验总结，是中国共产党人不忘初心和使命的时代要求。人民是创造历史的动力，我们共产党人任何时候都不要忘记这个历史唯物主义最基本的道理。强调党的根基在人民、力量在人民，坚持以人民为中心推进中国特色社会主义伟大事业，是马克思主义唯物史观的内在要求，

---

① 《十八大以来重要文献选编》（上），中央文献出版社，2014，第509页。

是中国特色社会主义的根本特征和动力所在。人民立场是中国共产党的根本政治立场，是马克思主义政党区别于其他政党的显著标志。中国共产党是人民利益的忠实代表，其宗旨就是全心全意为人民服务，为人民谋最大利益，实现人的全面发展。中国共产党除了人民的利益，没有自己特殊的利益。为此，必须立党为公、执政为民，权为民所用、情为民所系、利为民所谋。习近平同志指出："始终坚持全心全意为人民服务的根本宗旨，是我们党始终得到人民拥护和爱戴的根本原因。"[①] 坚持以人民为中心，一切为了人民、一切依靠人民，坚持人民利益高于一切，是永葆党的创造力、凝聚力、战斗力的关键所在。党性和人民性从来都是一致的、统一的，党的性质和宗旨决定了党的一切工作的出发点和落脚点都是为了人民。党性和人民性都是整体性的政治概念，党性是从全党的角度而言的，人民性是从全体人民的角度而言的，牢固地站在全党立场，牢固地站在全体人民立场，这是真正把握好党性和人民性关系的要义。

自我革命的斗争精神的落脚点和出发点始终是实现好、维护好、发展好最广大人民根本利益，既聚焦解决人民群众最关注的热点难点焦点问题，又着力维护和实现人民群众在经济、政治、文化、社会、生态等各方面的权益，在整体推进、重点突破中推动中国特色社会主义事业不断向前发展。习近平同志指出："以人民为中心的发展思想，不是一个抽象的、玄奥的概念，不能只停留在口头上、止步于思想环节，而要体现在经济社会发展各个环节。"[②] 要坚持人民主体地位，顺应人民群众对美好生活的向往，不断实现好、维护好、发展好最广大人民的根本利益，做到发展为了人民、发展依靠人民、发展成果由人民共享。人民期盼有更好的教育、更稳定的工作、更满意的收入、更可靠的社会保障、更高水平的医疗卫生服务、更舒适的居住条件、更优美的环境，期盼孩子们能成长得更好、工作得更好、生活得更好。检验我们一切工作成效的标准，最终都要看人民是否真正得到了实惠，人民生活是否真正得到了改善，人民权益是否真正得到了保障。

---

① 《十七大以来重要文献选编》（下），中央文献出版社，2013，第1025页。
② 《习近平关于全面建成小康社会论述摘编》，中央文献出版社，2016，第158页。

### 第三章 核心精神的历久弥新：新时代精神文明建设的精神系统

自我革命的斗争精神的动力始终是带领人民创造美好生活。必须始终把人民利益摆在至高无上的地位，让改革发展成果更多更公平惠及全体人民，朝着实现全体人民共同富裕的目标不断迈进。在治国理政理念上坚持以人民为中心，更加突出人民群众的主体地位，把人民群众作为改革、发展、创新的主体；始终牢记全心全意为人民服务的根本宗旨，把人民利益放在第一位，把人民群众对美好生活的向往作为我们的奋斗目标；牢固树立立党为公、执政为民的执政理念，切实解决好"我是谁、为了谁、依靠谁"的问题。时刻将人民利益放在首位，明白人民真正的需求是什么，这样才能制定正确的、有利于人民的政策，才能取得真正的成果。

自我革命的斗争精神就是改革开放以来，中国共产党始终秉持以人民为中心的发展思想，勇于革命，从严管党治党，发展积极健康的党内政治文化，全面净化党内政治生态，坚决纠正各种不正之风，以零容忍态度惩治腐败，不断增强党自我净化、自我完善、自我革新、自我提高的能力，始终保持党同人民群众的血肉联系。这种精神体现了对共产党执政规律、社会主义建设规律、人类社会发展规律的深刻认识和自觉运用。以习近平同志为核心的党中央提出坚持以人民为中心的思想，创造性地运用和发展了唯物史观关于人民群众创造历史的基本原理。坚持以人民为中心的思想，鲜明地体现了马克思主义政党的政治立场和执政理念，体现了共产党人的价值取向和工作导向，体现了改革开放以来的时代精神。

# 第四章　文化自信的三大源泉：新时代精神文明建设的文化系统

## 第一节　中华优秀传统文化滋养精神根基

　　文化是一个国家、一个民族的精神家园，体现着一个国家、一个民族的价值取向、道德规范、思想风貌及行为特征。习近平总书记在庆祝中国共产党成立100周年大会上提出了"坚持把马克思主义基本原理同中国具体实际相结合、同中华优秀传统文化相结合"①的新论断，党的十九届六中全会在《中共中央关于党的百年奋斗重大成就和历史经验的决议》中进一步把坚持"两个结合"作为我们党进行理论创新的一个根本所在，并指出，"中华优秀传统文化是中华民族的突出优势，是我们在世界文化激荡中站稳脚跟的根基，必须结合新的时代条件传承和弘扬好"。党的十八大以来，习近平总书记全面、系统地推进了马克思主义和中华五千余年文明的结合，提出了诸多新理念新思想，科学回答了中华文明向何处去的重大问题，也为人类文明发展提供了中国方案。传承弘扬中华优秀传统文化，是推进社会主义文化强国建设、提高国家文化软实力的重要内容。

### 一　传承发扬中华传统美德

　　习近平总书记指出："中华优秀传统文化是中华民族的精神命脉，是涵养社会主义核心价值观的重要源泉，也是我们在世界文化激荡中站稳脚

---

① 习近平：《在庆祝中国共产党成立100周年大会上的讲话》，人民出版社，2021，第13页。

跟的坚实根基。"① 习近平在纪念孔子诞辰 2565 周年国际学术研讨会暨国际儒学联合会第五届会员大会开幕会上对中华优秀传统文化的重要价值、重大影响和时代意义做了深刻阐述。从《关于进一步加强和改进大学生思想政治教育的意见》到《关于培育和践行社会主义核心价值观的意见》的出台，再到《完善中华优秀传统文化教育指导纲要》《关于实施中华优秀传统文化传承发展工程的意见》等系列文件的印发，加强对优秀传统文化思想价值的挖掘与弘扬，汲取传统文化中的思想精华，赋予其新的时代内涵，使之与中国特色社会主义相适应，是培育和践行社会主义核心价值观的有效载体。

（一）返本开新：中华优秀传统文化的现代价值评估方法论自觉

要对以儒家文化为代表的中国传统文化这一博大精深而又良莠杂陈的文化传统进行系统评价，首先要有一种方法论的自觉。西汉之后的儒学意识形态化，使其在历史发展过程中发生变异，具有了与它作为学术思想存在的不同面目，甚至成为传统社会的"替死鬼"。因此，我们要在新时代精神文明建设过程中对儒家传统文化作出正确的评估、继承和创新，首要就是还儒家思想以本来面目，从儒家思想的原义、他义与今义来正确认识儒家传统文化。正如汤一介先生在北大成立儒学研究院时对一些误解声音的解释："我们建立儒学研究院不是为了'复古'，而是为了'创新'，是希望把我们这个有 5000 年文化传统的文化复兴起来，是希望把我们这个有 5000 年文化传统的文化复兴起来。"② 对儒学要"返本开新"，"返本"就是返孔孟之本，返中华文化源头之本，以此了解我们自身文化的真精神，"开新"就是要适应人类社会发展的新形势而更新自身文化。

儒家经由两千多年的发展，在小农自然经济和宗法血缘关系基础上形成了自己的思想体系，这一体系由孔子、孟子、荀子等先秦儒学思想家奠定了思想的基础和理论格局，再经汉儒进行系统化的整理与论证，最后经宋儒逻辑的梳理与思辨论证而基本定型并影响至今。孔子思想体系的理论

---

① 习近平：《在文艺工作座谈会上的讲话》，人民出版社，2015，第25页。
② 《汤一介：全盘否定传统文化的极致是"无法无天"》，观察者网，2011年2月12日，https://www.guancha.cn/ZhuXueQin/2011_02_12_53885.shtml。

核心是"仁"与"礼",二者的辩证发展构成了儒学的基线。回到"儒"的具体历史情境,从"仁"与"礼"的分离与结合的关系上去把握"儒"之身份特征与精神演变,可以帮助我们更准确地把握明确儒家传统文化思想的原义、他义与今义。

"礼"的出现早于"仁","礼"表示祭祀的容器,本意是敬奉神明,"其起源和核心是尊敬和祭祀祖先"。① 在第一个阶段,也是最初阶段,原始礼仪中所体现的尊敬、平等、慈爱等品德并非建立在等级观念之上,是"礼"的早期形态。"儒"最初也是由古代神职人员演化而来,负责祭祀祖先,主持丧葬之礼,即"相礼之儒"。《说文解字》中对"儒"的解释是:"儒,柔也,术士之称。从人,需声。"在第二个阶段,进入奴隶社会后,"礼"的内涵由单纯祭祀天地、鬼神、祖先的形式跨入到全面制约人们行为的领域,开始打上阶级的烙印。虽然此时的"礼"在施政教化、规范人们的行为等方面起到了一定的作用,如"礼学三著作"(《周礼》《仪礼》《礼记》)代表周礼已达到系统完备的阶段,但其根本目的在于不断强化人们的尊卑意识,以维护统治阶级的利益。在这一过程中,儒者也逐渐由贱民阶层上升为独立的智者阶层。随着西周政治的发展与演化,当"礼"成为氏族贵族的专用品之后,就意味着它与原始礼仪及其所包含的种种人道原则的分离,使"礼"完全成为等级森严的制度工具。

孔子有感于"礼崩乐坏"的形势,经过一个艰难而漫长的过程,创立了儒家学派,以"仁"与"礼"为核心,并且将二者融会贯通在一起,"仁"的思想基础和出发点是血缘关系上的"孝悌","仁"的精神是"爱人",这些思想包含了远古原始礼仪中的一些人道原则。儒家将这种抽象的道德通过"礼"来实现,即"克己复礼为仁"(《论语·颜渊》),"仁"为其根本与目的,"礼"是具体的行为规范和准则。可见,儒家传统思想体系的原义既是对人类文明既往思想集大成式的总结与概括,也是不以功利主义为目的的思维创造活动。孔孟之后,儒家思想有发展也有偏离,有创新也有扭曲。如在封建等级宗法制度操控下,出现的"礼教吃人"现象,使儒学异化为一种摧残人性的东西,这也是由儒家思想作为统治阶级

---

① 李泽厚:《孔子再评价》,《中国社会科学》1980年第2期。

意识形态的工具价值所决定的，进而逐渐表现出一种以维护封建统治为宗旨的妥协和修正，背离了儒学的原义。从辛亥革命到"文化大革命"以来，儒学似乎就一直都是被批判的对象，甚至被当成封建残余而彻底否定。因此，要对儒学作出正确的评估，就需要剥离出其被异化的东西，剔除旧时代的烙印，结合新的时代，根据中央精神做好创造性的转化和创新性的发展，如对新仁学、新礼学、新心学的研究。

**（二）承故鼎新：中华优秀传统文化运用于新时代精神文明建设的必要性、可能性与相通性**

*1. 必要性："中国梦"的生命特质一定程度上凝聚了中华优秀传统文化的精华*

思想要内化于心并外化于行，才会具有恒久生命力。培育和践行新时代文明精神，本身并不是最终目的，而是夺取中国特色社会主义的新胜利，实现中国梦从理想到现实的实践过程。社会主义核心价值观是中国梦不可或缺的价值内核，是社会主义核心价值体系的最凝练概括。"中国梦"是建立在文化自觉基础上的，既有超越性又有现实性，而中国传统文化则是实现"中国梦"的文化基因。

中国梦的生命特质，是在中国特色社会主义实践的过程中实现中华民族的伟大复兴，追求国家富强、民族振兴、人民幸福，这既是整个民族的共同愿望，也是每个个人的奋斗目标。中国梦能迅速成为民族和国家的共识，主要原因之一就源于中国梦凝聚了中华优秀传统文化的精华，具有深厚的历史渊源和广泛的现实基础。

首先，中国梦是强国梦，是中华民族自强不息精神的真实写照，国家富强人民才可以安居乐业。中华民族创造过人类历史上的繁荣和辉煌，然而近代中华民族所遭遇的苦难，使得民族复兴成为全体中华儿女的宏愿。而激励中华民族为复兴而前赴后继的正是以自强不息、刚健有为、仁为己任为代表的传统文化精神，这是我们的"国魂"。

其次，中国梦是复兴梦，只有实现民族的伟大复兴，才能激发人民的斗志，建设富强文明的国家，保障人民幸福美好的生活。民族的复兴不仅意味着国家经济社会的全面发展，更意味着国家"软实力"的增强，能够在世界多元文化发展过程中，通过对话与交流，以高度的文化自觉和文化自信形成社会主义先进文化。"灭其国者先去其史",中华优秀传统文化思想中存在着的不朽民族精神和文化价值观是中华民族提升"软实力"的重要精神载体。

最后,中国梦是人民梦,实现人民幸福是国家富强、民族振兴的落脚点,中国梦归根到底是人民的梦。"仁者爱人,民为贵,君为轻,社稷次之"等民本思想是中华优秀传统文化的精华,也是推动中华民族不断发展进步的内在精神力量。

2. 可能性:中华优秀传统文化思想体系本身具有的活性因素

中华优秀传统文化中的儒家思想体系从先秦儒学思想家开始,经汉儒到宋儒的梳理与论证,再到儒学第三期的现代性转化,可以看出儒学一直是不断走向开放、完善的思想学说,自身具有包容性和开放性。"海纳百川,有容乃大",这种包容性和开放性体现在以儒学为核心的传统文化是在兼容诸子百家,融合道、佛文化的基础上而形成的文化体系。虽然其间也经历了五四打倒"孔家店","文化大革命"时期的全民性批孔运动,但儒学仍以其顽强的生命力在保持其基本特质的同时,又不断创造着新的儒学思想系统,正所谓:"苟日新,日日新,又日新。"

3. 相通性:儒学的人学主旨与新时代精神文明建设主旨的相通性

儒学是人学,是人文化成之道,是躬身修己之学,这与新时代精神文明建设的主旨具有相通性,儒学关于人的本质、人的价值、人格修养以及人的理想等问题对于新时代精神文明建设的传承与创新具有重要的借鉴意义。"性相近,习相远"(《论语·阳货》),指出了人的社会属性才是人的本质属性,人的社会性差别主要在于后天的教育问题;"仁者爱人"(《孟子·离娄下》),"人人有贵于己者,弗思耳矣"(《孟子·告子上》),肯定了人的尊严与价值,对后世注重人的价值起到了巨大的作用;"修己以安人"(《论语·宪问》),"我欲仁,斯仁至矣"(《论语·述而》),表明儒学对人格修养的强调;"老有所终,壮有所用,幼有所长,矜寡孤独废疾者,皆有所养"的理想追求对后世的影响至深,共产主义的理想描述与此也有相似之处。

## 第四章 文化自信的三大源泉：新时代精神文明建设的文化系统

### 二 建设中华民族共同精神家园

一个新的思想价值体系，是在特定的民族文化环境中产生和发展起来的，要取得创新和发展，必定要充分吸收中华优秀传统文化的精华，并对中国传统文化进行升华与再创新。社会主义核心价值观是国家和民族的文化积淀与思想结晶，也必须扎根于中华传统文化的土壤。社会主义核心价值观强调的"三个倡导"，正是以儒家优秀传统文化作为重要来源，并与现代社会相协调，赋予其新的内涵，这是我们深刻把握价值观的发展规律，增强文化自信和价值观自信的表现。

**（一）以"天下兴亡、匹夫有责"为重点的家国情怀教育在新时代精神文明建设中的延伸**

孟子有云："天下之本在国，国之本在家，家之本在身"（《孟子·离娄上》），"家国情怀"是儒家传统文化资源中最珍贵也是最活跃的精神资源，在构建现代中华民族国家的过程中，它发挥了难以估量的积极作用。今天，在新时代精神文明建设中，以"天下兴亡、匹夫有责"为重点的家国情怀教育又有了新的拓展与发展。

从"家国情怀"衍生出的中华民族精神中，我们可以找到"富强、民主、文明、和谐"的丰富营养因素。中华优秀传统文化强调"天行健，君子以自强不息""大道之行也，天下为公"，强调"天下兴亡，匹夫有责"，这些中华民族的文化基因潜移默化地影响着中国人的思想方式和行为方式，对形成和巩固中国多民族的团结统一，发挥了重要的作用。习近平总书记指出："国家好，民族好，大家才会好。"[①] 这是对"家国情怀"和"中国梦"的通俗阐释和解读，强烈的爱国主义精神构成了中华优秀传统文化的核心和基石。

中华民族最基本的文化基因要与现代社会相协调，在新时代精神文明建设过程中，"家国情怀"仍是价值观的核心。它首先体现为对国家的一种高度认同感和归属感，"未有我之先，家国已在焉；没有我之后，家国仍永存。多少沧桑付流水，常念家国在心怀"，这种"家国同构"的社会

---

[①] 《习近平谈治国理政》第 1 卷，外文出版社，2018，第 36 页。

传统将个人追求与社会目标统一了起来；其次，"家国情怀"体现为对自己国家的一种高度责任感和使命感，"苟利国家生死以，岂因祸福避趋之"，"先天下之忧而忧，后天下之乐而乐"，这些宝贵的文化精髓是弘扬核心价值观的重要支撑。"中国梦"继承和发展了中国优秀传统文化，实现"中国梦"既是国家的事、民族的事，也是我们每个人的责任。

**（二）以"轻利尚义"为重点的社会正义理想在新时代精神文明建设中的拓展**

"義"，从字面上讲，从羊，从我，与善、美同义。儒家注重"义利之辨"，凸显"重义轻利""义立而王""义以为质为上"的核心价值原则及价值导向，有着可以向自由、平等、公正、法治进行创造性转化的宝贵资源。《论语·里仁》说："君子喻于义，小人喻于利"，要求君子须"见利思义"，"义然后取，人不厌其取"（《论语·宪问》），"不义而富且贵，于我如浮云"；孟子更是提出"二者不可得兼，舍生而取义者也"（《孟子·告子上》）。可见，"义"一直是儒家文化中很重要的一个范畴。在"仁义礼智信"五个基本范畴中，"义"是连接"仁"与"礼"的关键，孟子说："仁，人心也；义，人路也"（《孟子·告子上》），"夫义，路也，礼，门也，惟君子能由是路出入是门也"（《孟子·万章下》）。就是说，仁就是人心，而义就是人所要走的正路，是通达礼门的必由之路。虽然孟子把"义"放在个人与社会层面上一起来讲，不过其着力点仍在个体的道德标准而非社会制度的道德标准上。荀子进一步发展了孔孟的义利观，并首先使用"正义"一词，荀子说："正利而为谓之事，正义而为谓之行"（《荀子·正名篇》），就是说，出于利的目的而又不失其正而做的，叫做事；符合义的标准而去做的，就是德行。"人何以能群？曰：分。分何以能行？曰：义。"（《荀子·王制》）荀子的群分思想，将"义"的个人的道德标准上升到了社会制度的道德标准高度。在西方思想史上，对正义的探讨和思索，经历了古希腊时期美德正义论、中世纪神学正义论、近代功利与契约主义正义论和当代分配正义论的过程，这也是正义从个人道德到社会制度的转变过程，而中国的这种转变更早，是今天我们在社会层面倡导公平正义价值观念的重要精神来源。

### （三）以"无信不立""信于义理"为重点的人格修养教育在新时代精神文明建设中的传承

"信"从"人"从"言"，常与忠、诚连语为忠信、诚信，是个人安身立命之根本，社会发展延续之基石，也是为政治国之根本。孔子说："人而无信，不知其可也。"（《论语·为政》）意思是说一个人只有以诚信为本，才能立足于社会，才会事业有成。真的存在是本质的存在，本质的存在是最有价值的存在，而人的生活也只有在符合自己本质的时候，才是真正的道德生活，这种天然的德性化为自然的行为，也就是孟子说的"诚者天之道，思诚者人之道"（《孟子·离娄上》）。今天，"诚信"同样也是"为人之本""兴国之基"，个人的为人处世、社会市场的延续发展，都要讲究诚信，对于为政者而言，若损信于民则国必乱，失信于民则国必危。当前我国社会各个领域诚信缺失现象严重，有必要也必须重拾诚信之根本，积极倡导和培育以"诚信"为道德基础的公民诚信道德建设，弘扬诚信文化和增强诚信意识，完善以政府诚信和制度诚信为示范引领的社会诚信体系。

儒家强调言而有信，但并非以此来作为绝对的行为戒律，不是以信的形式至上，而是以信的本质为根本。孟子说："大人者，言不必信，行不必果，惟义所在"（《孟子·离娄下》），这就是说信必须以义理为宗，忽略义的标准而盲目"言必信"，必然导致对道德主体责任的否定而为所欲为。故而，每个人还需要忠于自己承担的社会职责和道德义务，所以我们也可以看到对儒家思想中"愚忠"的批判，实质是未把握其思想根本，孔子以及《论语》中提到的"忠"不是逆来顺受，绝对服从，而是实事求是，客观公正，诚实不欺。孔子曾赞美三贤，"微子去之，箕子为之奴，比干谏而死"（《论语·微子》），将他们视为"忠"的模范。

今天，我们以新的视角来看待儒学中的"忠"，正是"敬业"价值观的最好体现，要立足本职岗位做好本职工作，忠于职守，尽职尽责，全心全意为人民服务。今天现实生活中出现的一些信用失范缺乏责任心、无视规则纪律涣散、行业谋私中饱私囊等现象，严峻地考验着我们的职业道德、职业态度和职业精神。培育和践行社会主义核心价值观的敬业精神，应该学习借鉴传统儒学人格修养中关于"问责"的做法，知晓应承担的社会责任在哪里,边界在哪里,做到岗位权、责、利的统一。

### 三 创造性转化与创新性发展

党的十九届六中全会通过的《中共中央关于党的百年奋斗重大成就和历史经验的决议》指出:"习近平新时代中国特色社会主义思想是当代中国马克思主义、二十一世纪马克思主义,是中华文化和中国精神的时代精华,实现了马克思主义中国化新的飞跃。"这一重要论断彰显了党的理论创新最新成果的重要地位和重大贡献。其中,"中华文化和中国精神的时代精华"这一全新表述,进一步揭示出习近平新时代中国特色社会主义思想与中华优秀传统文化的内在关联。该决议指出,"中华优秀传统文化是中华民族的突出优势,是我们在世界文化激荡中站稳脚跟的根基,必须结合新的时代条件传承和弘扬好"。儒家"为仁由己"的推广程序、非正式制度的潜在因素影响、"慎独自省"的内化途径,以及区别于"纯粹理性"的"实践理性",为新时代精神文明建设提供了很好的分析和借鉴视角。

#### (一)"为仁由己":中华优秀传统文化运用于新时代精神文明建设中的一种推广程序

儒家认为"仁"是人性之基,将仁义的由己及人、从小到大或由远及近的扩展作为一种信念,这便是"为仁"。"为仁由己,而由人乎哉"(《论语·颜渊》),也就是说,"仁"的实现主要在于自己,哪能依靠别人呢?可见孔子力倡"爱人"的内在自觉性,阐明了在道德修养中发挥自我主观能动性的必要性。在有了为"仁"的自觉性和主动性之后,"仁"也就不难实现了。"仁远乎哉?我欲仁,斯仁至矣。"(《论语·述而》)

儒家的这种推广程序是从"爱亲"到"济众",由家庭到社会,再到仁政爱民,最终实现仁治天下的理想。孔子在《论语·雍也》中提到"能近取譬,可谓仁之方也已"。就是说凡事能以自己作比而推己及人,可以说是实行"仁"的方法了,这里的"近"有自己或自己最亲近的人两层含义。孔子"为仁由己"的思想,对于今天培育和弘扬社会主义核心价值观仍具有重要的借鉴意义,践行社会主义核心价值观,关键在于从我做起,也只有每个人真正去践行了,推己及人,核心价值观才能在整个社会弘扬起来。

### （二）"缘人情而治礼"：中华优秀传统文化运用于新时代精神文明建设中的一种心理原则

与西方个人本位相对应，中国民族文化心理认为人活在亲人、熟人、陌生人的同心圆中，并以"己为中心"来处理天、人、物、我四种关系，更多地体现了人与人之间的一种相互依赖性，即认为个人的存在就须以对他人尽责为美德，彼此能互帮互助，故曰："仁者爱人。"经过漫长的社会生活方式积淀，这种相互依赖性逐渐形成了"关系本位心理"，所以从"关系本位"出发，如何发挥"礼"的社会秩序维持功能，就成为儒家考虑的首要问题。儒家主张"礼大于法"，走以"礼"为重、以"法"为辅的道路，以至于一种批评观点认为中国不能像西方那样发展出一套健全的制度来约束人，人治横行，法治不立，其根源就在于儒家的"礼"。

前文已对儒家的原义、他义与今义做了简要概述，儒家认为理想的社会秩序是一切制度的基石，制度会随秩序的崩溃而瓦解。从这个意义上而言，"礼"即为一种"软制度"。美国经济学家道格拉斯·诺斯将制度分为正式制度与非正式制度，他认为非正式制度是一切正式制度赖以形成的条件，也是正式制度得以有效运作的前提。只有将正式制度"因地、因时制宜"地嵌入非正式制度的文化土壤之中，才能使正式制度得以顺利运行。如民间文化与官方文化之间的张力，正是非正式制度与正式制度间多元互动的直接体现。在现实生活中，常常可以看到传统人伦关系对国家权力的一种抗衡，在基层尤其是农村，虽然社会的现代性渗透加剧了人际关系的冷漠，但传统的人伦关系，风俗习惯仍起着很重要的作用。人民生存秩序的基本原则很大程度上仍来源于日常的生活实践，而不是精英论述或现成的文本。因此，对非正式制度的重视，不仅是对正式制度的必要补充，也是正式制度有效运行的文化土壤。"老吾老，以及人之老；幼吾幼，以及人之幼"（《孟子·梁惠王上》），故而"人人亲其亲，长其长，而天下平"（《孟子·离娄上》），突出的正是人与人之间的良好情感，这是法律所做不到的。

现行的研究理论较多着眼于对正式制度的形式化研究，而忽视了"礼"的非制度化的文化因素的潜在作用，我们强调"礼"的作用，并非否定法的作用。新时代精神文明建设有必要深入了解和把握核心价值观的生成规律，将其置于一定的社会场域中把握其内核，凝练其核心，增进人们的民族文化心理认同，调动社会现实中包括儒家"仁义礼智信"在内的各种积极力量的因素，释放社会以道德伦理、情感联结、风俗习惯等为内容的非正式制度培育空间。

**（三）"知行合一"：中华优秀传统文化运用于新时代精神文明建设中的一种行为模式**

儒家从关注人与人之间的关系出发，崇尚"仁爱"观和践行"为己利他"的行为逻辑，强调认知和行为的一致性，即要在实践中把人内在的德性表现出来，这就是儒家的"实践理性"。"实践理性"有别于主体求"真"的纯粹认知理性，中国传统儒家追求的"善"或"仁"，主要是属于求"善"的实践，区别了为知而知的"纯粹理性"。儒家统知于行的知行合一观，包含了知源于行、知用于行的思想，不过这里的"行"不是社会生产实践，而主要是道德的践履。孔子在回答子张问仁时说，"能行五者于天下，为仁矣"，即能行"恭、宽、信、敏、惠"（《论语·阳货》），因此，对人恭谨、待人宽厚、交往信实、做事勤敏、给人慈惠也成为"仁行""践礼"的代表。由于注重个体具体的感悟，而不是对事物进行逻辑推理分析，儒家的实践理性也就不同于西方的"纯粹理性"而衍生的宗教信仰，所以钱穆将中国哲学概括为一种人生实践的过程。

新时代精神文明建设，目的就在于促进个体做到"知行合一"，自觉践行社会主义核心价值观。孔子所言："始吾于人也，听其言而信其行。今吾于人也，听其言而观其行。"（《论语·公冶长》）只有身体力行，才能真正成为一个有道德的社会成员。习近平总书记在北京大学师生座谈会上指出："道不可坐论，德不能空谈。于实处用力，从知行合一上下功夫，核心价值观才能内化为人们的精神追求，外化为人们的自觉行动。"[①] 因此，新时代精神文明建设，不仅要理解和把握其丰富的思想内涵与精神实质，而且还要将其融入到日常生活、社会生活和职业活动中，进而内化为自己的自觉行为，发挥人们践行核心价值观的主体能动性。

---

① 《习近平谈治国理政》第 1 卷，外文出版社，2018，第 173 页。

**（四）"慎独自省"：中华优秀传统文化运用于新时代精神文明建设中的一种评价途径**

"慎"从"心"从"真"，是"诚"的意思。自我道德的完善以"知不足"为前提，孔子说："见贤思齐焉，见不贤而内自省也。"（《论语·里仁》）"自省"就是审视自己在思想和行为上是否遵从道义的原则，正所谓"君子求诸己，小人求诸人"（《论语·卫灵公》）。"慎独"是指个人在独处时也要严格要求自己，表里如一，言行一致，《中庸》里有，"君子慎其独也"，就是一种追求道德完善的体现。只有通过不断自省，才能寻找自身的不足，进而弥补，孔子将之称为"自讼"，就是指善于解剖自己、严于律己的品质，我们党批评与自我批评的良好传统也源于此。"思过而改之"（《左传·宣公二年》），孔子提出："内省吾身，改之为贵"，"过则勿惮改"，有过错就应该不怕改正，这样才能成就自我，孔子最担心的就是"德之不修，学之不讲，闻义不能徙，不善不能改"，若当老人摔倒要不要扶也会引发全民大讨论的时候，社会和我们每一个人都应该"三省吾身"。

就"慎独自省"而言，在新时代精神文明建设过程中，应注重将社会主义核心价值观内化为每个人观念形态上的价值取向和标尺，在心理层面形成三层喑示：知畏、知同和知度。

一是知畏，就是要心有所畏，行有所止。要敬畏法纪，"不畏人知畏己知"，实际上就是要处理好他律和自律的关系，"畏人知"主要是外部约束，具有被动性，"畏己知"则是内在追求，具有主动自觉性。

二是知同，就是要择善而从，择良而处。社会主义核心价值观是引人向善的精神理念，"三人行，必有我师焉。择其善者而从之，其不善者而改之"（《论语·述而》）。在学习中养成好的价值观追求。通过道德模范的广泛宣传和感召，使核心价值观成为每个人的价值认同、价值取向和行为习惯。如此，便能把大众认同的价值标准演变并相对固化为内在的价值观、坐标尺，推动社会主义核心价值观从实然转向应然。

三是知度，就是慎欲、慎微、慎言行。懂得过度的欲望就会使人容易落入陷阱；要在细微处自律，懂得"勿以善小而不为，勿以恶小而为之"；要谨言慎行，懂得"惧则思，思则通微；惧则慎，慎则不败"。当今时代

"微"生活流行,微博、微信、微支付、微电影等已走进我们的生活,微公益、微服务等"微行为"已成为践行社会主义核心价值观的主力,随手捡起地上的纸屑、在公共交通工具上主动为老弱病残让座、过马路遵守交通规则等,这些"微行为"不仅反映了个人的文明素养,也影响着社会正能量的传递,反之,"中国式过马路"、为争座位而大打出手等负面的"微行为",则是对社会主义核心价值观的一种"践踏"。因此,身处"微"时代,我们绝不能忽视点点滴滴的"微行为",于细处、小处、实处用力,让核心价值观真正内化于心、外化于行。

实现中华优秀传统文化的创造性转化与创新性发展,要坚持做到习近平总书记强调的"四个讲清楚":"要讲清楚每个国家和民族的历史传统、文化积淀、基本国情不同,其发展道路必然有着自己的特色;讲清楚中华文化积淀着中华民族最深沉的精神追求,是中华民族生生不息、发展壮大的丰厚滋养;讲清楚中华优秀传统文化是中华民族的突出优势,是我们最深厚的文化软实力;讲清楚中国特色社会主义植根于中华文化沃土、反映中国人民意愿、适应中国和时代发展进步要求,有着深厚历史渊源和广泛现实基础。"[①] 认真汲取中华优秀传统文化的思想精华和道德精髓,深入挖掘和阐发中华优秀传统文化讲仁爱、重民本、守诚信、崇正义、尚和合、求大同的时代价值,用中华优秀传统文化为人民提供丰润的道德滋养,提高新时代精神文明建设水平。

## 第二节 革命文化铸就理想信仰

革命文化是中国共产党带领人民群众在革命时期形成的宝贵文化,集中体现了共产党人的理想信念和崇高追求。红船精神、井冈山精神、长征精神、延安精神、西柏坡精神等宝贵文化资源和精神养分,具有不可磨灭的重要价值。新的历史条件下,革命文化依旧是激励中国人民矢志不渝、开拓进取的强大精神支柱,以及建立文化自信的重要精神资源。习近平总书记指出:"历史是最好的教科书。对我们共产党人来说,中国革命历史

---

[①] 《习近平谈治国理政》第1卷,外文出版社,2018,第155~156页。

是最好的营养剂。多重温这些伟大历史,心中就会增加很多正能量。"① 党的十九届六中全会通过的《中共中央关于党的百年奋斗重大成就和历史经验的决议》要求:"赓续党的红色血脉,弘扬党的优良传统。"

中华民族历经沧桑而能始终保持强大的生命力、创造力和凝聚力,其根本原因在于中华民族拥有适应变革的强大理性精神内核。中国共产党百年来以开天辟地的勇气和百折不挠的执着,领导广大人民群众在革命、建设和改革的奋斗历程中,形成了特定的革命文化,从而为中国精神增添了新的内容。

党的十八大以来,习近平总书记先后到过许多革命老区考察,看望老区人民,对传承红色基因、弘扬老区精神作出重要指示。习近平指出:"革命、建设、改革各个历史时期,有无数共产党员为了党和人民事业英勇牺牲了,支撑他们的就是'革命理想高于天'的精神力量。"②"坚定理想信念,坚守共产党人精神追求,始终是共产党人安身立命的根本。对马克思主义的信仰,对社会主义和共产主义的信念,是共产党人的政治灵魂,是共产党人经受住任何考验的精神支柱。"③ 习近平关于革命文化的重要论述,为新时代利用红色文化资源加强新时代思想政治教育工作提供了根本遵循。

## 一 精忠报国的爱国情怀

2019 年 11 月印发实施的《新时代爱国主义教育实施纲要》指出爱国主义是中华民族精神的核心。中国特色社会主义进入新时代,必须大力弘扬爱国主义精神,把爱国主义教育贯穿国民教育和精神文明建设全过程。中国共产党是爱国主义精神最坚定的弘扬者和实践者,100 多年来,中国共产党团结带领全国各族人民进行的革命、建设、改革实践是爱国主义的伟大实践,写下了中华民族爱国主义精神的辉煌篇章。

---

① 《党面临的"赶考"远未结束——习近平再访西柏坡侧记》,宣讲家网,2013 年 7 月 14 日,http://www.71.cn/2013/0714/722684.shtml。
② 《习近平谈治国理政》第 1 卷,外文出版社,2018,第 414 页。
③ 《习近平谈治国理政》第 1 卷,外文出版社,2018,第 15 页。

### （一）革命文化在爱国与救亡中孕育，具有鲜明的精神特质

习近平总书记在纪念马克思诞辰 200 周年大会上指出："近代以后，争取民族独立、人民解放和实现国家富强、人民幸福就成为中国人民的历史任务。……旧式的农民战争走到尽头，不触动封建根基的自强运动和改良主义屡屡碰壁，资产阶级革命派领导的革命和西方资本主义的其他种种方案纷纷破产。"① 习近平总书记的这段话对中国近代以来为了实现救亡图存而进行的一系列抗争及其失败原因做了高度精练的概括，同时也表明实现救亡图存需要新的思想和新的力量，五四新文化成了革命意识形态即革命文化的直接源头。

马克思列宁主义为中国问题提供了解决出路，但是这一出路，并非可以直接拿来就用的，而是需要中国的先进知识分子以马克思列宁主义思想为指导，在中国的国情中逐渐探索。习近平总书记指出五四运动，"是一场以先进青年知识分子为先锋、广大人民群众参加的彻底反帝反封建的伟大爱国革命运动，是一场中国人民为拯救民族危亡、捍卫民族尊严、凝聚民族力量而掀起的伟大社会革命运动，是一场传播新思想新文化新知识的伟大思想启蒙运动和新文化运动"②，"孕育了以爱国、进步、民主、科学为主要内容的伟大五四精神，其核心是爱国主义精神。爱国主义是我们民族精神的核心，是中华民族团结奋斗、自强不息的精神纽带"。③ 中国共产党最初正是由五四先进分子组成的政党，这注定了党具有浓厚的"革命"色彩。随着中国共产党独立领导的工农武装的组建和农村革命根据地的创立，在敌强我弱的环境下，一种执着理想、艰苦奋斗、敢闯新路的革命文化开始形成。尤其在长征途中，党和红军依靠坚定的理想信念和坚强的革命意志，一次次化险为夷，最后取得了胜利，创造了难以置信的奇迹。

### （二）革命文化在民族独立与人民解放中丰富成熟，具有鲜明的民族特征

伟大战争铸就伟大精神，习近平总书记把抗战精神概括为："天下兴

---

① 习近平：《在纪念马克思诞辰 200 周年大会上的讲话》，人民出版社，2018，第 12 页。
② 习近平：《在纪念五四运动 100 周年大会上的讲话》，人民出版社，2019，第 2 页。
③ 习近平：《在纪念五四运动 100 周年大会上的讲话》，人民出版社，2019，第 3 页。

## 第四章 文化自信的三大源泉：新时代精神文明建设的文化系统

亡、匹夫有责的爱国情怀，视死如归、宁死不屈的民族气节，不畏强暴、血战到底的英雄气概，百折不挠、坚忍不拔的必胜信念。"① 抗日战争时期，中华民族的觉醒和民族精神的升华，达到了前所未有的高度，中华民族的爱国主义比以往任何时代都表现得更广泛、更强烈、更持久。"伟大抗战精神，是中国人民弥足珍贵的精神财富，将永远激励中国人民克服一切艰难险阻、为实现中华民族伟大复兴而奋斗。"② 这是习近平同志对革命文化丰富与升华的深刻揭示。

在这一时期，以毛泽东同志为核心的党的第一代领导集体，实现了马克思列宁主义与中国实际相结合的第一次历史性飞跃，并诞生了毛泽东思想，奠定了中华人民共和国的基石，孕育和形成了实事求是、理论联系实际、全心全意为人民服务和自力更生艰苦奋斗等革命精神。不仅培育了一代又一代中国共产党人和中华儿女，为中国人民的解放和民族的振兴奋斗不息，也成为鼓舞世界被压迫民族和人民进行革命斗争、探索自己道路的精神力量，在世界上产生了广泛的影响。

经过20多年的浴血奋战，中国共产党到西柏坡时期已经成为一个强大的革命政党，中国革命也处于胜利的前夕，在这个历史转折时期，中国共产党建构的革命文化日臻成熟，激励着全体共产党人、革命群众以及党领导的人民军队完成了打破一个旧世界、建设一个新世界的历史使命，并孕育形成了以"两个务必"为核心的西柏坡精神，为夺取全国政权后经受住执政考验，做了充分的精神准备。习近平总书记指出，"'两个务必'，包含着对我国几千年历史治乱规律的深刻借鉴，包含着对我们党艰苦卓绝奋斗历程的深刻总结，包含着对胜利了的政党永葆先进性和纯洁性、对即将诞生的人民政权实现长治久安的深刻忧思，包含着对我们党坚持全心全意为人民服务根本宗旨的深刻认识，思想意义和历史意义十分深远"。③

---

① 习近平：《在纪念中国人民抗日战争暨世界反法西斯战争胜利75周年座谈会上的讲话》，人民出版社，2020，第8页。
② 习近平：《在纪念中国人民抗日战争暨世界反法西斯战争胜利75周年座谈会上的讲话》，人民出版社，2020，第8页。
③ 《习近平在河北省调研指导党的群众路线教育实践活动》，新华网，2013年7月12日，http://www.xinhuanet.com/politics/2013-07/12/c_116518771.htm。

**（三）革命文化在爱国奉献与艰苦奋斗中不断深化，具有鲜明的政治本色**

艰苦奋斗是中国共产党长期倡导和培育的优良作风，是党带领人民战胜各种困难和风险、不断走向胜利的显著政治优势。自党诞生之日起，就把艰苦奋斗精神作为自己的鲜明作风，一部党史就是一部党的艰苦奋斗史。井冈山精神、长征精神、延安精神、沂蒙精神、西柏坡精神等，无一不是这种精神的体现。在社会主义建设和改革开放时期，我们党继续强调艰苦奋斗精神的重要性。毛泽东同志指出，"艰苦奋斗是我们的政治本色"。① 邓小平同志认为，"我们必须恢复和发扬党的艰苦朴素、密切联系群众的优良传统"。② 在中国共产党的号召和组织下，广大人民群众积极参加社会主义建设，先后创造出北大荒精神、大庆精神、"两弹一星"精神、红旗渠精神等，它们的共同特点是在物质极端贫乏的环境中，以建设社会主义的极大热情，战天斗地，艰苦创业，彰显了改造自然、改造社会的伟大力量。在这一过程中形成的诸多精神，与革命战争年代的艰苦奋斗、浴血奋战精神一脉相承，从而成为新中国革命文化的主流。

1. 从党的历史来看，爱国奋斗是党的极其鲜明的精神本色。

"艰难困苦，玉汝于成。"中国共产党能够一路走来，一次次从挫折中奋起的动力正是中国共产党人始终秉持艰苦奋斗的信念和作风。爱国奋斗精神是爱国情怀和奋斗精神的合称，是深怀爱国情感，为国家的独立、统一、完整，而艰苦奋斗、顽强奋斗、不懈奋斗的伟大精神。爱国是基础，奋斗是保障；爱国是情感，奋斗是行动；爱国是出发点也是落脚点，奋斗是关键点，更是爆发点、支撑点。2018年，中组部、中宣部印发的《关于在广大知识分子中深入开展"弘扬爱国奋斗精神、建功立业新时代"活动的通知》，是新时代在中华大地弘扬革命文化爱国奋斗精神、形成团结奋斗生动局面的重要实践。新时代弘扬爱国奋斗精神具有特别重要的现实意义，党的十九大报告指出，全党一定要保持艰苦奋斗、戒骄戒躁的作风，以时不我待、只争朝夕的精神，奋力走好新时代的长征路。这既是对我们

---

① 《毛泽东文集》第7卷，人民出版社，1999，第162页。
② 《邓小平文选》第2卷，人民出版社，1994，第217页。

党在长期革命、建设和改革过程中形成的艰苦奋斗精神的充分肯定，也为中国共产党人在新时代弘扬艰苦奋斗精神指明了方向，提供了遵循。

2. 从党的宗旨看，爱国奋斗是全心全意为人民服务的集中体现

人民是决定党和国家前途命运的根本力量，是我们强党兴国的根本所在。能否正确认识群众的历史地位，认识群众的伟大力量是唯物史观与唯心史观的分界岭，也是区分真假马克思主义的试金石，毛泽东是党内对群众力量认识最早、最深刻的领导人。毛泽东基于对人民群众是社会实践的直接参加者的地位和作用的认识指出："为群众服务，这就是处处要想到群众，为群众打算，把群众的利益放在第一位。"① 党的七大以来，在党章中，为人民服务始终是党坚持的唯一宗旨。因此，衡量党的一切工作和党员的一切行动的最高标准就是是否对人民有利。毛泽东强调，"共产党人必须随时准备坚持真理，因为任何真理都是符合于人民利益的；共产党人必须随时准备修正错误，因为任何错误都是不符合于人民利益的"。②

贯彻党的群众路线，必须深入群众之中，认真听取群众的意见，了解群众的呼声。丢掉艰苦奋斗的精神，追求奢靡之风，必然会脱离群众。所以，毛泽东告诫说："共产党就是要奋斗，就是要全心全意为人民服务，不要半心半意或者三分之二的心三分之二的意为人民服务。"③ 习近平总书记在2021年全国政协新年茶话会上，提出要发扬为民服务孺子牛、创新发展拓荒牛、艰苦奋斗老黄牛的精神，这也是对新发展阶段党永远保持不畏艰险、锐意进取的奋斗韧劲提出的要求。伟大梦想不是等得来、喊得来的，而是拼出来、干出来的。

3. 从文化传统看，艰苦奋斗体现了中国共产党人对中华民族优良传统的继承发扬

艰苦奋斗，是中华民族生生不息代代相传的民族基因，正是有了艰苦奋斗精神，中国人民才创造了千秋灿烂的中华文明，中国共产党靠着艰苦奋斗精神取得了革命、建设和改革开放的不断胜利，并使之升华为党的优

---

① 《建国以来重要文献选编》第5册，中央文献出版社，1993，第381页。
② 《毛泽东选集》第3卷，人民出版社，1991，第1095页。
③ 《毛泽东文集》第7卷，人民出版社，1999，第285页。

良作风。艰苦奋斗,就其本质意义来讲,是一种迎难而上、克勤克俭、顽强拼搏、不怕牺牲的精神风貌。

艰苦奋斗精神的内涵随着历史的发展而不断变化,在不同的历史时期和不同的现实条件下有着不同的内容与表现形式,从《诗经》的"其心孔艰",到"宝剑锋从磨砺出,梅花香自苦寒来",从四大发明到八大奇迹,艰苦奋斗的精神贯穿了我们民族发展的始终,正是凭着艰苦奋斗精神,中国人民才铸造出光辉灿烂的中华文明,所以,习近平总书记把中华优秀传统文化比作"根"和"魂"。

艰苦奋斗既是一种精神,也是一种品质与作风。"历览前贤国与家,成由节俭败由奢",这些传世格言都是对艰苦奋斗精神的注解。艰苦奋斗包含物质层面与精神层面。就物质层面而言,我们国家仍处于社会主义初级阶段,仍需坚持勤俭办事、厉行节约、艰苦朴素,不贪图享受、不铺张浪费、不追求排场;就精神层面而言,就是要有知难而上、以苦为乐的精神,敢于牺牲,乐于奉献,把个人价值的实现和全面建成小康社会的大业紧密联系起来。

## 二 天下兴亡的担当精神

担当是一种责任、是一种使命、是一种精神。我们党在革命、建设、改革的过程中形成的诸如井冈山精神、延安精神、沂蒙精神、雷锋精神、焦裕禄精神等伟大精神,其核心要义就是"担当精神"。毛泽东曾在《湘江评论》创刊词中指出:"天下者,我们的天下;国家者,我们的国家;社会者,我们的社会;我们不说,谁说?我们不干,谁干?"[①] 在决定党和红军命运的十字路口,党带领人民能够有所作为,不怕牺牲,需要的正是一种责任担当意识。回顾中国共产党的历史,每一步的胜利都离不开斗争和担当精神,这种责任担当是我们宝贵的精神财富,更是新时代中国特色社会主义对我们的重托和要求。只有坚守为民情怀和强化责任担当,坚持对党、对人民、对事业高度负责,才能克服险阻,攻破难关。

---

① 毛泽东:《民众的大联合》,《湘江评论》第 2 期,1919 年 7 月。

第四章　文化自信的三大源泉：新时代精神文明建设的文化系统

**（一）担当精神的时代内涵**

1. "为谁担当"：坚持为人民担当的"无私无畏"

中国共产党一经成立就把实现共产主义作为最高理想，高举为人民服务的旗帜，以实现民族复兴为己任，始终将人民群众紧密团结在周围，汇聚起人民群众建设祖国的蓬勃力量，共产主义精神的实质也是先人后己、大公无私的奉献精神。

坚持为人民服务的时代担当，是历史性和时代性的统一。中国共产党人的初心和使命，是为中国人民谋幸福，为中华民族谋复兴。这个初心和使命是激励中国共产党人不断前进的根本动力，也是我们党区别于其他一切政党的根本标志。党自成立之日起，就自觉地担当起争取民族独立和人民解放、实现国家富强和人民幸福的历史责任。一部波澜壮阔的中国共产党奋斗史，就是千千万万共产党人心怀崇高革命理想，同全体人民一道顽强拼搏，用全部心血、奉献和牺牲诠释共产党人责任担当的历史。党的十八大以来，习近平总书记多次强调"责任"和"担当"意识，特别是在中央政治局常委与中外记者的首次见面会上，习近平总书记庄严承诺"人民对美好生活的向往，就是我们的奋斗目标"①，体现了新一届中央领导集体不负重托的责任担当。

坚持为人民服务的时代担当，是忧患意识与责任意识的统一。苏轼在《思治论》中说："犯其至难而图其至远。"意思是，向最难之处攻坚，追求最远大的目标。增强忧患意识，做到居安思危，是我们党从历史兴替中得出的一条重要经验，也是我们党永葆生机活力的一个重要法宝。习近平总书记多次提及1945年毛泽东和黄炎培在延安窑洞关于历史周期率的对话，毛泽东强调跳出历史周期率，关键是让人民来监督政府，只有人人起来负责，才不会人亡政息。2013年7月，习近平总书记在西柏坡调研时也特别强调，在新的时代条件下，全党同志要不断学习领会"两个务必"的深邃思想，继续把人民对我们党的"考试"考好，使我们的党永远不变质、我们的红色江山永远不变色。这一论断，充分体现了新一届中央领导集体居安思危的忧患意识与责任担当。

---

① 《十八大以来重要文献选编》（上），中央文献出版社，2014，第70页。

坚持为人民服务的时代担当，是从严治党与人民立场的统一。1954年，第一届全国人民代表大会通过的新中国第一部宪法，规定了人民民主原则和社会主义原则。全面从严治党，就是要解决如何加强党同人民群众的血肉联系这一根本问题。习近平总书记指出："人民立场是中国共产党的根本政治立场，是马克思主义政党区别于其他政党的显著标志。"① 全面从严治党的实践充分证明"民心是最大的政治"，也更加说明检验党的建设成效最终要看民心。

2. "为何担当"：坚持为民族复兴担当的历史品格

毛泽东提出革命文化不是为地主阶级、资产阶级和帝国主义者服务的，"应为全民族中百分之九十以上的工农劳苦民众服务，并逐渐成为他们的文化"。② 革命文化的这种理论品格不仅体现了"为谁担当"的价值追求，而且蕴含了"为何担当"的历史品格，贯穿了中国共产党为人的自由全面发展而主动担当的价值追求。革命文化蕴含的为民族复兴担当的历史品格体现在正确的政治主张和实践方向上。

坚持坚定正确的政治方向对于马克思主义政党来说，必须把党的最高纲领和最低纲领统一起来，并使自己正确的政治主张化为亿万群众的行动纲领。中国共产党从建党开始，就旗帜鲜明地把社会主义和共产主义规定为自己的奋斗目标，毛泽东指出："我们共产党人从来不隐瞒自己的政治主张。我们的将来纲领或最高纲领，是要将中国推进到社会主义社会和共产主义社会去的，这是确定的和毫无疑义的。我们的党的名称和我们的马克思主义的宇宙观，明确地指明了这个将来的、无限光明的、无限美妙的最高理想。""如果不为这个目标奋斗，而空谈什么社会主义和共产主义，那就是有意无意地、或多或少地背叛了社会主义和共产主义，就不是一个自觉的和忠诚的共产主义者。"③ 习近平总书记多次强调，要牢固树立中国特色社会主义道路自信、理论自信、制度自信、文化自信，确保党和国家事业始终沿着正确方向胜利前进。这些重要论述，为新时代我们坚定政治

---

① 《习近平谈治国理政》第 2 卷，外文出版社，2017，第 40 页。
② 《毛泽东选集》第 2 卷，人民出版社，1991，第 708 页。
③ 《毛泽东选集》第 3 卷，人民出版社，1991，第 1059～1060 页。

## 第四章　文化自信的三大源泉：新时代精神文明建设的文化系统

方向指明了道路。

为民族复兴担当的历史品格体现了革命理论形成和发展的逻辑必然。鸦片战争后，无数仁人志士前赴后继、不屈不挠，进行了各式各样伟大的尝试，但终究未能实现斗争的胜利。1921年中国共产党成立后，中国的革命面貌焕然一新，中国共产党的诞生绝非偶然，它不仅是中国革命和历史发展的必然，也是中国社会政治经济发展的必然结果，体现了马克思列宁主义的普遍真理同中国革命的具体实践相结合的正确方向。

3. "如何担当"：坚持调查研究的担当方法

马克思主义的调查研究方法，不仅是进行科学研究的方法，也是无产阶级政党进行革命斗争的方法。习近平总书记指出："调查研究是谋事之基、成事之道。没有调查，就没有发言权，更没有决策权。"① 我们党和毛泽东的一个伟大贡献，正在于把调查研究应用于无产阶级政党的全部工作中，使之成为指导革命、教育干部的方法。可以说，调查研究，是马克思主义普遍真理与中国革命实际相结合的基本环节，是理论与担当相连接的桥梁。

毛泽东初期的调查研究，为党的实事求是的思想路线奠定了基础，在革命斗争中的调查研究，也促进了党的思想路线的形成和确立。1930年5月，中国共产党在江西、福建的边界建立了革命根据地，为了认清中国农村和小城市的经济状况，开展土地革命，巩固农村革命根据地，毛泽东从实际出发，运用马克思主义的阶级分析方法，花了10多天时间在寻乌做调查，《反对本本主义》就是这次调查的成果之一，并提出了"没有调查，没有发言权"这个著名论断。毛泽东后来提到《反对本本主义》时说，这篇文章的主题就是"做领导工作的人要依靠自己亲身的调查研究去解决问题"，"那里提出的问题是作系统的亲身出马的调查，而不是老爷式的调查"。② 问题是时代的声音，每个时代总有属于它的问题。坚持问题导向，通过调查研究弄清问题性质、找准症结所在，进而有的放矢、解决问题，是老一辈革命家开展调查研究的重要方法。学习老一辈革命家的调查研究

---

① 《习近平关于全面建成小康社会论述摘编》，中央文献出版社，2016，第191页。
② 《毛泽东文集》第8卷，人民出版社，1999，第251～253页。

方法，对于广大党员特别是领导干部，响应习近平总书记大兴调查研究之风的号召，深入实际搞好调查研究，把党和人民事业不断推向前进，具有重要现实意义。

### （二）担当精神的时代价值

党的十九届六中全会指出，以习近平同志为核心的党中央，以伟大的历史主动精神、巨大的政治勇气、强烈的责任担当，统筹国内国际两个大局，解决了许多长期想解决而没有解决的难题，办成了许多过去想办而没有办成的大事，推动党和国家事业取得历史性成就、发生历史性变革。全会提出的担当精神是一代又一代中国共产党人团结带领全国各族人民赢得伟大斗争、开创伟大事业的重要法宝。在中共中央政治局召开的"不忘初心、牢记使命"民主生活会上，习近平同志也指出，"干部就要有担当，有多大担当才能干多大事业，尽多大责任才会有多大成就"。[①] 习近平总书记高度重视担当精神，强调党员干部要有担当，2014年在俄罗斯索契接受俄罗斯电视台专访时也讲道："我的执政理念，概括起来说就是：为人民服务，担当起该担当的责任。"[②] 担当精神是共产党人从历史中继承的优秀品质。

#### 1. 坚定信仰是传承担当的历史自觉

2014年8月20日，习近平在纪念邓小平同志诞辰110周年座谈会上的讲话中指出："今天，历史的接力棒传到了我们手里，责任重于泰山。全党一定要紧密团结起来，敢于担当、埋头苦干，团结带领全国各族人民，以与时俱进、时不我待的精神不断夺取新胜利，不断完善和发展中国特色社会主义，不断为人类和平与发展的崇高事业作出新的更大的贡献。"[③] 敢于担当是中国共产党人的优良传统和精神特质，也是我们党能够改变中华民族命运的重要原因。当今面临复杂的国际国内形势，风险和挑战空前，越是在这种情况下，党员、干部越是要弘扬担当精神，始终保持永不懈怠的精神状态。如陈云在《怎样做一个共产党员》一文中指出：

---

① 《习近平谈治国理政》第2卷，外文出版社，2017，第145页。
② 《丹心如一为人民——习近平总书记同人民在一起的故事》，中国文明网，2022年1月31日，http://www.wenming.cn/specials/zxdj/xjp/mtjd/202201/t20220131_6290726.shtml。
③ 《习近平谈治国理政》第2卷，外文出版社，2017，第14页。

## 第四章 文化自信的三大源泉：新时代精神文明建设的文化系统

"一个共产党员，不能只是口头上拥护党的决议就算完事，他的责任在于坚决地执行决议，在实际工作中实现这些决议。实现党的决议时，在工作中不可免地会遇到一些挫折和困难，共产党员必须有大无畏的百折不挠的精神去克服这些困难。"①

传承担当精神，需要不断提升担当能力。当前，改革进入攻坚期和深水区，只有提升自身能力素质，才能把担当精神真正落实到行动上；只有不断提高运用马克思主义立场、观点、方法观察问题、分析问题、解决问题的能力，才能掌握科学的工作方法推动各项工作顺利开展；只有增强政治把握能力，才能经得住各种风浪的考验，保持坚定的政治立场和正确的政治方向；只有敢于担当，才会有自我革新的勇气和胸怀，冲破思维定式的束缚，与时俱进地抓好工作落实。

2. 履职尽责是全面落实担当的重要路径

担当的关键在于落实，习近平总书记说："是否具有担当精神，是否能够忠诚履责、尽心尽责、勇于担责，这是检验每一个领导干部身上是否真正体现了共产党人先进性和纯洁性的重要方面。"② 一是要强化责任意识。习近平总书记指出，"必须以党的自我革命来推动党领导人民进行的伟大社会革命"③，自我革命则意味着强烈的责任意识和对自身的省察与反思，这是中国共产党最鲜明的品格，也是最大的优势。二是要做到真抓实干。改变新中国成立之初"一穷二白"的经济面貌，需要的正是实干作风和奉献精神。马克思指出："空谈和实干是不可调和的对立面。"④ "一步实际运动比一打纲领更重要。"⑤ 列宁在《伟大的创举》中指出："少唱些政治高调，多注意些极平凡的但是生动的、来自生活并经过生活检验的共产主义建设方面的事情，——我们大家，我们的作家、鼓动员、宣传员、组织者等等都应当不倦地反复提出这个口号。"⑥ 求真务实的理念，就是要坚

---

① 《陈云文选》第1卷，人民出版社，1995，第140页。
② 《十七大以来重要文献选编》（下），中央文献出版社，2013，第828页。
③ 《习近平谈治国理政》第3卷，外文出版社，2020，第71页。
④ 《马克思恩格斯全集》第35卷，人民出版社，1971，第173页。
⑤ 《马克思恩格斯选集》第3卷，人民出版社，2012，第355页。
⑥ 《列宁全集》第37卷，人民出版社，1986，第11页。

定不移地担起岗位职责，脚踏实地干好本职工作。

3. 直面矛盾是实现精准担当的锐利武器

马克思指出："哲学家们只是用不同的方式解释世界，而问题在于改变世界。"① 习近平总书记指出，"直面问题是勇气，解决问题是水平。要坚持有什么问题就解决什么问题，什么问题难就重点解决什么问题，什么问题突出就着力攻克什么问题"。② "我们中国共产党人干革命、搞建设、抓改革，从来都是为了解决中国的现实问题。"③ 直面问题，彰显了共产党人问题意识与问题导向的品格，坚持问题导向的实质就是及时发现问题、科学分析问题、着力解决问题。习近平总书记在2019年中央经济工作会议上就强调，"要积极进取，坚持问题导向、目标导向、结果导向"④，习近平总书记关于坚持问题导向的重要论述，充分彰显了以人民为中心的价值取向。因此，要坚持用马克思主义唯物辩证观认识问题、分析问题，使问题意识成为推动工作的思想方法，成为敢于担当、主动作为、促进发展的理性自觉。

直面问题担当尽责就是要力戒形式主义和官僚主义。形式主义本质上是指脱离内容、缺乏担当、不切实际、遮蔽问题、弄虚作假的一种不良工作作风。形式主义在不同时期、不同地区、不同部门有着不同表现，其共同特征是缺乏担当，与党的性质宗旨和优良作风格格不入。在革命、建设、改革各个历史时期，中国共产党始终保持着对形式主义、官僚主义的警惕。早在1922年7月，党的二大通过的《关于共产党的组织章程决议案》就指出，中国共产党既不是"知识者所组织的马克思学会"，也不是"少数共产主义者离开群众之空想的革命团体"，"党的一切运动都必须深入到广大的群众里面去"。⑤ 其中就已经包含着对脱离实际、脱离群众的形式主义、官僚主义的警惕。大革命失败后，国内革命形势陷入低潮，为了争取群众、促进新的革命高潮的到来，1928年11月，中共中央在《告全

---

① 《马克思恩格斯选集》第1卷，人民出版社，2012，第140页。
② 《习近平谈治国理政》第2卷，外文出版社，2017，第184页。
③ 《习近平谈治国理政》第1卷，外文出版社，2018，第74页。
④ 《中央经济工作会议在北京举行》，《人民日报》2019年12月13日。
⑤ 《建党以来重要文献选编（1921～1949）》第1册，中央文献出版社，2011，第162页。

体同志书》中强调,既要警惕"机械的找些工人分子进来""机械的规定指导机关工人成分的比例"①等形式主义的方式来改造党的倾向,也要警惕"不去说服群众,鼓动群众自动的斗争,而用机械式的命令或威力去恐吓群众"②的命令主义倾向。1930年5月,毛泽东在《反对本本主义》中指出:"不根据实际情况进行讨论和审察,一味盲目执行,这种单纯建立在'上级'观念上的形式主义的态度是很不对的。为什么党的策略路线总是不能深入群众,就是这种形式主义在那里作怪。"③ 1942年毛泽东在延安干部会上讲道:"现在许多同志津津有味于这个开中药铺的方法,实在是一种最低级、最幼稚、最庸俗的方法。这种方法就是形式主义的方法,是按照事物的外部标志来分类,不是按照事物的内部联系来分类的。"④ 改革开放以来,中国共产党对形式主义、官僚主义的认识和警惕在原有的基础上不断加深。2012年11月,党的十八大刚闭幕,习近平总书记就提醒全党:"新形势下,我们党面临着许多严峻挑战,党内存在着许多亟待解决的问题。尤其是一些党员干部中发生的贪污腐败、脱离群众、形式主义、官僚主义等问题,必须下大气力解决。全党必须警醒起来。"⑤ 中国共产党对形式主义、官僚主义始终保持高度警惕,是敢于担当的表现,也是中国共产党能够不断发展壮大、从胜利走向胜利的重要原因。

### 三 甘于奉献的牺牲精神

习近平总书记在庆祝中国共产党成立100周年大会上发表的重要讲话中用"不怕牺牲、英勇斗争"来揭示伟大建党精神,是对中国共产党百年奋斗精神的总结性提炼。回顾中国共产党百年来的革命、建设、改革历史,我们党从弱小走向强大,依靠的正是敢于牺牲的大无畏精神,"为有牺牲多壮志,敢教日月换新天"的甘于奉献的牺牲精神激励着一代又一代的中国人。无论形势如何变迁,敢于牺牲一直都是共产党人突出的政治本

---

① 《建党以来重要文献选编(1921~1949)》第5册,中央文献出版社,2011,第718~719页。
② 《建党以来重要文献选编(1921~1949)》第5册,中央文献出版社,2011,第716页。
③ 《毛泽东选集》第1卷,人民出版社,1991,第111页。
④ 《毛泽东选集》第3卷,人民出版社,1991,第838~839页。
⑤ 《习近平谈治国理政》第1卷,外文出版社,2018,第4页。

色。"对党忠诚，积极工作，为共产主义奋斗终身，随时准备为党和人民牺牲一切，永不叛党。""牺牲一切"就意味着没有特殊利益，这是党员的"第一身份"。

### （一）牺牲奉献精神的时代内涵

牺牲，原意是指古代祭祀或祭拜用品，这里指为坚持信仰而死、为了正义的目的舍弃自己的生命或利益，如为国牺牲、牺牲自己的休息时间。奉献的"奉"，即"捧"，意思是"给、献给"；"献"，原意为"献祭"，指"把实物或意见等恭敬庄严地送给集体或尊敬的人"。奉献则是"恭敬地交付，不求回报"。牺牲和奉献都包含着为他人付出的含义，当牺牲奉献连在一起的时候，它所代表的含义也就更进一步，强调为他人或集体舍弃个人的利益。牺牲奉献精神的特点是无须报偿的自觉行为。马克思说："如果我们选择了最能为人类而工作的职业，那么，重担就不能把我们压倒，因为这是为大家作出的牺牲；那时我们所享受的就不是可怜的、有限的、自私的乐趣，我们的幸福将属于千百万人，我们的事业将悄无声息地存在下去，但是它会永远发挥作用，而面对我们的骨灰，高尚的人们将洒下热泪。"① 牺牲奉献精神的时代内涵至少包括以下三个方面的内容。

#### 1. 革命牺牲奉献精神的利他主义

革命精神继承了马克思主义的无产阶级国际主义精神、中国传统"天下为公"等优秀传统文化，牺牲奉献是中华民族精神的重要组成部分。革命牺牲奉献精神将自我与他者、个体与共同体相联系，打破局限于自身视野看问题的狭隘视域，辩证把握个人与集体、个体与共同体的关系。焦裕禄"心中装着全体人民、唯独没有自己"的人民情怀，"两弹一星"元勋"艰苦奋斗、无私奉献"的奉献精神，抗美援朝"勇担使命、奉献一切、为人类和平与正义事业而奋斗"的国际主义精神等，都内蕴着无产阶级在解放自身基础上解放全人类的利他性，人民幸福、民族复兴和人类和平发展是其共性诉求。习近平总书记在党的十九大报告中明确指出，"中国共产党是为中国人民谋幸福的政党，也是为人类进步事业而奋斗的政党。中

---

① 《马克思恩格斯全集》第1卷，人民出版社，1995，第459~460页。

国共产党始终把为人类作出新的更大的贡献作为自己的使命"。① 据民政部门和组织部门统计，从 1921 年 7 月 23 日中国共产党成立，到 1949 年 10 月 1 日建立中华人民共和国之前，可以查到姓名的牺牲的革命者有 370 多万，相当于平均每天有 370 名革命者牺牲。

2. 革命牺牲奉献精神的集体主义

奉献就是把自己所拥有的给予他人或集体的行为。马克思讲道："只有在共同体中，个人才能获得全面发展其才能的手段，也就是说，只有在共同体中才可能有个人自由。"② 集体主义奉献伦理从人的本质是"一切社会关系的总和"这一前提出发，认为集体利益是个人共同利益和长远利益因而也是最大利益的集中体现，从而具有至上性。当个人利益与集体利益发生冲突的时候，个人利益为集体利益作出牺牲是中国共产党人不断取得胜利的重要精神源泉。社会是由一个个的人所构成的集合体，脱离了人，也便没了社会，社会需要人们对其负起责任，有责任，就意味着要奉献。每一个人对社会奉献，其实也就是对自己和他人奉献，并有所作为，这样才会形成和谐美好的社会。

集体主义既是社会主义的道德原则，也是社会主义的价值轴心。集体主义首先是一种信仰体系，它坚持集体本位的价值取向，强调以个人与集体、社会关系辩证发展为基础的集体本位价值理念。长征途中用生命和鲜血凝聚起来的长征精神，除了勇于战斗，无坚不摧的革命英雄主义，还体现在善于团结，顾全大局的集体主义以及"一不怕苦，二不怕死"的牺牲奉献精神，这是革命事业成功的重要保证；雷锋精神的实质和核心是全心全意为人民服务，为了人民和集体的事业无私奉献；在抗疫斗争中，生命至上、举国同心、舍生忘死、命运与共的抗疫精神也是爱国主义、集体主义的传承与发展。可以说，共产党是广大人民群众中具有积极性、先进性、代表性的先进分子的集合体，是愿为理想信念、国家富强、社会发展、人民幸福而努力奋斗，甘愿奉献一切乃至生命的先进分子的集合体。

奉献精神长期有效的延续，是以正确处理好国家、集体、个人三者之

---

① 《习近平谈治国理政》第 3 卷，外文出版社，2020，第 45 页。
② 《马克思恩格斯选集》第 1 卷，人民出版社，1995，第 119 页。

间的利益关系为基础的。社会主义集体化是在集体主义理念引领下,中国共产党带领人民建立起的劳动者联合的生产方式、组织形式与制度形态的过程,新中国成立后,集体主义理念引领下的集体化运动,为社会主义制度在中国的确立奠定了根本的物质与组织基础。革命牺牲奉献精神是新时代坚持以人民为中心,以增进人民福祉为旨归,不断促进人的全面发展的重要保障。

3. 革命牺牲奉献精神的爱国主义

爱国主义是一种深厚的情感,具体表现为了国家利益可以舍弃、牺牲个人利益。只有拥有爱国心的人,在国家有难的时刻才敢于站起来,甚至放弃自己的生命。辛亥革命以来,为争取国家的独立解放,实现中华民族的伟大复兴,无数革命先烈流血牺牲,这都是奉献的一种表现。抗战时期有一篇报纸社评写道:"今天南北战场上,是争着死,抢着死,因为大家有绝对的信仰,知道牺牲自己,是换取中华民族子子孙孙万代的独立自由,并且确有把握,一定达到。"① 全体中华儿女以大无畏的牺牲精神,向世界展示了"天下兴亡、匹夫有责"的爱国情怀,历史证明,爱国主义始终是中华民族绵延发展的精神力量,爱国情怀铸就了中华民族的牺牲精神。

(二) 牺牲奉献精神的价值追求

1. 牺牲奉献精神是初心引领使命的根本保证

马克思主义传入中国后,中国人民有了自己的精神旗帜,中国革命开始由被动转为主动,并不断走向胜利。在艰苦卓绝的革命斗争中形成了"井冈山精神、长征精神、红岩精神、延安精神、西柏坡精神",在社会主义建设中形成了"雷锋精神、大庆精神、焦裕禄精神、'两弹一星'精神"。这些精神根植于深厚的中华民族文化土壤,统一于生动的中国革命具体实践,承载着共产党人的初心和使命,具有高度的内在一致性。

牺牲奉献精神贯穿于中国新民主主义革命的全过程。中国共产党的形成和发展历史是一部团结奉献,勇于牺牲的斗争史,为革命奉献终身是每

---

① 习近平:《在纪念中国人民抗日战争暨世界反法西斯战争胜利69周年座谈会上的讲话》,人民出版社,2014,第4页。

## 第四章 文化自信的三大源泉：新时代精神文明建设的文化系统

位中国共产党员的最高追求。红船时期勇闯新路，建设中国共产党的崇高理想指引全党和人民艰苦奋斗；井冈山时期，以毛泽东和朱德为代表的中国共产党人创建井冈山革命根据地，当时牺牲的烈士达4.8万余人，其中留下姓名的仅有1.5万余人，大部分是无名英雄，新中国成立后，祖国和人民没有忘记这些为革命抛头颅洒热血的先烈，先后修筑了三座纪念碑来缅怀英烈，分别是井冈山革命先烈纪念塔、井冈山革命烈士陵园内的烈士纪念碑和无字碑。"犹记当时烽火里，九死一生如昨"，这是毛泽东同志1965年重上井冈山时写下的《念奴娇·井冈山》中的句子；长征时期，红军展现的伟大精神力量的核心就是对马克思主义信仰的坚持和义无反顾的牺牲精神。习近平总书记参观"英雄史诗不朽丰碑——纪念中国工农红军长征胜利80周年主题展览"时指出："80年前，中国共产党领导中国工农红军战胜千难万险，胜利完成举世闻名的二万五千里长征。这个伟大壮举将永远铭刻在中国革命和中华民族的史册上。红军长征的胜利，充分展现了革命理想的伟大精神力量。"[①] 抗战时期，中国人民在14年的浴血奋战中，军民伤亡超过3000万人，抗日战争，既是一场军事实力和经济实力的较量，更是一场意志和精神的较量。毛泽东同志曾深刻指出，抗日战争"不是任何别的战争，乃是半殖民地半封建的中国和帝国主义的日本之间在二十世纪三十年代进行的一个决死的战争"。[②] 在抗战精神鼓舞下，中国人民焕发爱国热情，富于牺牲精神，抱定必胜信念。正是这种牺牲奉献精神力量，弥补了我们在物质和技术上的不足，最终赢得了光荣的胜利。

2. 牺牲奉献精神是党践行群众路线的根本路径

牺牲奉献精神的核心和本质就是为人民服务。党的一切工作都是为了实现好、维护好、发展好最广大人民根本利益，群众路线是党性修养的重要内容，党性修养来自于马克思主义政党属性的根本规定，来自于党组织对党员的根本要求。中国共产党人在长期探索中把马克思主义政党的本质要求、把对优秀传统文化的继承融于革命、建设与改革的广泛实践中，形

---

[①] 《习近平参观"英雄史诗 不朽丰碑"主题展览》，中国政府网，2016年9月23日，http://www.gov.cn/xinwen/2016-09/23/content_5111346.htm。

[②] 《毛泽东选集》第2卷，人民出版社，1991，第447页。

成了党性修养。如延安精神重在艰苦创业、为民服务,西柏坡精神突出"两个务必";沂蒙精神的特质是水乳交融、生死与共,讲的都是党政军和人民群众血肉相连的关系,这也是群众路线要实现的目标。牺牲奉献精神不但深刻体现了我们党的根本宗旨和中国革命精神的核心内容是为民谋福祉、执政为民,而且也是推动经济社会发展的重要精神动力。不忘初心、牢记使命,最根本是筑牢党长期执政最可靠的阶级基础和群众根基。

中国共产党不仅宣示党的利益就是中国最广大人民的根本利益,而且在领导人民进行革命、建设、改革的实践过程中,始终坚持人民主体地位,以群众幸福为检验标准,始终坚持"一切为了人民,一切依靠人民",反对享乐主义,毫不动摇地坚持崇高的理想信念,毫不动摇地坚持党的领导,毫不动摇地坚持走中国特色社会主义道路。马克思、恩格斯在《共产党宣言》中宣称,共产党人"没有任何同整个无产阶级的利益不同的利益。他们不提出任何特殊的原则,用以塑造无产阶级的运动"。① 毛泽东同志指出:"共产党是为民族、为人民谋利益的政党,它本身决无私利可图。"② 党的七大、八大党章总纲声明:"中国共产党代表中国民族与中国人民的利益","每一个党员都必须理解党的利益与人民利益的一致性,对党负责与对人民负责的一致性。每一个党员都必须用心倾听人民群众的呼声和了解他们的迫切需要,并帮助他们组织起来,为实现他们的需要而斗争"。③ 改革开放以来虽多次修改党章,但始终坚持"党除了工人阶级和最广大人民群众的利益,没有自己特殊的利益"。④

共产党人只有深深扎根于人民之中,顺应人民群众对美好生活的向往,坚持以人民为中心的发展思想,才能做到"最有远见,最富于牺牲精神,最坚定,而又最能虚心体会情况,依靠群众的多数,得到群众的拥护"。⑤ 也只有坚持党的群众路线,始终站在人民大众的角度去思考和解

---

① 《马克思恩格斯文集》第 4 卷,人民出版社,2009,第 3 页。
② 《毛泽东选集》第 3 卷,人民出版社,1991,第 809 页。
③ 《建党以来重要文献选编 (1921~1949)》第 22 册,中央文献出版社,2011,第 533~535 页。
④ 《改革开放三十年重要文献选编》(下),中央文献出版社,2008,第 1748 页。
⑤ 《建党以来重要文献选编 (1921~1949)》第 14 册,中央文献出版社,2011,第 188 页。

### 第四章　文化自信的三大源泉：新时代精神文明建设的文化系统

决问题，始终保持同人民大众的紧密联系，才能使党的事业不断取得胜利。

3. 牺牲奉献精神是党的建设的永恒课题

党的十八大以后，习近平总书记告诫全党要"勿忘人民，甘作奉献"，《中国共产党问责条例》《关于新形势下党内政治生活的若干准则》《中国共产党党内监督条例》《关于加强党内法规制度建设的意见》等一系列措施的出台，均意在加强党的建设，将全心全意为人民服务落到实处。党员干部的工作作风关乎老百姓的福祉，关乎人心向背，2015年新修订的《中国共产党廉洁自律准则》对党员作出了明确规定，其中第四条就讲道"坚持吃苦在前，享受在后，甘于奉献"。可以说，加强党员的责任意识与担当情怀是培养奉献精神的基础，是成为合格党员的必要条件，是党的建设的永恒课题。

加强党的建设是党的事业取得胜利的根本法宝。中国共产党的先进性，体现在党同人民群众的血肉联系上，不能搞形式主义、官僚主义，更不能允许存在享乐主义和奢靡之风，这是与革命牺牲奉献精神背道而驰的。毛泽东同志多次强调："政治工作是一切经济工作的生命线。"① 习近平总书记明确指出："党的政治建设是党的根本性建设。"② 不讲政治，我们党就会蜕变。习近平总书记指出："勇于自我革命，是我们党最鲜明的品格，也是我们党最大的优势。"③ 中国共产党的伟大不在于不犯错误，而在于勇于自我革命，具有极强的自我修复能力，延安时期开展的对党内存在的主观主义、教条主义、经验主义的自我革命，以及新中国成立后开展的反贪污反浪费反官僚主义等一系列的自我革命，切实解决了党在作风、思想、组织、纪律等方面存在的问题。习近平总书记指出："我们党之所以有自我革命的勇气，是因为我们党除了国家、民族、人民的利益，没有任何自己的特殊利益。"④ 党的十九大报告提出"坚决防止党内形成利益集团"同样基于中国共产党的政治新觉醒。

---

① 《毛泽东文集》第6卷，人民出版社，1999，第449页。
② 《习近平谈治国理政》第3卷，外文出版社，2020，第48页。
③ 《十八大以来重要文献选编》（下），中央文献出版社，2018，第589页。
④ 《十八大以来重要文献选编》（下），中央文献出版社，2018，第590页。

## 第三节　社会主义先进文化凝聚时代共识

习近平总书记在中国文联十一大、中国作协十大开幕式上的重要讲话中指出:"中国共产党是具有高度文化自觉的党,党的百年奋斗凝结着我国文化奋进的历史。"① 在百年奋斗历程中,党与时俱进提出文化纲领、文化目标、文化政策,走出一条中国特色社会主义文化发展道路。中国社会主义先进文化,是以马克思列宁主义为指导、以社会主义核心价值观为引领、以社会民主富强和谐为基础、立足于中国社会主义伟大实践的中国特色社会主义文化。与前两个文化形态相比,社会主义先进文化具有"一元三面向"的鲜明时代特征:"一元"是指以马克思列宁主义为指导,"三面向"是面向现代化、面向世界、面向未来。党的十九届四中全会指出,发展社会主义先进文化、广泛凝聚人民精神力量,是国家治理体系和治理能力现代化的深厚支撑。社会主义先进文化集中体现了社会主义的显著优势,大力发展社会主义先进文化,是"中国之治"的内在要求和现实需要。

社会主义先进文化可以从时间、空间、主体三重维度来认识。时间维度下社会主义先进文化有其自身生成逻辑与鲜明特征;空间维度下社会主义先进文化的空间实践与现实感知体现在空间上的全局性与系统性上;主体的维度体现了社会主义先进文化的内生动力与主体自觉,"平民英雄"呈现了价值多样和内涵提升的双重趋势,"以人民为中心"则是社会主义先进文化的价值追求与灵魂。三个维度间交融互摄、动态平衡,构成了今天中华优秀传统文化的创造性转化和社会主义先进文化的创新性发展(见图4-1)。

### 一　时间维度:社会主义先进文化的时代特征与生成逻辑

对社会主义先进文化从其生成逻辑的角度对其特质进行提炼、总结和阐释,是非常必要而且有现实意义的。社会主义先进文化是推动着社会不

---

① 习近平:《在中国文联十一大、中国作协十大开幕式上的讲话》,人民出版社,2021,第1~2页。

# 第四章 文化自信的三大源泉：新时代精神文明建设的文化系统

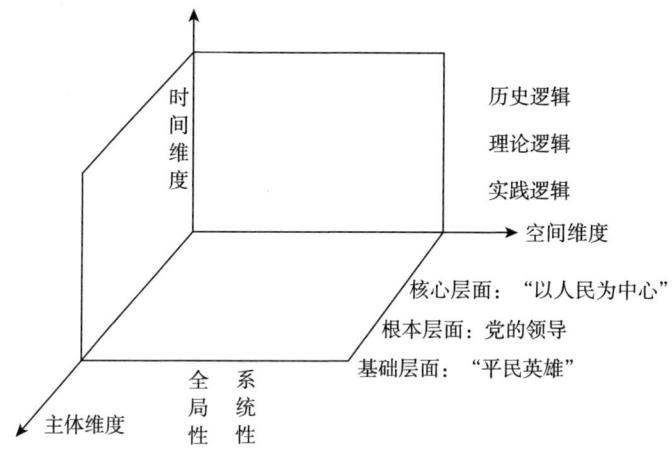

图 4-1 社会主义先进文化的 Hall 模型

断向前发展、推动着事业不断取得进步和胜利的精神力量，在不同的历史阶段和时代环境下有着鲜明的时代特征和内涵，如在全民抗击新冠肺炎疫情的人民战争中，中华民族所迸发出来的英雄气概和磅礴力量为中国精神动脉注入了新的强劲血液，家国情怀、责任担当、奉献精神、爱岗敬业、自强不息、乐观主义、命运共同体等得到了新的诠释和解读，并体现了民族性与时代性的统一、个体性与整体性的辩证、党性和人民性的一致、科学性和创造性的统一、政治性和生活性的统一等鲜明特征。

（一）在彰显中国制度的显著优势中把握社会主义先进文化生成的历史逻辑

文明的成果往往通过制度的优势得到体现，通过科学的制度安排可以优化配置生产力要素，充分激发要素潜力，达到既定基础和条件约束下的生产力水平上限。从未中断过的中华文化，曾在不同领域进行制度创新，井田制、均田制等农业经济制度，"礼乐秩序""三省六部""参知政事"等政治制度，"选贤与能"等选人用人制度等，都形成了关于国家制度和国家治理的丰富思想，这些思想中的精华是中华优秀传统文化的重要组成部分，也是中华民族精神的重要内容。中国特色社会主义制度，正是基于深厚文化积淀的创新实践。马克思指出："一切划时代的体系的真正的内容都是由于产生这些体系的那个时期的需要而形成起来的。所有这些体系都是以本国过去的整个历史发展为基础的，是以阶级关系的历史形式及其政治的、道德的、哲学的以及其他的后果为基础的。"①

制度的优势有其历史的逻辑,在历史的坐标上,当前正处在中华民族伟大复兴和实现"两个一百年"奋斗目标的历史交汇期,党的十九届四中全会从13个方面系统总结了我国国家制度和国家治理体系的显著优势,揭示了创造经济快速发展、社会长期稳定"两大奇迹"的制度密码。回顾近代中国不同阶层为"自强""图存"所进行的尝试,就不难理解制度的"历史选择"的必然性。中国特色社会主义制度,是解决中国问题、推动中国发展的最佳方案,是"中国之治"的制度密码,也是社会主义先进文化的制度密码。邓小平同志曾指出:"社会主义国家有个最大的优越性,就是干一件事情,一下决心,一作出决议,就立即执行,不受牵扯。"② 习近平总书记更是明确指出:"我们最大的优势是我国社会主义制度能够集中力量办大事。这是我们成就事业的重要法宝。"③ 面对突如其来的新冠肺炎疫情,全国上下万众一心、众志成城,诠释了"一方有难八方支援"的"中国温度",见证了十天建成火神山医院的"中国速度",展现了全国"一盘棋"的中国力量,让国际社会对中国制度也有了新的认识。

**(二)在新时代奋进中把握社会主义先进文化生成的理论逻辑**

1. 理想信念是社会主义先进文化所蕴含的基础性要素与认知理性

坚定中国特色社会主义的信念,在社会主义先进文化中具有基础性意义。信念是人们在一定的认识基础上确立的对某种思想或事物坚定不移并身体力行的心理态度和精神状态,体现在中华民族面对危险与灾难时的坚定、勇气和后劲。面对新冠肺炎疫情,无论是中国军队展现闻令而动、敢打硬仗的过硬作风;还是广大医务人员和防疫工作者迎难而上,用生命践行了救死扶伤、甘于奉献的崇高精神,以及众志成城抗疫的全体人民,都为打赢疫情防控阻击战提供了共同精神支柱和强大精神动力。习近平总书记强调,加强疫情防控必须慎终如始,对疫情的警惕性不能降低,防控要求不能降低,继续抓紧抓实抓细。疫情防控的"慎终如始"和两个"不能

---

① 《马克思恩格斯全集》第3卷,人民出版社,1960,第544页。
② 《邓小平文选》第3卷,人民出版社,1993,第240页。
③ 《习近平谈治国理政》第2卷,外文出版社,2017,第273页。

降低",彰显了夺取疫情防控斗争胜利的精神力量。其中抗疫精神所展现的韧性特质更是展现了社会主义先进文化中所蕴含的恒稳性指标。韧性,原指材料在塑性变形和破裂过程中吸收能量的能力,后引申为事物所具有的顽强持久精神。"历史一次次表明,无论是遇到瘟疫暴发还是经济危机、饥荒甚或战争等困境时,中国都迸发出强烈的韧性精神。"利比里亚《非洲头版》网站如此评价中国的抗疫表现。中国共产党克难攻坚而始终不忘初心砥砺前行,其奥秘就在于社会主义先进文化的韧性特质,这种韧性对外体现在能及时适应瞬息万变的客观形势,对内能克服自身懈怠等不良状态,展现出强大的弹性、灵活性和复原力。

2. "三个面向"体现了社会主义先进文化的开放品格与创新特征

社会主义先进文化,既要与中国国情相结合、与时代发展同进步,又要取各国文化所长,弃其糟粕,不断创新融合,使之焕发出强大的生命力。社会主义先进文化是面向现代不断适应时代发展要求的文化。我国正处在社会主义初级阶段,现代化建设是最迫切的任务,社会主义先进文化根植于中国的改革建设实践,必定有鲜明的中国时代印记;社会主义先进文化是面向世界具有国际视野的文化观。中国要想得到更好更持续更符合人类总体利益的发展,必须从思想到实践上理解认同国家间、民族间、文化间的差异性与相互依存关系,自觉以差异性和整体性辩证统一的国际主义思想指导国际交往,这是社会主义先进文化的国际自信和社会主义先进文化开放性的重要体现;面向未来是社会主义先进文化创新性的重要体现,马克思主义坚持用发展的观点看问题,在实践中进行理论创新,指导文化建设面向未来。

3. 以人民为中心是社会主义先进文化所蕴含的伦理向度与价值理性

坚持以人民为中心的工作导向,是社会主义先进文化建设的出发点和落脚点。我们党从成立之日起,就在方向导向上规定着社会主义先进文化的人民性本质和特征,始终从人民立场出发、站在人民立场上思考和谋划社会主义先进文化的建设与发展。习近平同志深刻指出,"人民的需求是多方面的。满足人民日益增长的物质需求,必须抓好经济社会建设,增加社会的物质财富。满足人民日益增长的精神文化需求,必须抓好文化建设,增加社会的精神文化财富"。①

新冠肺炎疫情突袭而至以来,我们党坚持将人民群众生命安全和身体健康放在第一位,并在推进经济发展中保障人民的文化权益,让人民共享文化发展成果,彰显了以人民为中心的价值优势。完善维护人民文化权益的保障制度,增强了人民的文化获得感、幸福感、满足感,为疫情防控提供了重要价值基础。与"群体免疫",乃至"四不"等价值伦理形成鲜明对比的是中国抗疫"应收尽收,应治尽治","应隔尽隔","一个不漏"的责任担当与价值伦理。习近平总书记在赴武汉考察新冠肺炎疫情防控工作时指出,"党中央采取的所有防控措施都首先考虑尽最大努力防止更多群众被感染,尽最大可能挽救更多患者生命"②,充分彰显了以习近平同志为核心的党中央"人民至上、生命至上"的执政理念;全国驰援湖北的精锐医疗队,同时间赛跑,与病魔较量,用行动展现了"人民至上、生命至上"的人间大爱;数日之内建成火神山、雷神山医院,3万多名管理和作业人员用建设速度展现了"人民至上、生命至上"的责任担当。国务院2020年4月4日举行全国性哀悼活动,表达了全国各族人民对在抗击新冠肺炎疫情斗争中牺牲烈士和逝世同胞的深切哀悼,诠释了以人为本和生命至上。

**(三) 在守正创新中把握社会主义先进文化生成的实践逻辑**

1. 科学性是社会主义先进文化发展的催化剂

马克思主义是当代最科学、最先进、最革命的理论,是被实践检验过的真理。习近平总书记指出,"在人类思想史上,就科学性、真理性、影响力、传播面而言,没有一种思想理论能达到马克思主义的高度,也没有一种学说能像马克思主义那样对世界产生了如此巨大的影响"。③ 社会主义先进文化是马克思主义普遍原理与中国国情相结合而形成的先进文化,集中体现了马克思主义的人民观、文化观、时代观、世界历史观、人类文明观,闪耀着马克思主义的真理光芒。同时社会主义先进文化也是对中国社

---

① 习近平:《在文艺工作座谈会上的讲话》,人民出版社,2015,第14页。
② 《坚决打赢湖北保卫战武汉保卫战》,中国青年网百度百家号,2020年3月11日,https://baijiahao.baidu.com/s?id=1660825875436627734&wfr=spider&for=pc。
③ 《习近平谈治国理政》第2卷,外文出版社,2017,第65页。

会主义革命、建设和改革的文化总结，揭示了中国共产党关于革命、建设和改革的正确发展道路。

抗疫过程，就是一个很好的认知、实践、再认知到再实践的实事求是过程，也是一次思想洗礼的过程。马克思主义要求把正确的事实判断作为决定和实践的前提，这是谋划和推动新时代中国特色社会主义伟大事业的基本依据。疫情发生后，全国科技战线迅速行动，不到一周时间就确定了新冠病毒的全基因组序列并分离得到病毒毒株，及时向全球共享。习近平总书记提出"坚定信心、同舟共济、科学防治、精准施策"的总要求，将科学防治摆在了极为重要的位置。广大科研和医务工作者边救治、边总结、边改进，将论文写在疫情防控一线，坚守救死扶伤的职责，展现了防控严谨求实的科学精神。科学作为一项追求真理的伟大事业，已不仅是一种知识和技能，更是一种文化，一种精神。

2. 先进性是社会主义先进文化生命力源泉

中国特色社会主义文化的先进性的秘诀在于，始终以历史的、发展的、辩证的眼光纵向看待传统文化的发展，坚持创造性转化与创新性发展，赋予传统文化新的时代内涵与表现形式；对待世界文化，始终以开放的、包容的、融合的眼光横向看待，坚持以兼收并蓄的态度汲取其他文明的养分。创新性和融合性赋予了中国特色社会主义先进文化鲜明的时代性，展现出历久弥新的时代风采。

中国特色社会主义文化的先进性还体现在其实践性上，马克思主义主张知行合一，正确处理认识世界和改造世界的关系，这是谋划和推动新时代中国特色社会主义的基本逻辑。一种社会制度是先进还是落后，最根本的是看是否有利于促进生产力的发展，是否有利于人类社会的进步发展。党的十九届四中全会将我国国家制度和国家治理体系总结概括为13个方面的显著优势，使得全民族文化创造源泉得以持续涌动，文化生产力得到充分解放和发展，中华文化的影响力逐步提升。

## 二 空间维度：社会主义先进文化的民族禀赋与现实观照

每当经历一些重大事件或面临重要关头，我们常常会孕育并诞生一种崇高而伟大的民族精神，从红船精神、长征精神、红岩精神、井冈山精神、延安精神、西柏坡精神等革命精神，到雷锋精神、大庆精神、载人航天精神、"两弹一星"精神、抗洪精神、女排精神等先进精神等，这些精神在实践中共同构筑了中华民族砥砺前行的精神长廊。社会主义先进文化的空间维度是其在现实时间维度上的空间关联，这种关联具体体现在社会主义先进文化的战略思维和系统思维中，这些科学的思想方法和工作方法，是中国共产党自觉运用马克思主义科学方法论分析和解决现实问题的具体体现。

（一）空间上的全局性：战略思维彰显了社会主义先进文化的高度与跨度

战略思维在一定程度上反映了不同民族在历史发展、文化背景、制度变迁等影响下形成的传统观念和思维特征。中华民族所特有的理智与性格，在战略思维领域同样也有其独特的表现。

一是社会主义先进文化体现的共产党人大局意识。早在党的十六大上，我们党就将文化建设与经济建设、政治建设相提并论，把发展社会主义先进文化与发展社会主义市场经济和社会主义民主政治共同纳入全面建设小康社会的系统工程。党的十八届三中全会指出：在全面建成小康社会、实现中华民族伟大复兴的历史进程中，繁荣和发展社会主义先进文化具有全局性战略性的地位和作用。党的十九届五中全会提出建设社会主义文化强国的宏伟目标，也充分体现了我们党高度的文化自觉和文化自信，对于凝聚中华民族的智慧和力量，实现中华民族的伟大复兴和中华文化的繁荣兴盛，具有重大意义。

二是社会主义先进文化体现的中华民族共同体意识。中国特色社会主义先进文化传承中华民族优秀的文化基因，是铸牢中华民族共同体意识的持久力量。新时代，繁荣发展中国特色社会主义文化，既要继续挖掘和弘扬优秀民族文化，使其与现代社会相适应，又要大力传承革命文化和发展社会主义先进文化，以社会主义核心价值观凝神聚力，使各族人民在理想信念、价值理念、道德观念上紧紧团结在一起，为铸牢中华民族共同体意识提供深厚的文化支撑。习近平总书记明确指出"加强中华民族大团结，长远和根本的是增强文化认同，建设各民族共有精神家园，积极培养中华民族共同体意识"。① 人的现代性转化和民族共同体构建的本质都是一种文化的"寻根",中华民族命运共同体意识根植于中华悠久的历史传统,是中华民族战胜苦难、解决危机、实现复兴的强大内生动力,是中华民族生生不息、绵延发展的精神密码。

三是社会主义先进文化体现的人类命运共同体意识。经济全球化、政治多极化、文化多样化、信息网络化强势打破原有生产生活方式的界限,人与人、国与国进入到相互依存的发展逻辑链条之中。"不论人们身处何国、信仰何如、是否愿意,实际上已经处在一个命运共同体中。"② 构建人类命运共同体,实质上是在寻求一种不同于西方中心论的世界发展的再生之路,是在为解决人类共同面临的"发展赤字、和平赤字、治理赤字"三大难题提供中国方案和中国智慧。这实际上蕴含了一种不同于西方文明而注重多样性、平等性、包容性、普惠性的中华新文明。以人类的名义、以普遍关怀的名义进行文化建构,过去西方文化经常被认为是担纲者,认为它们更具有人类意识和普遍关怀的价值取向。而在这方面蕴涵深沉的中国理念和中国智慧,在某种程度上被遮蔽、被忽视了。2017 年 2 月,构建人类命运共同体理念被写入联合国决议。同年 10 月,构建人类命运共同体作为习近平新时代中国特色社会主义思想的重要内容写入中国共产党党章。2018 年 2 月,中共中央建议在修改宪法部分内容时,增加"推动构建人类命运共同体"的表述。先进文化的构建,正由于顺应"向前"大势,才做到了紧扣时代脉搏、听取时代召唤、把握时代主题,并在时代发展中有所作为。

### (二) 空间上的系统性:社会主义先进文化的层次性与统一性

社会主义先进文化的层次性与统一性主要体现在三个层面:国家意识、文化认同与公民人格(见图4-2)。

社会主义先进文化强化了中华民族政治共同体意识。党的十九届四中全会把"铸牢中华民族共同体意识,实现共同团结奋斗、共同繁荣发展的显著优势"③ 列为我国国家制度和国家治理体系的13个显著优势之一,中

---

① 《习近平关于社会主义政治建设论述摘编》,中央文献出版社,2017,第157页。
② 曲星:《人类命运共同体的价值观基础》,《求是》2013年第4期。
③ 《中共中央关于坚持和完善中国特色社会主义制度推进国家治理体系和治理能力现代化若干重大问题的决定》,《人民日报》2019年11月6日。

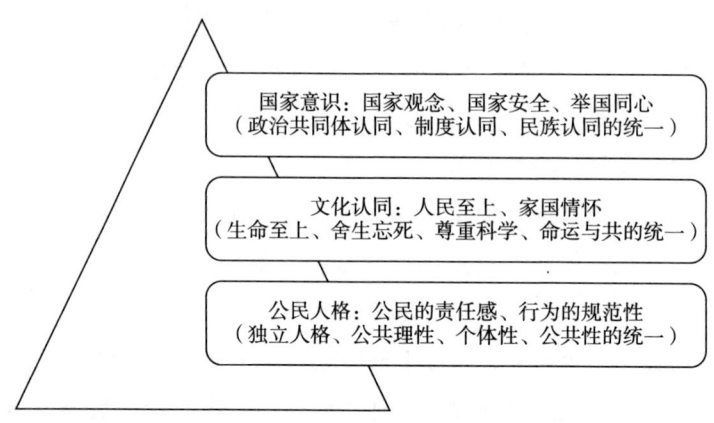

图4-2 社会主义先进文化的层次性与统一性

华民族命运共同体意识是中华民族战胜苦难与实现复兴的内生动力和精神密码。在此次疫情防控过程中,中国人民的高度组织化和集体高效行动,即彰显了中华民族共同体举国同心、命运与共的精神特质。

社会主义先进文化提升了中国人民对中华文化的文化认同度。在防控疫情过程中,中国采用了最严格的抗疫措施,却得到民众的广泛认同,这种认同的背后正是中国人民对中华文化的高度认同。居安思危的忧患意识、舍生忘死的义利观、"天下兴亡,匹夫有责"的爱国情怀、众志成城与守望相助的互助精神、协和万邦与和衷共济的互相合作精神等,如同基因一样,深刻地影响着每一个民族成员。习近平总书记强调:"唯有精神上站得住、站得稳,一个民族才能在历史洪流中屹立不倒、挺立潮头。同困难作斗争,是物质的角力,也是精神的对垒。伟大抗疫精神,同中华民族长期形成的特质禀赋和文化基因一脉相承。"[①]

社会主义先进文化促进了公民人格的健全与完善。此次新冠肺炎疫情既是对国家治理体系与能力的一次大考,也是对公民人格的一次大考,公民的责任感和行为的规范性在疫情防控中起着重要的作用,可以说,越是关键时刻,越是国家社会治理能力和公民素养升维的良机。公民人格是个体性与公共性的统一,个体性体现为个体所具有的独立人格、权利意识、义务意识、法治意识等,公共性则体现为个体所应承担的公共

---

① 习近平:《在全国抗击新冠肺炎疫情表彰大会上的讲话》,人民出版社,2020,第16页。

伦理、公共理性、公共责任和公共参与等。疫情之下，当公民的个体性与公共性产生冲突时，必须遵循二者的统一。不仅每个公民面对疫情时所应具备的理性认知能力、道德规范、科学精神等是整个防疫系统的一部分，而且疫情之下充分保障每个公民的人格尊严不容侵犯也是抗疫精神的应有之义。

### 三 主体维度：社会主义先进文化的内生动力与内涵提升

1850年1月到11月，马克思在《1848年至1850年的法兰西阶级斗争》一文中引用了法国哲学家爱尔维修的话，"每一个社会时代都需要有自己的大人物，如果没有这样的人物，它就要把他们创造出来"。① 社会主义建设之所以能在中国取得巨大成功，其根本也是在于人。坚持以人民为中心的社会主义先进文化是社会主义性质的根本体现。党的十八大以来，在思想文化领域，我们党反复强调坚持以人民为中心的工作导向、创作导向、研究导向，因为只有真心实意依靠人民，才能极大振奋人民的主人翁精神，只有全心全意为了人民，才能强烈激发起人民建设社会主义的磅礴力量。

**（一）核心层面："以人民为中心"体现了社会主义先进文化的价值追求与灵魂**

坚持以人民为中心，是社会主义先进文化建设的出发点和落脚点。坚持文化发展为了人民、文化发展依靠人民、文化发展成果由人民共享，坚持把以人民为中心的工作导向贯穿于社会主义先进文化建设的全过程，把文化发展与促进人的全面发展紧密结合起来，充分发挥人民群众在社会主义先进文化建设中的主体作用，让人民群众在社会主义先进文化建设过程中进一步增强获得感、幸福感。

在新冠肺炎疫情防控中，习近平总书记指出，"要广泛发动和依靠群众，同心同德、众志成城，坚决打赢疫情防控的人民战争"。② 作为当代马

---

① 《马克思恩格斯选集》第1卷，人民出版社，2012，第502页。
② 《以更坚定的信心更顽强的意志更果断的措施坚决打赢疫情防控的人民战争总体战阻击战》，《人民日报》2020年2月11日。

克思主义发展成果的"以人民为中心"思想,具体到抗击新冠肺炎疫情中,就是抗疫为了人民、抗疫依靠人民。一方面动员广大人民群众积极参与其中,直接贡献力量;另一方面需要广大人民群众理解、支持国家和各地政府的疫情防控措施,以自身行动配合疫情防控工作。在各地党委政府的通力协作下,社会各方面力量被充分调动,严防死守,确保疫情得到及时阻隔和患者得到及时救治。

社会主义先进文化践行以人民为中心的发展思想,体现了我们党全心全意为人民服务的根本宗旨。以人民为中心,习近平总书记有很多相关论述,根本指向都是要求中国共产党的价值核心要"建立在为最广大人民谋利益的崇高价值的基础上"①,这是检验一个政党、一个政权性质的试金石。

(二) 根本层面:党的领导是社会主义先进文化的硬核力量与根本所在

社会主义先进文化之所以能够不断繁荣发展、发挥作用,根本的就在于坚持党的领导。回顾社会主义先进文化的发展历程,在不同历史时期、不同发展阶段,我们党都适时提出具有纲领性前瞻性的文化战略、基本方针,有力领导、指导、推动社会主义先进文化的建设和发展,可以说,始终坚持党的领导,是社会主义先进文化理论、制度与政策的显著优势。

坚持党的领导,是社会主义先进文化须臾不可动摇的根本基石,直接决定着社会主义先进文化的性质。习近平总书记在全国抗击新冠肺炎疫情表彰大会上指出抗疫斗争伟大实践再次证明:"中国共产党所具有的无比坚强的领导力,是风雨来袭时中国人民最可靠的主心骨。"② 习近平总书记指出:"正是因为有中国共产党领导、有全国各族人民对中国共产党的拥护和支持,中国才能创造出世所罕见的经济快速发展奇迹和社会长期稳定奇迹,我们才能成功战洪水、防非典、抗地震、化危机、应变局,才能打赢这次抗疫斗争。"③

社会主义先进文化具有的超越性,是指社会主义先进文化不仅彰显出

---

① 《习近平谈治国理政》第 2 卷,外文出版社,2017,第 50 页。
② 习近平:《在全国抗击新冠肺炎疫情表彰大会上的讲话》,人民出版社,2020,第 17 页。
③ 习近平:《在全国抗击新冠肺炎疫情表彰大会上的讲话》,人民出版社,2020,第 17 ~ 18 页。

了中华优秀传统文化传承至今的深厚底蕴,而且超越时代环境的局限,充分展现了中国精神、中国力量、中国担当。这种超越性体现在每一个冲锋在第一线的党员身上,广大党员干部用行动展现了共产党人的政治本色。一个党员就是一面旗帜,中国特色社会主义最本质的特征就是中国共产党领导,中国特色社会主义制度的最大优势就是中国共产党领导,坚持党的集中统一领导是我们的事业不断取得胜利的重要法宝。

**(三) 基础层面:"平民英雄"展现了社会主义先进文化价值多样和内涵提升的双重趋势**

比如在抗击疫情的实践中,社会主义先进文化集中展示了以爱国主义为核心的民族精神和以改革创新为核心的时代精神。中国在抗疫斗争中表现出惊人的力量,在疫情防控、后勤保障、舆论引导以及恢复经济社会发展等方面,都体现了英勇无畏、众志成城的伟大气概,这都是由社会主义核心价值观传递出的正确价值导向,形成了全国奋发向上、团结奋斗的精神纽带。社会主义先进文化不是一个抽象的概念,而是体现为历史场景中对具体行为的导向,它首先存在于抗疫斗争第一线的广大党员干部和人民群众身上。

在传统价值观念和意识形态领域,群体性视角往往意味着英雄形象的符号化与扁平化,尤其是在家国同构的英雄艺术形象塑造中,早期主旋律电影中的英雄人物较多是集体意志的体现,缺少个性化意识和个人情感的表达。而新时代的英雄,可能更需要一种亲和力和人性的温度,英雄之所以能够无私奉献,是因为他们内心有着很深沉的爱,对事业的爱,对人的爱,对土地家乡的爱,对这个世界的爱。习近平总书记在国家勋章和国家荣誉称号颁授仪式上的讲话中指出,"英雄模范们用行动再次证明,伟大出自平凡,平凡造就伟大。只要有坚定的理想信念、不懈的奋斗精神,脚踏实地把每件平凡的事做好,一切平凡的人都可以获得不平凡的人生,一切平凡的工作都可以创造不平凡的成就"。[1]

平民英雄的伟大之处在于,他们以自己的行动唤醒人性本位的回归,

---

[1] 《习近平总书记在出席庆祝中华人民共和国成立70周年系列活动时的讲话》,人民出版社,2019,第3页。

是这个时代的精神财富。在这场疫情阻击人民战争中，我们看到医护工作者、人民警察、志愿者、基层岗位人员等用行动刻画出无数新时代下的"平民英雄"形象，他们冲锋在前、全力以赴，为全国人民的生命健康驻牢一道道坚实的防线。在党和人民最需要的时候，平民英雄们在责任与担当中彰显着社会主义先进文化的内核，呈现了社会主义先进文化的价值多样和内涵提升的双重趋势。具体而言，价值多样是指日常生活中有着闪光点的人，都能成为时代的英雄；内涵提升是指不仅注重人物、事迹的感染性，也注重提升公众的思考力和判断力。

社会主义先进文化作为一种文化生产方式，不断为人类和社会的进步贡献力量，发掘社会主义先进文化的时代意义，发现其审美价值，对于今天我们保证人民生命安全和经济社会发展等都具有重要意义。没有人喜欢危机，但遭遇危机时，人却可能获得更厚实的成长，中国精神也是不断在磨难中成长、从磨难中奋起的。以习近平同志为核心的党中央强调坚定文化自信，推动马克思主义中国化"两个结合"，引领了文化建设在守正创新中蓬勃发展。习近平总书记指出，中国人民是具有伟大创造精神、伟大奋斗精神、伟大团结精神、伟大梦想精神的人民。① 纵观中华民族的历史进程，我们之所以经历过很多磨难而从来没有被压垮过，归根到底靠的就是民族精神这一制胜法宝。

---

① 习近平：《在第十三届全国人民代表大会第一次会议上的讲话》，《人民日报》2018年3月21日。

# 第五章　文明精神的重塑与再造：新时代精神文明建设的开放系统

精神文明是一个国家、一个民族的"根"与"魂"，同时也是一个国家、一个民族得以生存、发展及进步的内在强大精神支柱与动力。今天新时期精神文明的建设既要立足于民族本位来结合我国具体实际情况对中华传统文化进行创新性发展与创造性转化；同时，也要立足于全球化的时代背景以兼容开放的态度汲取西方文化的优秀成果，坚持古为今用、中西合璧、取长补短、择善而从的原则，不断丰富和发展中国文化，进而创造出中华文明新的辉煌，实现中华民族的伟大复兴。

## 第一节　不忘本来的文化精神传承

中华优秀传统文化源远流长、博大精深，是中华民族最根本的精神基因，代表着中华民族独特的精神标志，是中华民族生生不息、发展壮大的强大精神动力，是中华民族屹立于世界文化之林的文化依据。其中，天人合一的和合追求、仁爱崇义的民本思想、天下大同的政治理想等中国传统文化中的优秀成分，对中华文明的形成及延续、对中华民族精神的形成和丰富、对中华民族的独立与发展起着重要的作用。因此，我们要以科学的态度对待传统文化，充分挖掘其中的优秀成分，才能真正继承好、发展好、弘扬好中华优秀传统文化，进而建设新时期独具中国特色的精神文明。正如习近平总书记指出的："不忘本来才能开辟未来，善于继承才能更好创新。"[①]

---

[①] 《习近平谈治国理政》第1卷，外文出版社，2018，第164页。

## 一 天人合一的和合追求

"天人合一"作为中国文化的精髓及核心问题,在整个中国文化发展的过程中始终占据着举足轻重的地位。了解"天人合一"思想我们有必要先定义"天"与"人"两者相对应的内涵,纵观整个中国文化史,我们大体上可将其分为以下几类。

1. 神与人。西周人心目中的"天"为最高主宰者,能对人发号施令,降吉凶于人,充满人格神色彩。《尚书·周书·大诰》曰:"天亦惟休于前宁人。"又曰:"予不敢闭于天降威,用宁王遗我大宝龟,绍天明。即命曰:'有大艰于西土,西土人亦不静。'"因此,西周初年"天"和"人"分别指人格神和人间统治者。

2. 天命与人力。《左传》和《国语》中反复出现"天之所支,不可坏也。其所坏,亦不可支也""国之存亡,天命也"等句子。这里,"天"的人格神色彩已经淡化,被理解为人力所不能及的因素。孔子也曾说过:"道之将行与,命也;道之将废与,命也。公伯寮其如命何?"(《论语·宪问》)这里的"命"即"天命",是指人力所无法把握和控制的盲目的必然性。孟子亦曾感慨:"皆天也,非人之所能为也""莫之为而为者,天也;莫之致而至者,命也。"(《孟子·万章上》)因此,从这个角度来说,"天"和"人"分别指人力不可控的"天命"和靠人为努力能把握的"人力"之间的关系。

3. 天然与人为。《庄子·秋水》曰:"牛马四足,是谓天;穿牛鼻,落马首,是谓人。"在庄子看来,"天"是指事物本然的状态;而所谓"人"专门指事物经过人为加工后的状态。庄子之所以反对"人为"是因为在他看来,人为就是自己本性的迷失,是造成社会动乱的根源。

4. 先天与后天。《韩非子·解老》曰:"聪明睿智,天也;动静思虑,人也。"韩非在这里把"天"定义为人先天所具有的能力;而"人"则是认识主体后天的具体思维和实践活动。

5. 天道与人道。春秋时期郑国大夫子产说:"天道远,人道迩。"(《左传·昭公十八年》)这里的"天"指的就是自然客观世界运行的规律、原则;"人"就是指人类社会运行的规律、原则。《易传·说卦传》

## 第五章 文明精神的重塑与再造：新时代精神文明建设的开放系统

曰："昔者圣人之作易也，将以顺性命之理，是以立天之道曰阴与阳，立地之道曰柔与刚，立人之道曰仁与义。"又《四库全书总目提要》云："夫易者，推天道以明人事也。"既然整个宇宙有普遍运行的规律，故人就应该效法这种普遍规律来行事，以此实现人与自然宇宙、人与人、人与自身关系的和谐，加入天地变化之大道。李泽厚说："《易传》正是要用这种宇宙普遍秩序（'天道'）与现有社会秩序（'人道'）的推演一致和相互肯定，企图包罗万象，一统万物。"①

6. 天理与人欲。朱熹"存天理，灭人欲"道出了二者之关系。在宋明理学家那里，"天"或"天理"就是至上、永恒的宇宙本体，也是人类不得不遵从的根本伦理原则。而"人"在这里则是指人的感官欲望、欲求。此时，"天理"和"人欲"处于对立之中，因为程朱认为要保存天理就必须去除人欲。

7. 自然与人类。在《国语·越语》中，范蠡提出了"天因人，圣人因天"的思想。这里的"天"主要指自然现象之天，"人"就是指人类社会。《荀子·天论》有"天行有常，不为尧存，不为桀亡。应之以治则吉，应之以乱则凶"。这里的"天"也是指"自然之天"。因此，人类就应该通过把握自然的规律来实现"制天命而用之"。到了近代，随着西方科学思想的传入，"天"又被用来翻译 Nature（自然界），于是天人关系就有了现代意义上的自然界与人类的关系这层意思。②

关于"天""人"的这七种定义里，针对目前迫切需要解决的日益严重的生态危机问题，现代人关注得最多的就是"自然"与"人类"这层内涵。在定义"天"与"人"各自相对应内涵的基础上，大体而言，"所谓'天人合一'，是指'天'与'人'的一致、一体、协调。同源、同类、相通是天人合一的基本依据、价值原则和方法论"。③

中国传统文化中有着丰富的天人合一思想。"天人合一"是中国古代哲学中对于天人关系的经典命题，而天人关系则是每位哲人所必然要面

---

① 李泽厚：《中国古代思想史论》，人民出版社，1985，第 125 页。
② 冯禹：《天与人——中国历史上的天人关系》，重庆出版社，1990，第 25 页。
③ 李宗桂：《生态文明与中国文化的天人合一思想》，《哲学动态》2012 年第 6 期。

对、要思考的一个基本问题,其关键在于对"天"的理解。在原始社会人的智慧尚未开化的阶段,华夏先民将"天"视为有意志的神灵,原始巫术的基本意义就是进行天人之间的沟通,《易经》中所载伏羲发明八卦,其意图就是"以通神明之德,以类万物之情"。此时"天人合一"的命题建立在天人相通的基础上。到西周时期,"以德配天"的观念开始流行,"天"的内涵实现了由人格神向价值理性品格的转变。《尚书·泰誓》言:"天视自我民视,天听自我民听。"上天如何看问题来源于百姓如何看问题,上天如何听取声音来源于百姓如何听取声音。西周时期这种"天人同(合)德"的理念就其本质而言属于"天人合一"的思维模式。① 发展到东周时期,在人们的社会生活中巫术的作用已经淡化,这时人们的关注重心已经由"天"转向"人","天"的神化色彩进一步消退,更为侧重向自然和人伦意义的一面发展。孟子将"天"视为道德的本原,认为人的心性受之于天,尽心知性可与天地相通达。"仁义忠信,乐善不倦,此天爵也",孟子在此用天赐的爵位来表示人的高尚道德。"夫君子所过者化,所存者神,上下与天地同流",这是君子的道德修养所能达至的崇高境界。在庄子那里,"天"指向自然的意涵,人是自然的一部分,所以天人本来就是一体的,而天与人的分隔是人的文化造成的,所以庄子倡导"绝圣弃智",返璞归真,从而可达天人相融的本然境界。

最早明确表述"天人合一"这一命题的是西汉的董仲舒,他在《春秋繁露》中提出"天人之际,合而为一"的主张。以董仲舒为首的思想家为了给西汉"大一统"的政治需要提供理论支撑,将天人哲学(天人同源、天人同序、天人同构、天人感应)与阴阳五行结合起来,开创了"罢黜百家,独尊儒术"的思想局面,奠定了儒学在中国传统文化中的主导地位。《春秋繁露·同类相动》称:"天有阴阳,人亦有阴阳。天地之阳气起,而人之阳气应之而起;人之阴气起,而天地之阴气亦宜应之而起,其道一也。"从阴阳气化的角度上看,天人同源相感,所以相类,故又说:"以类合之,天人一也。"而正因为天人相类,所以天人同构。《春秋繁露·人副

---

① 汤一介先生认为:"天人合一学说不仅是一根本性的哲学命题,而且构成了中国哲学的一种思维模式。"载自汤一介《论"天人合一"》,《中国哲学史》2005年第2期。

## 第五章　文明精神的重塑与再造：新时代精神文明建设的开放系统

天数》说："天地之符，阴阳之副，常设于身，身犹天也，数与之相参，故命与之相连也。"又正是因为天人同构，所以天人同序。《春秋繁露·基义》说："君臣、父子、夫妇之义，皆取阴阳之道：君为阳，臣为纲；父为阳，子为阴；夫为阳，妇为阴。"由于"天道右阳不右阴""贵阳而贱阴"（《春秋繁露·阳尊阴卑》），阴阳两者永远处于不平等的地位。董仲舒认为人世间最基本的三纲秩序就是天的秩序。同时，他用五行和四时来附会人世间的人伦道德。他说："五行者，孝子忠臣之行也"（《春秋繁露·五行之义》）、"四时之比，父子之道，天地之志，君臣之义也"（《春秋繁露·王道通三》），可见，"王道之三纲，可求于天"（《春秋繁露·基义》）、"是故仁义制度之数，尽取于天"。

因此，董仲舒在"自然之天"的基础上更多阐发的是带有意志或道德价值色彩的"天"，这是源于当时"大一统"的政治需要。《春秋繁露·人副天数》说："莫精于气，莫富于地，莫神于天。天地之精所以生万物者，莫贵于人。"这里与地相应的"天"就是具备客观运行规律的自然界，即"阴阳之大顺"。当然，董仲舒认为"天"本身具备"为"的具体准则和规范，人"法天""随天"也是合乎自然的有为。以董仲舒为代表的思想家通过天人系统的建构可以说实现了"自然"与"当然"的相互转化，人行仁义礼智就成了与天地相参的必然结果，人间社会秩序的构成和运行与自然天地的构成和运行亦是相一致的。此后，"天人合一"一直都是中国传统哲学思想中的核心。

通观天人合一的几种基本模式，"天"的内涵大致包括自然之天、主宰之天、义理之天。李申通过对200多条历史资料的考证认为中国传统中"天人合一"中的"天"不是指"自然"，大多是指"主宰之天"。[①] 还有人认为中国古代哲学"天"的内涵主要是指"道德实体"。[②] 不难看出，在中国古代哲学中，"天"的内涵更多侧重的是"主宰之天"与"义理之天"，"天人合一"基本意味着天道与人道的协调、一致，而这种协调、一

---

① 李申：《"天人合一"不是人与自然合一》，《历史教学》2005年第5期。
② 任吾心：《天人关系是古代中国哲学的基本问题吗？——论"天人合一"的内涵》，《河北学刊》1990年第6期。

致内在蕴含着对和合的追求。正如《中庸》所言："诚者非自成己而已也，所以成物也。成己，仁也；成物，知也。性之德也，合内外之道也""能尽其性，则能尽人之性；能尽人之性，则能尽物之性；能尽物之性，则可以赞天地之化育；可以赞天地之化育，则可以与天地参也""致中和，天地位焉，万物育焉"。这种成己成物一体、尽人之性即尽物之性及天地人三才相参的观点本质上是中国传统文化中"天人合一"思想的主要体现，在此基础上的人际和谐、天人和谐、万物和谐之"和合"境界则是儒家所追求的终极理想。

新时期精神文明建设过程中，我们应充分汲取中国传统文化中"天人合一"的思维方式来确立人的道德主体性原则，进而化解人与自然、人与人、人与自身之间出现的紧张冲突关系，更好解决全球化过程中出现的环境污染、恐怖主义、霸权主义等问题，以此促进世界的和平发展。

随着全球工业化进程的加剧，生态系统退化、资源环境约束趋紧等越来越突出，生态问题已成为目前制约全人类持续发展的瓶颈与短板，"天人合一"蕴含的"天"与"人"协同发展的生态智慧始终是我们建设生态文明和构建人类生态命运共同体的文化根基。《中共中央关于党的百年奋斗重大成就和历史经验的决议》明确指出："必须坚持绿水青山就是金山银山的理念，坚持山水林田湖草沙一体化保护和系统治理，像保护眼睛一样保护生态环境，像对待生命一样对待生态环境，更加自觉地推进绿色发展、循环发展、低碳发展，坚持走生产发展、生活富裕、生态良好的文明发展道路。"习近平总书记亦多次强调"人与自然和谐共生""人与自然是命运共同体"。这些理念本质上就是对"天人合一"蕴含的生态化思维的践行。正如习近平总书记所说的："我们应该遵循天人合一、道法自然的理念，寻求永续发展之路。"① 党的十八大以来，我国始终把生态文明建设放在突出位置，倡导创新、协调、绿色、开放、共享的新发展理念，过去10年，我国森林资源增长面积居全球首位，生物遗传资源收集保藏量居世界前列，90%的陆地生态系统类型和85%的重点野生动物种群得到有效

---

① 《习近平谈治国理政》第2卷，外文出版社，2017，第544页。

保护。① 此外,我国始终积极参与全球环境与气候治理,推进全球生态治理体系的构建,并作出力争2030年前实现碳达峰,2060年前实现碳中和的郑重承诺。我国始终用生态文明理念指导发展,用有力的政策行动守护人类共同的地球家园,这都是对"天人合一"的中国传统生态智慧的继承与发展。

## 二 仁爱崇义的民本思想

中国传统文化中有着丰富的"民本"思想或"重民"思想,这主要表现在君主对百姓的仁爱及以人民为国家的根本上。中国政治思想中,虽亦讲神、讲国、讲君,但神、国、君都是政治中的虚位,而民才是实体。② 所谓:"天聪明,自我民聪明;天明畏,自我民明畏"(《尚书·皋陶谟》),"天使自我民视,天听自我民听"(《尚书·泰誓逸文》),"民之所欲,天必从之"(《尚书·泰誓逸文》)。天子不得胡乱作为,必须体察民意以实现天意。这样一来,天只是作为一抽象的、神圣的最高价值存在,而民才是真正实体。天子最大的义务名为"秉承天命",实即"秉承民命"。所以,中国传统文化表面看似是"神本"或"君本",实则是"民本"。③

儒家强调"民"是国家的根本,是政治的主体。"民为邦本"最早见于《尚书·五子之歌》:"民可近,不可下;民为邦本,本固则邦宁",这就奠定了儒家"以民为本"的传统与基本价值理念。孔子虽没明确谈"民为邦本"这四个字,但亦重视人民在国家治理中的作用。他提倡"为政以德"的治国之道,强调对民应"道之以政,齐之以礼",而非"道之以政,齐之以刑"。同时,《论语·子路》篇亦记载孔子要求统治者对百姓"庶

---

① 《习近平在联合国生物多样性峰会上的讲话》,《人民日报》2020年9月30日。
② 徐复观:《学术与政治之间》,华东师范大学出版社,2009,第45页。
③ "民"之本质,原亦是人,中国古者"人"与"民"通用,如《孟子》言:"圣人治天下,使有菽粟如水火。菽粟如水火,而民焉有不仁者乎?"《管子·霸言》云:"夫霸王之所始也,以人为本,本理则国固,本乱则国危";《太平御览》卷八五九引《后魏书》曰:"国以人为本,人以食为命。"同书卷五三二引《礼记外传》云:"国以民为本,人以食为天。"在现代语境中,"人本"与"民本"当有区别。具体参见谢扶雅《中国政治思想史纲·绪论》,载刘泽华等编《中国政治思想史研究》,湖北教育出版社,2006,第127页。

之"（使民以时）、"富之"（因民之所利而利之）、"教之"（道之以德），从而达到"修己以安百姓"的治国目的。可见，孔子主张为政要以道德教化为根本，而不应该片面强调刑罚杀戮，所谓"子为政，焉用杀？子欲善而民善矣"（《论语·颜渊》），作为统治者的君主首先自己要守道向善、仁爱百姓，才能推行道德教化，提高人民的道德水准，通过上行下效与同心同德才能使国家兴旺发达。整体而言，民本思想是孔子仁学在其道德政治理想中的重要表现，是"仁者爱人"（《论语·颜渊》）这一"绝对律令"在统治者身上的落实，是"弟子入则孝，出则悌，谨而信，泛爱众，而亲仁"（《论语·学而》）推扩的必然结果。

　　孟子以仁义礼智四端之心来言性善，在孔子的基础上进一步发展出"仁政"的思想，提出"民贵君轻"的政治主张及"得民得心"的王道学说，肯定了人民在国家中的重要作用，指出民心的向背是一个国家生死存亡的关键。另外，孟子还以人民为最高价值性的存在，提出在经济上要保障人民的基本生存权，"养民""保民"是君主对百姓的最大义务。《孟子·滕文公上》言："民之为道也，有恒产者而有恒心……放辟邪侈，无不为已。"《孟子·梁惠王上》言："是故明君制民之产，必使仰足以事父母，俯足以畜妻子，乐岁终身饱，凶年免于死亡；然后驱而之善，故民之从之也轻。"作为"民之父母"的君主，必须"以仁富民"；如果没有做到这点，人民就有反抗和革命的正当权利。"贼仁者谓之贼，贼义者谓之残，残贼之人谓之一夫，闻诛一夫纣矣，未闻弑君也。"（《孟子·梁惠王下》）这是把道德原则作为社会秩序建构合法性的依据，把合乎民心作为政治合法性的根源。人民的权利在这里具有优先性和重要性，人民有权利要求君主实现德政；如果君主不行德政而"虐民"，则人民视君主为寇仇是正当的。所以，从君主对民众有"养民""保民""王民"义务的角度来看，孟子系统地阐发了先秦儒家的民本思想。可见，孟子的民本思想是对孔子的继承与发展，在孔子"仁"这一总的价值规范下进一步提出了具体实现路径的"义"，所谓"仁，人心也；义，人路也"（《孟子·告子上》）。如果说"仁"指向的是"亲亲"，而"义"的指向则是"尊尊"；"仁"的切近要求是事亲，"义"的切近要求则是"敬长"。"敬长，义也"（《孟子·尽心上》），所谓"敬长"，在家庭内部是指尊敬兄长，在社会上

## 第五章 文明精神的重塑与再造：新时代精神文明建设的开放系统

则是指尊敬君长。但在尊敬君长方面，孟子十分强调君臣之间的对等关系，而非单向度的服从与被服从关系，所谓"君之视臣如手足，则臣视君如腹心；君之视臣如犬马，则臣视君如国人；君之视臣如土芥，则臣视君如寇雠"（《孟子·离娄下》）。这里强调，君主只有把臣子当成自己的手足兄弟，臣子才有可能由衷地产生"事君如事兄"的尊敬之情，这就是孟子所强调的"君臣之义"。因此，"仁义"是孟子民本思想的核心理念与价值原则。

荀子性恶说及尊君论虽与孔孟相异趣，但其政治哲学的中心思想仍与孔孟一脉相承，其"天之生民，非为君也，天之立君，以为民也"（《荀子·大略》）一语，上通孟子"民贵君轻"之义，下接梨洲"君客民主"之论。① 荀子虽然尊君，把君主看得非常重要，但在此基础上进一步强调人民才是天下的主人。若君主不能行王政，则人民可以起来推翻他，他说："臣或弑其君，下或杀其上，粥其地，倍其节，而不死事者，无他故焉，人主自取之"（《荀子·富国》），又说："天下归之之谓王，天下去之之谓亡。故桀纣无天下，而汤武不弑君"（《荀子·正论》），荀子这种"暴君征诛"的思想就说明了君主与人民之间是"君舟民水"的关系，而不是服从与被服从的关系。此外，"天之生民，非为君也，天之立君，以为民也"，既然如此，则人君是应人民之需要而存在的，而人民最基本的需要就是生存。所以，君主的最大责任就是保证人民的生存，要爱民养民富民。荀子说："足国之道，节用裕民，而善藏其余"（《荀子·富国》）；又说："不富无以养民情，不教无以理民性。故家五亩宅，百亩田，务其业而勿夺其时，所以富之"（《荀子·大略》），这就把富民本身作为治国的目的，所体现的仍然是先秦儒家传统的"民本"思想。另外，在荀子政治思想中，始终倡导"有治人，无治法"的王道政治主张，这更是继承了孔孟民本思想的神髓。

综合而言，以孔、孟、荀为代表的儒家倡导的民本思想是中国古代道德政治的主要体现，本质是表达"仁爱崇义"的核心价值原则及具体实践路径，进而凸显人的道德主体性。今天我们在建设新时期精神文明的过程

---

① 金耀基：《中国民本思想史》，法律出版社，2008，第97页。

中要剔除中国古代"以民为本"思想中为维护封建君主专制统治而将"民"视为政治工具的倾向，注重"民"的价值主体及仁义精神的培育与弘扬，实现工具理性向价值理性的过渡，将"以民为本"与现代化中的"以人为本"进行有效衔接。

中国共产党人创造性地继承了中国古代"民惟邦本"的思想，摒弃了传统民本思想中"君本""官本"的理念，实现了"家天下"到"公天下"、"民"的工具价值向理性价值的转变，保证了个体的正当权利，体现了人民的主体地位。正如习近平总书记指出的那样，人心向背、力量对比是决定党和人民事业成败的关键，是最大的政治①，是我们党制胜的最大法宝。因此，我们党要永远保持同人民群众的血肉联系，永远践行以人民为中心的发展思想，坚持人民至上的原则，不断实现好、维护好、发展好最广大人民的根本利益。中国共产党这种"人民至上"的初心使命本质上来源于中国传统治国思想中的民本意识。

马克思主义是人民的理论，人民性是马克思主义最鲜明的特征。马克思说，"历史活动是群众的活动"②，其创立的初心使命就是为实现人民自身解放及全人类的解放提供思想指引。习近平总书记指出："马克思主义之所以具有跨越国度、跨越时代的影响力，就是因为它植根人民之中，指明了依靠人民推动历史前进的人间正道。"③ 中国共产党在马克思主义人民理论的指导下，创新性地将中国传统治国思想中"民惟邦本"的理念发展为富有时代性、科学性的"人民至上"的理念，可谓创造了马克思主义中国化的新境界。中国共产党始终学习和践行马克思主义关于坚守人民立场的思想，创造性地继承中国传统治国思想中"民惟邦本"的理念更是体现了其不忘初心、牢记使命的自觉担当。

### 三　天下大同的政治理想

长期以来，大同理想及其"天下为公"的主张，多被视为儒家最完

---

① 《十八大以来重要文献选编》（中），中央文献出版社，2016，第556页。
② 《马克思恩格斯文集》第1卷，人民出版社，2009，第287页。
③ 习近平：《在纪念马克思诞辰200周年大会上的讲话》，人民出版社，2018，第8页。

## 第五章 文明精神的重塑与再造：新时代精神文明建设的开放系统

整、最系统、最具空想色彩的政治理想，反映了古代中国人对以公有制为基础的"大同"之世的热切向往和孜孜追求。[①] 作为中华优秀传统文化的重要内容，"大同"思想对中国历史的发展产生了极为重要的影响。

> 孔子曰：大道之行也，天下为公，选贤与能，讲信修睦。故人不独亲其亲，不独子其子。使老有所终，壮有所用，幼有所长，矜寡孤独废疾者皆有所养。男有分，女有归。货恶其弃于地也，不必藏于己；力恶其不出于身也，不必为己。是故谋闭而不兴，盗窃乱贼而不作，故外户而不闭。是谓大同。
>
> 今大道既隐，天下为家。各亲其亲，各子其子，货力为己。大人世及以为礼，城郭沟池以为固，礼义以为纪，以正君臣，以笃父子，以睦兄弟，以和夫妇，以设制度，以立田里。以贤勇知，以功为己。故谋用是作，而兵由此起，禹、汤、文、武、成王、周公，由此其选也。此六君子者，未有不谨于礼者也，以著其义，以考其信，著有过，刑仁讲让，示民有常。如有不由此者，在埶者去，众以为殃。是谓小康。（《礼记·礼运》）

在这里，"大同"与"小康"是相对而言的。"大同"的特点是"天下为公"，"天下为公"即指以公有制为基础的财货为天下公养及权力为天下公器。"小康"的特点是"天下为家"，"天下为家"则是以私有制为基础的"货力为己""大人世及"，视天下为一家一姓或一人之私物。"大同"与"小康"的区分及对"天下为公"社会图景的描述，无疑有原始社会的投影，然而其更多表达的是儒家对"天下大同"这一美好社会及政治理想的追求。

到了近代，欧美的政治思想尤其是民主主义传入中国，对中国的思想界产生了极大影响，为了借鉴西方文明的优秀成果以达到富民强国的目的，"大同"思想重新被思想家们赋予了新的内涵与解释。近代对《礼记·礼运》中大同思想首先进行系统阐述与发展的是康有为，康有为在

---

① 裴传永：《"礼运大同"三题》，《东岳论丛》2000年第5期。

《大同书》中阐发他的"三世进化"历史观，并进一步提出了他的大同理想。康有为认为，《春秋公羊传》所言"所传闻世""所闻世""所见世"实际上指"据乱世""升平世""太平世"三个历史时代，人类文明的发展与演进就是按照这个顺序逐步实现的，其具体表现为："据乱世"是文教未明、男女不平等的君主统治时期；"升平世"是渐有文教、女权渐昌的君主立宪时期；"太平世"是文教全备、男女平等的民主共和时期。同时，康有为把"升平世"等同于"小康之世"，把"太平世"等同于"大同之世"。康有为在此基础上进一步指出，中国两千年来一直处于"据乱世"，只有通过维新变法实行君主立宪，才能由"据乱世"进入"升平世"，再进一步发展为理想的大同社会。

康有为在《大同书》中详细地描述了大同社会的理想图景。他说，到了大同社会，人们在经济上是生产资料公有制，所谓"凡农工商之业必归之公"；在政治上是民主共和，所谓"人人平等，无有臣妾奴隶，无有君主统领，无有教主教皇""事权实在公众"；在生活上人们的物质与精神都得到极大的满足与发展，所谓"一人作工之日力，仅三四时或一二时而已足，自此外皆游乐读书之时"。在康有为眼里，大同社会的人们都幸福自由地生活着，这是人类文明进步的理想境界。康有为的"大同"理想，是近代先进思想家向西方探求真理的积极成果，从哲学层面肯定了人类社会是由低级向高级进化的整体过程，并向人们描绘了一个美好的社会图景。但康有为的"三世进化"历史观是通过托古改制来表达的，他认为这是孔子规定的历史进化模式，没有把这个过程看成社会历史进化的客观规律，亦没有看到人民群众在历史发展中的决定性作用，脱离了当时的人民大众。因此，康有为的"天下大同"政治理想最终也沦为了空想，正如毛泽东所说："康有为写了《大同书》，他没有也不可能找到一条到达大同的路。"[①]

如果说"大同"是传统政治思想成熟的标志，那么康有为的"大同之世"则是"大同"近代条件下的翻新版，而孙中山的"大同主义"可视为近代条件下的升级版。[②] 孙中山的"大同主义"既与中国传统文化中的

---

① 《毛泽东选集》第4卷，人民出版社，1991，第1471页。
② 裴植、鲁德平：《大同·〈礼运〉大同·大同主义》，《孔子研究》2015年第4期。

## 第五章 文明精神的重塑与再造：新时代精神文明建设的开放系统

"大同"思想有一定的承接关系，又是针对当时的社会状况所提出的新的理论学说，并具体表现在"三民主义"的精神内涵之中。孙中山的三民主义即民族主义、民权主义、民生主义，"从某种意义上说就是一种'公天下'思想，他的民族主义，为的是解除民族压迫，实现'五族共和'。他的民权主义，目标就是除去君权，施行民权。他的民生主义，目标是'平均地权'"。① 三民主义作为孙中山的施政纲领及实现大同社会理想的低级阶段，旨在让人民当家作主，使人民享有管理国家和社会大事的权利，实现"天下为公"；主张行直接民权，推行地方自治等，这是对中国古代"大同"思想的批判性的继承与吸收，为大同世界的到来奠定了坚实基础。②

在近代到现代的政治实践和思想探索中，康、孙二人的"大同"思想虽然都有着鲜明的时代烙印与一定的局限性，但这些都从侧面反映了"大同"思想在社会转型过程中所发挥的至关重要的作用。"大同"思想一方面成为接引西方先进思想的传统资源，另一方面也成为批判和超越传统专制政治、社会和伦理的思想武器。近代思想家关于大同思想的阐释使得传统的大同思想保持了更大的张力，同时也包含着超越古代传统政治观念的可能性，为现代社会更好地接纳民主、平等、公平、正义等价值观念打下了坚实的基础。

综合而言，"天下大同"作为中华民族优秀传统文化的核心理念之一，反映了我国自古以来爱好和平和睦、追求公平正义的文化精神及对"和而不同"这一美好社会理想孜孜不倦的努力与向往，其不仅在整个中国文化发展进程中占据着举足轻重的地位，更是全世界可以协同共享的理念资源。此外，今天我们也要充分发掘"天下大同"思想的现代价值，对"天下大同"思想进行创造性转化与创新性发展，并在全球化趋势下思考如何在确保本民族优秀传统文化不被西方世界同化的前提下更好地发展"世界大同"的理念，以此推动东西方文化在更多元的层面上进行互动，为我们今天建设和谐社会、实现共同富裕及构建人类命运共同体等方面提供理论支撑。

---

① 焦亚葳等：《"公天下"思潮与中国 20 世纪历史》，《河北学刊》2002 年第 4 期。
② 朱春晖：《孙中山大同理想辨》，《史学月刊》2006 年第 4 期。

目前人类处于百年未有之大变局时期。在全球化的趋势下，机遇和风险相伴而生，挑战层出不穷，各国联系日益紧密、相互依存，全球命运与共。在这一背景下，以习近平总书记为代表的中国共产党人以历史的自觉与时代的担当提出"构建人类命运共同体"的主张，并将其作为我国外交工作的基本理念，始终用行动践行着这一价值目标。今天，我国倡导"构建人类命运共同体"是以中国传统文化中"天下大同"的理念为基础的。

"天下大同"的思想蕴含着和谐、公平、公正、平等的理念，其成为我们今天构建"人类命运共同体"的内在思想资源与文化基因。习近平总书记多次强调，我们要推动人类命运共同体的构建，弘扬和平、公平、正义、民主、自由的全人类共同价值，实现共赢共享。所谓"大家好才是真的好""世界好，中国才能好；中国好，世界才更好"，中国共产党始终以世界眼光关注人类的前途命运，以"大道之行，天下为公""各美其美，美人之美，美美与共，天下大同"的理想信念引领着世界潮流，以为中国人民谋幸福、为中华民族谋复兴、为全人类谋进步、为全世界谋大同的价值目标推动着历史发展。从中国传统文化的"天下大同"到今天的"人类命运共同体"，都表达了中国人民对和谐、公平、公正、民主、自由理想世界的不懈追求，这与马克思主义始终以实现全人类的解放及共产主义为最终目标是一致的。"人类命运共同体"理念是对中国传统治国理政中"天下大同"思想蕴含的多元和谐、平等共生、公平公正精神的继承与弘扬，是对马克思主义的"共产主义"理想作出的中国化诠释，其大大丰富了中国化马克思主义的精神内涵，为全球现代化治理体系的形成及世界的和平发展提供了中国方案，贡献了中国智慧与中国力量。

中国传统文化具有两重性特征，我们需要去除其糟粕的部分，充分挖掘其优秀的成分，并立足于民族性与时代性对其进行创造性转化与创新性发展，在新时期展现中国优秀传统文化的独有价值与魅力。概括而言，我们应充分学习中国传统文化中"天人合一"（物我合一、人我合一、身心合一）的思维方式，确立人的道德主体性，以此应对全球化过程中出现的人与自然、人与人、人与社会、人与自身、文明与文明之间的冲突紧张，进而解决现代化及全球化进程中的生态、社会、道德、精神及价值危机；

摒弃中国古代"以民为本"思想中将"民"视为工具理性的倾向,实现工具理性向价值理性的过渡,凸显人的价值主体性,将"以民为本"与现代化中的"以人为本"进行有效衔接;吸收中国传统文化中"天下大同"思想开放包容的文化基因与心态,在建构人类命运共同体过程中既要坚持本民族的特点,又要融入现代化文明的交流互鉴中,由"天下大同"发展到"世界大同"。

## 第二节 面向世界的中国系列传播

近些年来,中国故事的广泛传播让世界各国及人民对中国有了进一步的认识和了解,我国在国际社会中的形象地位也得以不断提升,以爱国主义和改革创新为核心的中国精神在世界文化之林亦更加绽放出独有的魅力。以"一带一路"为代表的"中国方案"越来越多地被世界各国及人民所广泛接受与关注;以高铁、5G 为代表的"中国制造"越来越多地被世界各国及人民所广泛认同;以中餐、中国功夫、中医药为代表的"中国元素"越来越多地被世界各国及人民所广泛赞赏。

### 一 讲述好中国故事

2013 年,习近平总书记在全国宣传思想工作会议上提出要"讲好中国故事、传播好中国声音"①;2017 年,"讲好中国故事"又被写进党的十九大报告。党的十八大以来,习近平总书记在一系列的重要讲话中反复强调要精心做好对外宣传工作,创新对外宣传方式,着力打造融通中外的新概念新范畴新表述,讲好中国故事,传播好中国声音,重点展示中国的文明大国形象、东方大国形象、负责任大国形象、社会主义大国形象。习近平总书记的重要指示正是基于当前"中国故事很精彩,中国话语很贫乏"②的紧迫现状而提出来的。

讲好中国故事、传播好中国声音最为根本的是选择合适多元的对外传

---

① 《十八大以来重要文献选编》(中),中央文献出版社,2016,第 363 页。
② 陈先红、于运全:《中国好故事评价指标体系的建构》,《新闻与写作》2019 年第 7 期。

播方式，以此加强中国话语体系的建构，进而增强中国的国际话语权与国际地位。在对外传播方式选择的过程中，我们需遵循民族性、大众性、科学性的原则，以人们喜闻乐见的形式来展现中国形象，让世界了解中国文化，进而加强各国文化之间的互动与交流，为人类命运共同体的建构提供切实的文化土壤。

2017年开始火遍全球的中国知名博主李子柒以"古法风格"发布原创美食视频，在短短的时间内粉丝突破100万，被国外网友称为"来自东方的神秘力量""东方美食生活家"；2020年，李子柒成为首个破1000万粉丝的中文YouTuber。李子柒作为一个普通人，其制作的视频何以能够让其成为知名博主、2017年第一网红并被广大的外国朋友所喜爱呢？从其视频制作的内容、画面及其景象来看，最为根本的是其传递了独具特色的中国元素与中国民俗文化（大众文化），展现了从古至今广大中国农村惬意悠闲的生活状态。李子柒走红的这一现象引发了网友的热议，热议的焦点主要集中在以下三方面：第一，李子柒的系列视频展现的景象能否反映中国广大农村的真实现状？第二，李子柒走红是不是迎合了外国人对中国的"刻板印象"？第三，李子柒的系列视频属于文化传播吗？

针对第一个问题，有部分人认为李子柒镜头下展现的桃花源式的田园生活并不能反映中国广大农村地区的真实现状，有美化的嫌疑。首先，我们知道所有的文艺作品都不是赤裸裸地粗糙呈现，都是经过加工制作的，就好比我们看到的影视作品：外国人不会去纠结中国古装剧中的人是不是真的有功夫，中国人也不会去纠结外国的科幻片中是不是真的有超级英雄存在。其次，李子柒的视频只是一个点，并不能完全代表中国所有农村的真实状况，但也是在讲述中国乡村生活的部分内容。这好比我们过元宵节，北方人吃饺子，南方人吃汤圆，我们不能说北方人过的不是元宵节，或者说南方人过的不是元宵节，两者均能反映中国元宵节的文化内涵与精神实质。

针对第二个问题，有部分人认为李子柒走红完全是迎合了外国人对中国的"刻板印象"，比如外国人是否会因这些视频认为中国今天依旧处在自给自足的落后农业社会。从李小龙的后辈控诉美国好莱坞影视公司在影视作品中对李小龙形象的恶化，到好莱坞电影中对花木兰形象的丑化，这些个别不好现象的出现让不少中国人心痛。但如果我们把这些个别不好的现象及情绪泛化,那么对中国人文化自信心的建立则是有害而无利的。中国近代遭受的屈辱,从一定程度上导致了中国人的文化自卑心理。但到今天,随着我国综合实力的提升及国际地位的提高,我们理应逐渐实现由文化自卑向文化自信转变。

针对第三个问题,有部分人因李子柒背后有商业团队的包装及以营利为目的,认为李子柒的这种行为不属于文化传播。此外,还有部分人因李子柒的视频反映的是民众的俚俗生活而非当前中国最新的现代化科技成果,故认为这种行为不属于文化传播,或顶多只是低质量的文化传播。首先,义利兼顾在今天是我们可以接受的双赢法则。今天很多知名的中国企业既为自己公司创造了丰厚的利润,又为我国综合实力的提升作出了巨大的贡献。李子柒通过自身的努力奋斗,在既没有违反宪法法律,又没有损害他人利益的前提下,通过互联网平台、以百姓喜闻乐见的方式讲述她的农村生活故事,这是中国故事的一部分、中国农村生活的一个缩影及中国人对美好生活向往的一种体现。其次,民俗的、大众的生活正是中国声音的主要来源,亦是民族的、大众的、科学的中国文化的重要组成部分。李子柒的视频恰恰是向世界传播中国文化及让世界了解中国的重要窗口。

2019年12月6日《人民日报》发表评论《文化走出去,期待更多"李子柒"》;12月9日,"共青团中央"新浪微博号发表文章《因为李子柒,数百万外国人爱上中国》;12月10日,新华社发表评论文章《读懂"李子柒",此中有真意》,对"李子柒"走红现象进行了解读;同日,央视新闻在评论《我也蛮自豪,因为我就是李子柒作品背景里的一个点》中指出,没有热爱就成不了李子柒。总而言之,李子柒的视频所呈现的田园牧歌式的生活虽然不能代表中国所有农村地区与普通人的生活状态,但从中依然能够清晰看出和反映中国人的独有审美取向、价值追求与精神世界。从这个角度而言,李子柒的视频可以说是通过创新传播方式及话语方式让中国文化走出去的成功典例之一,其既讲好了中国故事,又传播了中国声音。

## 二 树立好中国形象

国家形象是国家各种客观状况在国际社会舆论中的投影[1],是国家软实力的重要组成部分,良好的国家形象既能增强本国人民的凝聚力与号召力,又能提高本国在国际上的地位。2018年5月以来,当代中国与世界研究院开展了中国形象全球调查,这是党的十九大以来当代中国与世界研究院实施的第一次中国国家形象全球调查。[2] 调查结果显示:中国整体形象保持稳定,内政外交受到好评,其中"一带一路""中国制造""中餐、武术、医药"等是最能代表新时代中国国家形象的标签与元素。

"一带一路"作为海外民众认知度最高的中国倡议,截至2020年,已经有131个国家和30个国际组织同中国签署了近200份共建"一带一路"合作文件,"一带一路"涵盖的总人口约占全球的63%,经济总量约占全球的29%。可见,"一带一路"对全球的政治、经济、文化各个方面的发展起到了巨大的作用。目前来看,在"一带一路"建设中代表中国的"高铁"受到了海内外人民与各个国家的一致好评。现中国高铁里程占世界高铁总里程的66.03%,居世界第一位,并与世界上多个国家达成了合作共建协议。2013年以来,中国政府力推"一带一路"和高铁"走出去",李克强总理在访问其他国家时大力推销中国高铁,并说:"推销中国高铁我特别有底气。"近年来,中国高铁"走出去"呈现良好态势,且动力、实力、潜力十足。[3] 中企在海外承建的第一条高铁——土耳其安伊高铁二期顺利通车,中国为马来西亚生产的世界最高运营速度米轨动车下线;此外还有同印度尼西亚合作的"雅万高铁"、中俄签署合作的"莫斯科—喀山"高铁、中印合作的"德里—金奈"高铁以及中美签署"美国西部快线"设立合资公司框架协议等。可见,中国高铁"走出去"是全方位的,这也意味着中国标准"走出去"并被世界认同,对中国形象的提高及国际地位的提升起着重大作用。连高铁强国德国的传统供应商西门子公司也表示,目

---

[1] 张昆:《国家形象传播》,复旦大学出版社,2005,第180页。
[2] 当代中国与世界研究院课题组:《2018年中国国家形象全球调查分析报告》,《对外传播》2019年第11期。
[3] 徐飞:《中国高铁"走出去"的十大挑战与战略对策》,《学术前沿》2016年第7期。

## 第五章 文明精神的重塑与再造：新时代精神文明建设的开放系统

前及未来都将积极应对新的国际竞争对手"中国中车"。综合而言，中国高铁供应商已具备在西方工业国家中标的实力，其产能将满足全球机车市场一半的需求。① 面对未来高铁国际市场容量的增长及经济体量的增加，中国高铁"走出去"虽存在诸多困难，但仍会砥砺前行，实现"中国制造"向"中国智造"的转变，向世界展现爱好和平、开放共享、合作共赢的"中国形象"。正如习近平总书记所言："欢迎大家搭乘中国发展的列车，搭快车也好，搭便车也好，我们都欢迎。"②

除了以上"一带一路"建设中作为"中国制造"新名片的"中国高铁"外，还有5G、移动支付、抖音快手等，也是近年来随着互联网普及与改革产生的能代表中国形象的新事物。移动互联网的建立勾勒出共商、共享、共治的社会支持网络，使得全球的联系更为紧密，在技术层面绘制出信息命运共同体的蓝图，5G时代的到来更是为这一蓝图的实现提供了强大的技术支撑。5G不只是中国速度的体现，更是中国深度、中国高度、中国广度的彰显，这种全面的变化为世界新一轮发明和创造浪潮带来了动力，使得人类生活更加美好与智能。"目前，中国已经实现5G标准的领先水平，中国企业拥有5G必要知识产权的10%，我国也已经推出支持5G的手机产品等，5G巨大的价值与影响及对国家安全的重要性，使得很多国家加快了布局5G的步伐。"③ 此外，5G技术对移动支付方式及直播形式甚至人们整个生活方式的新一轮变革产生了巨大的影响。从原来的现金支付到现在支付宝与微信的非现金支付、从原来的手机支付到现在的无手机支付，都证明了中国的移动支付规模是世界领先的，5G将带来移动通信的新时代，实现中国移动支付在国际社会地位中占据的量的优势向质的优势转变。

除此之外，2018年中国形象全球调查数据显示，中餐、中医药、武术是最能代表中国形象的文化元素。其中，79%的海外受访者体验过中国饮食文化，接触过中国饮食文化的受访者中有81%对其持有好印象；31%的

---

① 徐飞：《中国高铁"走出去"的十大挑战与战略对策》，《学术前沿》2016年第7期。
② 《习近平关于社会主义文化建设论述摘编》，中央文献出版社，2017，第210页。
③ 人民论坛"特别策划"组：《1G到5G及其时代变迁》，《人民论坛》2019年第11期。

海外受访者接触或体验过中国中医药文化,这些受访者中有81%对其持有好印象。二者相较于2017年好感度提升幅度较大。① 其中,就中国饮食而言,无论是种类、历史文化底蕴还是其他各方面均比西餐丰富很多,光中国各地方独具风味的代表性菜系就包括鲁、川、粤、苏、闽、浙、湘、徽八大菜系,这八大菜系在选料、切配、烹饪等技艺方面都有鲜明特色,且均是经过长期演变而自成体系的,具有悠久的历史文化底蕴。如"舌尖上的中国"这类节目就较好地展现了中国饮食文化的魅力,深受国内外民众的喜爱。就中医药而言,党的十八大以来习近平总书记在讲话中多次强调要"促进中西医结合及中医药在海外发展"②,"推动中医药走向世界"③。此外,我国《中医药发展战略规划纲要(2016—2030年)》也提出了"推进多层次的中医药国际教育交流合作,把中医药打造成中外人文交流、民心相通的亮丽名片"等,这均说明我国对中医药文化的重视程度并将其视为代表中国文化"走出去"的载体及新名片之一。就目前来看,中医药在国外的认同度也逐渐提升。比如"中医药已经传播到了183个国家和地区,据世界卫生组织统计,103个会员国认可使用中医针灸,29个设立了传统医学的法律法规,18个将针灸纳入医疗保险体系。政府间的中医药合作协议已签署86份,每年约13000多名留学生来华学习中医药知识。中医针灸列入联合国教科文组织人类非物质文化遗产代表作名录,《黄帝内经》和《本草纲目》入选世界记忆名录"④,2015年屠呦呦因发现青蒿素而获得诺贝尔生理学及医学奖更是向世界证明了中医药的巨大价值与贡献。就中国武术而言,从最开始让中国功夫享誉全球并让Kungfu一词写入了英语辞典的李小龙,到现在我们最熟悉的影视功夫巨星成龙等,让世界了解了中国武术;近年来中国武术作为一项家喻户晓的体育运动(竞技、表演、

---

① 当代中国与世界研究院课题组:《2018年中国国家形象全球调查分析报告》,《对外传播》2019年第11期。
② 《习近平会见世界卫生组织总干事陈冯富珍》,中国共产党新闻网,2013年8月21日,http://cpc.people.com.cn/n/2013/0821/c64094-22636875.html。
③ 《习近平对中医药工作作出重要指示》,中国政府网,2019年10月25日,http://www.gov.cn/xinwen/2019-10/25/content_5444863.htm。
④ 张宗明:《中医药文化是中华文化"走出去"的先锋》,《南京中医药大学学报》(社会科学版)2020年第2期。

第五章 文明精神的重塑与再造：新时代精神文明建设的开放系统

健身、娱乐、防身、教育等）更是让很多海外民众产生了进一步认识了解中国武术的兴趣。中国武术的生活化与多样化，从根本上提升了中国武术文化对外的传播力与渗透力，让其在国际文化交流中起着更为重要的作用。2019年7月，由国家多部门共同印发的《武术产业发展规划（2019—2025年）》就明确指出："充分发挥武术文化的社会功能与价值，增强中国武术在国际上的感召力与影响力"，可见中国武术在以技术为表象的形态下与中国的中医药、哲学及文化等相互渗透影响并成了中国文化"走出去"的重要符号。

综合而言，2018年中国国家形象全球调查分析报告结果显示了几种趋势："中国整体形象保持稳定，内政外交受好评；历史悠久、充满魅力的东方大国和全球发展的贡献者仍是中国最突出的国家形象；中国在科技、经济和文化领域参与全球治理的表现更获认可；对'一带一路'的认知度不断提升，'人类命运共同体'理念对个人、国家、全球治理的积极意义获关注；中餐、中医药和武术仍是海外受访者认为最能代表中国文化的元素；中国科技形象表现亮眼，通过与中国相关渠道了解中国的人数有所增长。"① 足见，中国形象在海外各国人民及各个国家中的认知度及好感度逐渐呈现上升的趋势。当然，我们在新时代精神文明建设中需进一步定位好中国国家形象，在此基础上发挥好移动通信变革的新成果新科技来创新传播中华优秀文化的多种方式与渠道，借助"一带一路""中国制造""中餐、中医、武术"等独具特色的中国方案、中国品牌、中国标准、中国元素、中国故事、中国文化来塑造好、展示好新时代中国国家形象，以此纠正西方某些媒体及国家对中国国家形象的扭曲，在国际话语权中实现由"他塑"向"自塑"的转变，阻断及消除"中国威胁论""中国崩溃论"等不当言论的蔓延。

### 三 宣扬好中国精神

中国精神是以爱国主义为核心的民族精神和以改革创新为核心的时代

---

① 当代中国与世界研究院课题组：《2018年中国国家形象全球调查分析报告》，《对外传播》2019年第11期。

精神的统一。简单而言，中国精神以中国文化精神为依托，在此基础上不断赋予中国文化精神以新的时代内涵与意义。因此，谈及中国精神必须先把握好中国文化精神的实质，才能对其进行创造性转化与创新性发展，进而培育好、塑造好及宣传好新时代的中国精神，为增强全国各族人民的凝聚力及实现中华民族的伟大复兴提供强大的精神动力。概括起来，中国文化精神主要包括：刚健自强、忠孝爱国、贵和尚中等。

1. 刚健自强的中国精神

刚健自强精神是"中华民族精神的核心内容"①，是中国文化的主流精神。从最早《易传》言"天行健，君子以自强不息"开始，刚健自强思想对中国人的为人处世和安身立命之道就产生了深刻的影响，并在后来的发展中成为中华民族为理想目标拼搏奋斗的民族精神，为中华民族自立于世界民族之林提供了牢固的精神支柱。

《易传》中的这种刚健自强思想可以说贯穿于整个中国传统文化的发展史中。从孔子"士不可以不弘毅，任重而道远。仁以为己任，不亦重乎？死而后已，不亦远乎"（《论语·泰伯》）的"知其不可为而为之"的弘道进取人生态度；到孟子"居天下之广居，立天下之正位，行天下之大道""富贵不能淫，贫贱不能移，威武不能屈"（《孟子·滕文公下》）的坚守道义的大丈夫淑世情怀；到荀子"制天命而用之"（《荀子·天论》）的能动主体意识；再到张载"为天地立心，为生民立命，为往圣继绝学，为万世开太平"的自觉担当精神等，均是刚健自强精神的体现。

刚健自强精神不仅是传统文化的精华，而且具有重要的现代价值。从古至今的历史发展过程中，中华民族之所以能团结一心、不屈不挠、坚韧不拔和克服一切困难，其内在的强大动力正是这种刚健自强的中国文化精神。在此次我国抗击新冠肺炎疫情的阻击战中，全国14亿人民齐心协力、团结一致、不畏困难、众志成城，终于取得抗击新冠肺炎疫情的阶段性胜利，并为世界各国提供了宝贵的抗疫经验，这正是因为汲取了中国文化刚健自强思想中蕴含的积极乐观人生态度、自作主宰主体意识及百折不挠奋斗努力之精神养料。

---

① 张岱年：《传统文化之我见》，《人民论坛》1998年第6期。

### 2. 忠孝爱国的中国精神

中国古代是以宗法血缘为基本结构、以家国同构为基本特征、以忠孝一体为基本情感、以伦理政治化及政治伦理化为基本价值趋向的社会。因此，中国古代社会这种文化生态环境孕育出的忠孝爱国传统对今天中国现代化建设可起到凝聚民心民力、提升国家认同及促进社会发展的重要作用。

在中国传统社会生活中，政治、经济、社会、伦理等都是以个体对血缘关系的尊重为根本的，所谓"仁者人也，亲亲为大""亲亲为仁，尊尊为义"。在宗法社会的基础上，由家庭到家族、由家族到宗族……以此不断地向外推扩，"在这一社会基础上，三代的部族社会格局一般均由一个强势部族占统治地位（如夏族、商族、周族），通过自上而下的分封而形成'天子建国，诸侯立家'的等级分封局面"①，在这种"家国同构"的组织结构中，父为家之君，君为民之父，君父同伦，故在"家"对父母的"孝"向外推扩即是对"国"之君主的"忠"，由此形成了中国古代独特的"忠孝一体"之观念传统。

作为儒家创始人的孔子将"孝"视为"仁"之根本，并言："弟子入则孝，出则弟，谨而信，泛爱众，而亲仁。"（《论语·学而》）这就意味着，每个个体以自然真挚的血缘情感为基础，做到对父母的"孝"，就可推扩而来做到对兄长的"悌"，再进一步推广即是做到对其他人的"爱"。作为亚圣的孟子有言"老吾老以及人之老，幼吾幼以及人之幼"亦是此意。按照这种由己及人、由近及远的伦理"推爱"原则及道德践行方法，孔子进一步言："其为人也孝弟，而好犯上者，鲜矣。"（《论语·学而》）这就将家庭伦理的"孝"与社会伦理的"忠"从价值观上联系起来，并指出了忠孝二者之间的一致性与相通性。秦汉大一统趋势的到来，统治者为了巩固皇权，更是将忠孝的贯通与互动发挥到极致，以"移孝作忠"的方法来维护封建君主专制统治。《孝经·广扬名》曰："君子之事亲孝，故忠

---

① 李宗桂：《中国优秀传统文化的现代价值》，人民出版社，2019，第324页。此外，该书亦指出："在三代，一般是诸侯称'国'，大夫称'家'，亦以国、家合成为'国家'为国之通称。"

可移于君；事兄悌，故顺可移于长；居家理，故治可移于官"①，这里就明确指出可将侍奉亲人之"孝"的情感移到对待君长之"忠"上来。在此基础上，"忠君"甚至逐渐压倒了"孝亲"，如《忠经·保孝行章》曰："夫惟孝者，必贵本于忠。……故君子行其孝，必先以忠。"② 秦汉以后，"忠孝思想的发展呈现出三条变化线索：一是文化大传统的价值层面、国家治理层面不断强调'移孝作忠'的重要性，'祖宗法制具在，不须更张'成为皇权的一种制约；二是士大夫在面对忠孝两难的困境中，皇权需要作出适当的让步"③；三是随着封建君主专制的强化，忠孝思想有进一步被工具化的趋向，普通百姓作为被治理的对象，其家与君主、官僚之家国天下很难成为利益与命运的关联体，导致"家国"关系中出现了裂隙。

中国古代社会家国同构下衍生的忠孝思想深深影响了士大夫阶层，无论是孟子的"平治天下，舍我其谁"的淑世精神，还是范仲淹的"先天下之忧而忧，后天下之乐而乐"的忧国忧民意识，抑或顾炎武的"天下兴亡，匹夫有责"的担当责任，均是"忠孝"观念的延续。在救亡启蒙的运动中，中国人的国家意识逐渐向现代的民族国家观念变迁，中国人内心深处潜在的国家、民族高于个人、家庭的意识也得到进一步升华。在近代社会的发展中，家与国的内涵发生了重要变化，但作为观念层面的家国意识与忠孝思想依旧传承至今并在社会发展中不断地自我更新、丰富，发展为爱国主义的精神，并成为近代以来中国文化的重要传统，为我国现代化建设及中国文化"走出去"提供了强大的心理基础和精神动力。在一定意义上讲，家国意识及忠孝思想的自我更新与现代国家观念的确立结合在一起，也体现了个体从传统的臣民转变为现代公民的过程。

3. 贵和尚中的中国精神

中国人历来崇尚和谐，讲求中庸之道。先秦时期，西周太史史伯阐释了最早的"和同之辨"。《国语·郑语》言："夫和实生物，同则不继。以他平他谓之和，故能丰长而物归之。若以同裨同，尽乃弃矣。故先王以土

---

① 胡平生译注《孝经译注》，中华书局，1999，第31页。
② 舒大刚：《中国孝经学史》，福建人民出版社，2013，第554页。
③ 李宗桂：《中国优秀传统文化的现代价值》，人民出版社，2019，第329页。

与金木水火杂以成百物。"史伯将"和"定义为"以他平他",是不同事物之间相互交融、吸收而达到平衡、产生新事物的过程,是多样性的统一,故"能丰长而物归之";而"同"只是相同事物重复相加,最终还是原来的事物,不可能产生新事物,故"同则不继"。可见,"和"的前提并非"同",恰恰是"不同"。

儒家创始人孔子亦言:"君子和而不同,小人同而不和"(《论语·子路》),"礼之用,和为贵"(《论语·学而》),这体现出一种"'和而不同'的文化观"。[①] 可见孔子是以"和"为最高价值目标的,充分肯定了"和"的价值。同时进一步指出"知和而和,不以礼节之,亦不可行也"(《论语·学而》)。可见,儒家所讲的"和",并非无条件、无原则的和,也不是为和而和。"如果为和而和,不过是一种'乡愿'式的和,是'德之贼'"[②],是小人的表现。"君子"与"小人"的区分在孔子这亦体现为"中庸"与"反中庸"的区别。孔子云:"君子中庸,小人反中庸。君子之中庸也,君子而时中;小人之反中庸也,小人而无忌惮也。"君子之道,"造端乎夫妇",发端于我们平日的生活之中,是人们日常生活中最基本的原则。中道原则要求人们凡事执其两端而处中,不走极端,从而实现人内心、人与人、人与自然的普遍和谐,呈现和乐融融的局面。"中"为普通民众成为圣人提供了可能。同时,中道原则又被孔子提升为至高的道德,"中庸之为德也,其至矣乎!民鲜久矣!"(《论语·雍也》)。唯有"和而不同""和而不流""中立而不倚""中而有节"的君子,才能真正践行中庸之道。

汉代的董仲舒,他从天人感应的哲学立场出发,进一步发挥了"贵和尚中"的思想。《春秋繁露·循天之道》有言:"中者,天地之所终始也,而和者,天地之所生成也。夫德莫大于和,而道莫正于中。中者,天地之美达理也,圣人之所保守也。《诗》云:'不刚不柔,布政优优。'此非中和之谓欤!是故能以中和理天下者,其德大盛,能以中和养其身者,其寿极命。"在董仲舒这里,"'中'偏重于时间发生的始与终,'和'侧重于

---

[①] 李宗桂:《中国传统文化探讨》,花城出版社,2012,第266页。
[②] 李宗桂:《中国传统文化探讨》,花城出版社,2012,第249页。

空间存在的生与成。而时与空、中与和是统一在一起的"。① 他将"和"推之于事物由始到终、由生到成的全过程，构建起了一个以天人感应为核心的相互融合的神学体系，丰富、发展了传统的天人和谐思想。

宋明理学家吸收继承了孔子、思孟学派的观点，重视人的道德本性，主张用"诚"来说明宇宙与人性的内在本质，以"理"作为宇宙间万事万物最高的自然法则。在理学家看来，中庸中和之道是"理"的呈现。② 宋明理学中总体上贯穿着一种中正、均衡、和谐、和合、和平的精神。

由此可知，中国传统文化中的"贵和"思想强调的是多种因素之间的统一、和谐；"尚中"思想强调的是对待各种事物保持不偏不倚的态度与适度平衡的原则。因此，"中"是实现"和"的方法和手段，是"和"的前提、灵魂和保证。"和"是经由"中"所达到的外在状态，是"中"的目标和目的。无"中"便无"和"，求"和"需要"中"，"中"与"和"相互联系、相互依存，"和谐"便是"中"与"和"的统一体。从哲学的层面看，"贵和尚中"思想是前人对自然现象、社会现象乃至思想现象某些规律表现的认识，在一定程度上触及事物发展，尤其是社会生活、人际关系的发展的本质要求，具有辩证的因素；从现实的层面来看，前人用这一哲理为那时的现实服务，或者可以说，这原就是他们哲理追求的本来动力。③ "先秦儒家的和谐理论，是以中庸观为理论基础，以礼为标准，以中和为范畴，以对立统一的保持和对竞争机制的抑制消除为特征的。"④ "和"在道德论上和治国论上秉守同一观点：在坚持独立性、自由性的前提下，承认他人人格的独立和实现自我利益的合理性。承认分歧、差别与矛盾，在坚守核心原则与立场基础上，最大限度地谋求与他者的协调、妥协和合作，以使各方利益诉求的最大化实现。⑤ 就国际关系而言，贵和主张"协和万邦"；就国家治理而言，它期望"政通人和"；就人际关系而言，它要

---

① 周来祥：《和·中和·中——再论中国传统文化的和谐精神及其审美特征》，《文史哲》2006 年第 2 期。
② 郑涵：《中国的和文化意识》，学林出版社，2004，第 124 页。
③ 蔡伯元：《贵和思想的现代价值》，《社会科学》1994 年第 7 期。
④ 李宗桂：《中国传统文化探讨》，花城出版社，2012，第 250 页。
⑤ 曾振宇：《语义分析：跨文化研究视域中的"和"、"同"之辨——与顾彬教授商榷》，《烟台大学学报》（哲学社会科学版）2011 年第 2 期。

## 第五章 文明精神的重塑与再造：新时代精神文明建设的开放系统

求和睦相亲、和衷共济，认为"和气致祥"；就家庭关系而言，它告诫人们"家和万事兴"。①

综合而言，"贵和尚中"思想及其"万物并育而不相害，道并行而不相悖""天下百虑而一致，殊途而同归"的理念构成中国文化精神的重要内容之一，亦是中国精神的重要理论来源之一，可为当今社会快速发展中出现的人与自然的冲突、人与社会的冲突、人与人的冲突、人的心灵的冲突、各文明之间的冲突等问题的解决起到重要的作用。在这一背景下，就人与自然的关系而言，中华民族主张"效法自然"，"与天地合其德，与日月合其明"（《易传·乾卦·文言》），与自然和谐相处，从而"可以赞天地之化育，则可以与天地万物参矣"（《中庸》）；在社会成员之间，主张"老吾老以及人之老，幼吾幼以及人之幼""兼爱""泛爱众"，力行和睦相亲、和衷共济，和气致祥；在家庭内部，要求人们做到"入则孝、出则弟"（《论语·学而》），家和万事兴；在国家治理上，"上下和睦"（《左传·成公十六年》），君臣之间和谐共处，"君使臣以礼，臣事君以忠"（《论语·八佾》），从而能"政通人和，百废俱兴"（《岳阳楼记》）；在自身修养上，告诫人们"德莫大于和"（《春秋繁露·循天之道》），通过"正心""诚意"，时刻"持中""守中"，涵养君子中庸之道，达到内心的和谐。民族与民族之间、国与国之间，主张"和而不同"，把仁爱之心推广开来，提倡"非攻""四海之内，皆兄弟也"（《论语·颜渊》），彼此和谐共处，"协和万邦"（《尚书·尧典》）。本次新冠肺炎疫情的全球性蔓延，更需要我们重新去思考"贵和尚中"思想中包含的人与自然、人与人、国家与国家之间和谐、平衡的理念给我们带来的启示，比如：全球性新冠病毒在我国开始传播时，截至 2020 年 2 月 20 日，就有 278 支医疗队、32395 名医护人员挺身而出，从各地驰援湖北，所谓"一方有难，八方支援"，这是全国人民用切实行动来展现同心协力、守望相助、相亲相爱之和；新冠肺炎疫情发生后，其他国家及人民秉着"岂曰无衣，与子同裳""青山一道同风雨，明月何曾是两乡"的道义精神大力援助中国，表达了

---

① 张锡勤：《尚公、重礼、贵和：中国传统伦理道德的基本精神》，《道德与文明》1998 年第 4 期。

世界人民对中国的支持，当然我国亦以"投我以桃，报之以李"的大国情怀与责任担当采取"一省包一国"的政策来大力援助其他国家，正如墨子所说："视人之国，若视其国；视人之家，若视其家；视人之身，若视其身"，这是我国坚信世界人民同气连枝、共盼春来及仁爱道义之和；自新冠肺炎疫情发生以来，我国就主动向世卫组织及时地汇报疫情的相关情况并将抗疫取得的相关经验成果与世界各国共享，希望与世界各国一道齐心协力地通过"联防联控"来共同应对新冠肺炎疫情，这是我国始终坚持国与国之间命运与共、和平友善之和。由此可见，中华民族在处理冲突及化解问题上，始终贯穿着贵和尚中的精神，表现出了民族的智慧。

在当今世界各国紧密联系却又矛盾迭起的政治环境下，我们反观中华文化，贵和尚中表现出中国人特有的思维方式，有学者把中庸之道概括为，中国人所特有的"不合逻辑但极合情理的生活态度"。① 毫无疑问，中国人历来重视伦理纲常而轻视思辨逻辑，中国人所特有的中庸之道与其说是一种生活态度，不如说是中国人所特有的"不合逻辑"但"极合情理"的思维方式。同时需要注意的是，"和而不同""中而有节"是"中庸"哲学的两项原则。中不是绝对的、静止的、机械的数学概念，它是"时中"，时时自我调适。行为主体对客观情况不断加以了解和权衡并相应随之改变和调节，以期主客的调谐，乃至天人的和美。② 有些人将中国人历来崇尚的"和"归于"苟同"主义，这是在忽略了"和而不同""中而有节"两项原则的基础上，对中国传统和谐文化的误读。中国传统文化中，主客或天人的"节中"与"谐和"，不是浅显简单的"同"，浅显简单的"同"，必将随波逐流，乃至同流合污。这种"不合逻辑"但"极合情理"、贵和尚中而又"和而不同""中而有节"的思维方式，为解决当今社会的各种矛盾提供了一条新的思路。这种新的思路区别于那种解决争端所惯用的"非此即彼"的方式，它贡献的是一种两全的可能性。

贵和、尚中"固然有其合理的乃至十分优秀的一面，但是，它同时也

---

① 林语堂：《中国人》，学林出版社，2007，第87页。
② 萧兵：《中庸的文化省察：一个字的思想史》，湖北人民出版社，1997，第171~175页。

包蕴着相当程度的消极乃至阴暗的方面"①，比如：打着"贵和尚中"旗号重协同轻竞争的形式主义、机械调均折中的教条主义等，这就需要我们对"贵和尚中"思想的局限性作理性的反思。

综合而言，以爱国主义和改革创新为核心的中国精神厚植于以自强刚健、忠孝爱国、贵和尚中等为核心的中国文化中，我们需依托中国文化这一精神土壤来重塑再造新时期我国的精神文明，以理性的态度对中国传统文化去粗存精、去伪存真，有效借鉴西方文化的优秀成果，结合时代的特点批判性地继承和弘扬中国传统文化中的合理成分。

## 第三节 吸收外来的优秀文化成果

我国新时期精神文明建设并非故步自封、孤芳自赏，而是兼容并蓄、海纳百川。中国文化从整个历史的发展过程来看，一直都保有平等包容、和而不同的思想传统。无论是东汉初期佛教传入中国后与中国文化相结合衍生出的禅宗这一本土化宗教，还是近代以来中国共产党人自觉结合中国具体实际向西方学来的马克思主义这一指导思想，均体现了中国文化的开放性、包容性、平等性特征。同样，在全球化的今天，我们依然秉持平等包容的文明观，倡导不同文明交流互鉴，在坚持中国文化民族本位的基础上结合时代背景并有效地借鉴西方文化的优秀成果，进而为新时期我国精神文明的建设夯实理论基础，提供强大的精神支撑。

### 一 坚持平等包容的文明观

中华文化是以儒家为主，与其他各家思想相互激荡、交融、互补发展而成的，从整个发展过程来看，无不体现出平等包容的精神。先秦的百家争鸣、秦汉之际的黄老道家、汉代的儒法合流，再到东汉佛教的传入以及之后逐渐开启的儒释道三教合流，都展现出中华文明本身的平等包容性特征，所谓"天下一致而百虑，同归而殊途""万物并育而不相害，道并行而不相悖"。此外，中华文明的平等包容性还体现在近代以来不断向西方

---

① 李宗桂：《和谐文化的时代精神和历史传统》，《学术研究》2006年第12期，第12页。

学习民主与科学的探求中，更体现在中国民主主义革命及中国共产党人对马克思主义中国化的实践中。

近代的鸦片战争，打破了中国"天朝上国"的迷梦，一些有识之士开始睁眼看世界，主动向西方学习以富民强国，进而改变我国当时落后挨打的局面。从洋务运动开始，倡导要学习西方的坚船利炮，从物质层面进行变革；到戊戌变法，以梁启超为首的思想家受卢梭"人人自由，人人平等"的"民约论"①影响而主张变封建君主专制为资产阶级的君主立宪制，从制度层面进行变革；再到五四新文化运动，以陈独秀、李大钊为代表的人士在民主的旗帜下倡导平等精神，认为人人在政治、经济、教育等各方面享有平等的权利，并且同受国家法律保障，而平等权利的实现最根本的是要转变人的文化观念，这是从思想层面进行变革。

中国共产党成立后，中国的马克思主义者注重将马克思主义与中国的具体实际相结合，创立了毛泽东思想、邓小平理论、"三个代表"重要思想、科学发展观以及习近平新时代中国特色社会主义思想，这些都是马克思主义中国化的产物，也是我国历来坚持平等包容文明观的必然结果。正如毛泽东所说："马克思主义必须与我国的具体特点相结合并通过一定的民族形式才能实现。……就是要学会把马克思列宁主义理论应用于中国的具体的环境。……离开中国特点来谈马克思主义，只是抽象的空洞的马克思主义。因此，使马克思主义在中国具体化，使之在其每一表现中带着必须有的中国的特性，即是说，按照中国的特点去应用它，成为全党亟待了解并亟须解决的问题。"②这里就表明马克思主义必须要与中国的具体实际相结合、与中国的传统文化相结合才能真正发挥其指导性作用。邓小平强调要使马克思主义具有鲜明的中国特色，为此他明确提出"中国特色"的概念，他反复强调中国搞社会主义一定"要有中国的特色。我们坚信马克思主义，但马克思主义必须与中国实际相结合"。③胡锦涛在党的十七大报告中鲜明指出，坚持解放思想、实事求是、与时俱进、勇于变革、勇于创

---

① 梁启超：《饮冰室文集点校》第1集，吴松等点校，云南教育出版社，2001，第384页。
② 《毛泽东选集》第2卷，人民出版社，1991，第534页。
③ 《邓小平文选》第3卷，人民出版社，1993，第213页。

## 第五章 文明精神的重塑与再造：新时代精神文明建设的开放系统

新、永不僵化、永不停滞，不惧任何风险，不被任何干扰所惑，使中国特色社会主义道路越走越宽广，让当代中国马克思主义放射出更加灿烂的真理光芒。习近平亦多次指出："当代中国的伟大社会变革，不是简单延续我国历史文化的母版，不是简单套用马克思主义经典作家设想的模板，不是其他国家社会主义实践的再版，也不是国外现代化发展的翻版。社会主义并没有定于一尊、一成不变的套路，只有把科学社会主义基本原则同本国具体实际、历史文化传统、时代要求紧密结合起来，在实践中不断探索总结，才能把蓝图变为美好现实。"①

由此可见，中国共产党及各时期领导人正是秉持着平等包容的文明观才能用宽广的视野汲取人类创造的一切优秀文明成果，才能在改革开放中守正创新，不断超越与完善自身，才能不断深化对共产党执政规律、社会主义建设规律、人类社会发展规律的认识，不断开辟当代中国马克思主义的新境界。

### 二 倡导不同文明交流互鉴

世界文明无论从其源头还是发展过程而言，都是多样的，而非单一的。正如习近平总书记所说："文明具有多样性，就如同自然界物种的多样性一样，一同构成我们这个星球的生命本源"②，"文明的繁盛、人类的进步，离不开求同存异、开放包容，离不开文明交流、互学互鉴。历史呼唤着人类文明同放异彩，不同文明应该和谐共生、相得益彰，共同为人类发展提供精神力量。我们应该坚持世界是丰富多彩的、文明是多样的理念，让人类创造的各种文明交相辉映，编织出斑斓绚丽的图画，共同消除现实生活中的文化壁垒，共同抵制妨碍人类心灵互动的观念纰缪，共同打破阻碍人类交往的精神隔阂，让各种文明和谐共存，让人人享有文化滋养"。③ 所谓"他山之石，可以攻玉"，不同文明因差异而多彩，因互鉴而进步，对待各种不同的文明，我们应始终秉持开放包容与和谐共生的态

---

① 《习近平谈治国理政》第3卷，外文出版社，2020，第76页。
② 《习近平谈治国理政》第2卷，外文出版社，2017，第464页。
③ 《习近平谈治国理政》第3卷，外文出版社，2020，第434页。

度，这样才能推进世界文明的发展与前进。

首先，从源头上说，世界文明是同时存在的，因多元而丰富精彩。所谓"一花独放不是春，百花齐放春满园"，世界文明最开始生发时就包括古巴比伦、古埃及、古印度和古代中国四大文明，这四大文明是原生文明，其意义并不在于时间的先后，而在于它们是后来诸多派生文明的发源地，对其所在地区产生了巨大影响。"德国哲学家雅斯贝尔斯在《历史的起源与目标》一书中写道，公元前800年至公元前200年是人类文明的'轴心时代'，是人类文明精神的重大突破时期，当时古代希腊、古代中国、古代印度等文明都产生了伟大的思想家，他们提出的思想原则塑造了不同文化传统，并一直影响着人类生活。"① 可见，从文明衍生的意义来说，世界文明是多元共存的。

其次，从文明的发展过程来看，其也不是一成不变的静态凝聚体，而是一个动态的活的有机体，因开放包容而饱含生命力。中华文明之所以能够保持长久的生命力，根本原因就在于中华文明不断汲取其他文明的优秀成果来不断更新、丰富与发展自己。比如，东汉初期佛教传入中国，通过"格义"的方式与中国本土文化进行结合，发展成具有中国特点的天台宗、华严宗与禅宗三派，实现了原始佛教强调苦修、出世、彼岸等向中国化佛教强调自信自足、自由乐观、入世及此岸的转变。佛教的中国化进程更是加快了儒道两家内部系统的改革更新，同时也促成了之后儒释道的合流（从某种程度上讲，宋明理学即是儒释道合流的产物）。除此之外，中国共产党领导中国人民创立的中国特色社会主义理论体系亦是不断将马克思主义与中国具体实际相结合的与时俱进的产物，这也意味着马克思主义中国化进程是动态的，绝不是静态的，这也是中华文明永久保持强大生命力及中国共产党保持鲜活生命力的法宝，亦是中华民族能够巍然屹立于世界民族之林的精神支柱与根本动力。现代以来，我国文艺方面的芭蕾舞、管弦乐、油画、电影、话剧、现代小说、现代诗歌等都是同世界文艺交流互鉴又进行民族创造的成果。今天世界各国已连成一体，是一个"地球村"，而不再是冷战思维或霸权主义框框下的"文明冲突论"，不同文明之间可

---

① 习近平：《在文艺工作座谈会上的讲话》，人民出版社，2015，第2~3页。

## 第五章　文明精神的重塑与再造：新时代精神文明建设的开放系统

以互相交流与借鉴，取长补短，求同存异，从而共同发展、共同繁荣，所谓"各美其美"才能"美美与共"，才能进一步实现"天下大同"或"人类命运共同体"。[①] 正如习近平总书记所说："这个世界，各国相互联系、相互依存的程度空前加深，人类生活在同一个地球村里，生活在历史和现实交汇的同一个时空里，越来越成为你中有我、我中有你的命运共同体。"[②]

最后，今天全球化趋势的到来，并不意味着文明的同质化或西方化。每种文明都具有各自独特的魅力，其发展都是历史与人民选择的必然结果，对待不同的文明我们都应秉承尊重、包容、共建的原则，在坚持本民族文明的基础上与不同的文明交流互鉴，保持文明自身强大的生命力。可见，文明的冲突不是必然的，唯有对话、交流、互鉴才能推进"人类命运共同体"的构建。正如习近平总书记在纽约联合国总部举行的第七十届联合国大会一般性辩论时所说："人类文明多样性赋予这个世界姹紫嫣红的色彩，多样带来交流，交流孕育融合，融合产生进步。文明相处需要和而不同的精神。只有在多样中相互尊重、彼此借鉴、和谐共存，这个世界才能丰富多彩、欣欣向荣。不同文明凝聚着不同民族的智慧和贡献，没有高低之别，更无优劣之分。文明之间要对话，不要排斥；要交流，不要取代。人类历史就是一幅不同文明相互交流、互鉴、融合的宏伟画卷。我们要尊重各种文明，平等相待，互学互鉴，兼收并蓄，推动人类文明实现创造性发展。"[③] 在这一点上，中华文明从一开始就强调"和而不同"的理念，其中以儒家"中和"文化为代表。《国语·郑语》中的"夫和实生物，同则不继。以他平他谓之和，故能丰长而物归之。若以同裨同，尽乃弃矣。故先王以土与金木水火杂以成百物"，用金木水火土五种不同元素来阐释万物"和实生物，同则不继"的生成道理；《左传·昭公二十年》中的"和如羹焉。水火醯醢盐梅以烹鱼肉，燀之以薪，宰夫和之，齐之以

---

① 习近平指出："人类命运共同体，顾名思义，就是每个民族、每个国家的前途命运都紧紧联系在一起，应该风雨同舟，荣辱与共，努力把我们生于斯、长于斯的这个星球建成一个和睦的大家庭，把世界各国人民对美好生活的向往变成现实。"载《习近平谈治国理政》第3卷，外文出版社，2020，第433页。
② 《习近平谈治国理政》第1卷，外文出版社，2018，第272页。
③ 《习近平谈治国理政》第2卷，外文出版社，2017，第524~525页。

味，济其不及，以泄其过。君子食之，以平其心"，用不同的成分材料才能烹饪出美味之羹来隐喻君臣"济其不及，以泄其过""可否相济"的平衡和合相处之道；孔子的"君子和而不同，小人同而不和"，用"和而不同""同而不和"来区分君子与小人；孟子的"物之不齐，物之情也"，用天地间万物的参差不齐来说明"不同"恰恰是物的真实存在状态；《中庸》中的"致中和，天地位焉，万物育焉"，用天人合一的理念来说明"中和"乃生育万物之美德；《礼记·礼运》篇提倡"天下大同"的儒家社会理想等，以上均反映了以儒家为主导的中华文明提倡"和而不同"，其中"和"的对立面是"同"，先行条件是"差异"，"和"并不是消灭差异，反而是在承认差异的基础上达到不同事物、不同元素之间的平衡。在日常生活中，我们每时每刻都能感受到"和而不同"思想的魅力，比如恰恰由于有了不同的味道才成就了美食，恰恰由于有了不同的色彩才成就了美景。

### 三 甄别西方文明资源优劣

以西方文化为主导的世界近现代工业文明进程取得了有目共睹的巨大成就，基本摆脱了物资极为匮乏的生存困境，人性也在一定程度上获得了解放。然而西方资本主义固有的生产社会化和生产资料的私人占有之间的矛盾依然存在，西方文化所崇尚的"主客对立"思维支配下造成的个人主义、享乐主义、生态污染、道德失落等深层次危机亦在进一步加深。

法国学者托马斯·皮凯蒂撰写的《21世纪资本论》在国际学术界引发了广泛讨论。该书用翔实的数据证明，"美国等西方国家的不平等程度已经达到或超过了历史最高水平，认为不加制约的资本主义加剧了财富不平等现象，而且将继续恶化下去"。[①] 美国著名学者丹尼尔则提出了现代资本主义文化矛盾说。他认为，资本主义由于其内部的文化矛盾而处于文化危机之中，这种文化矛盾表现在两方面。一是资本主义所盛行的文化价值（如推崇个人自我实现导致的极端个人主义与享乐主义）与资本主义的基本经济原则（如讲究经济利益的最大化及管理组织的精细合作化导致人的

---

① 习近平：《在哲学社会科学工作座谈会上的讲话》，人民出版社，2016，第15页。

## 第五章 文明精神的重塑与再造：新时代精神文明建设的开放系统

机械化、单向度化）之间的矛盾。二是资本主义的社会结构（官僚化与阶层化的组织形式导致人行为的高度单一化、专门化）与现代社会结构（各领域各方面强调人的平等及自由全面发展）之间的矛盾。① 法国当代著名思想家埃德加·莫兰也说过："西方文明的福祉正好包藏了它的祸根；它的个人主义包含了自我中心的闭锁与孤独；它的盲目的经济发展给人类带来了道德和心理的迟钝……科学技术促进了社会进步，同时也带来了对环境、文化的破坏……特别是城市的污染和科学的盲目，给人们带来了紧张与危害，将人们引向核灭亡与生态死亡。"② 从这些学者的论述中可知，正是资本主义内在基本的矛盾导致了政治、经济、文化等各领域的矛盾。2008 年爆发的国际金融危机恰恰证实了这一点，许多西方国家出现的经济持续低迷、两极分化加剧以及各种社会矛盾加深本质上都源于生产社会化同资本主义生产资料私有制之间的这一基本矛盾。由此可见，资本的无限逐利性、盲目性、掠夺性导致了人与自然、人与社会、人与人、人与自我及不同文明之间不同程度的紧张冲突，带来了生态、社会、道德、精神与价值的五大危机。

因此，对待西方文化我们理应有所甄别，既不能全盘肯定而照抄照搬，也不能全盘否定而拒之门外，在坚持本民族文化的基础上加强交流对话，汲取西方文明的优秀成果，以此共同应对全球性的危机。1944 年，毛泽东同志就说过："我们的态度是批判地接受我们自己的历史遗产和外国的思想。我们既反对盲目接受任何思想也反对盲目抵制任何思想。我们中国人必须用我们自己的头脑进行思考，并决定什么东西能在我们自己的土壤里生长起来。"③ 这一点在党接受马克思主义作为指导思想的整个过程中就体现得十分明显。马克思主义本就是中国共产党人从国外学来的科学真理。但中国共产党并没有照抄照搬，而是结合中国各时期的国情，不断推进马克思主义中国化、时代化、大众化，使之成为指导中国共产党领导中

---

① 孙乐强：《失落的幽灵：贝尔的文化救赎及其方法论幻象——重读〈资本主义文化矛盾〉》，《天津社会科学》2012 年第 3 期。
② 乐黛云：《中国传统文化的一些特点及其对世界可能的贡献》，《浙江大学学报》2007 年第 4 期。
③ 《习近平谈治国理政》第 2 卷，外文出版社，2017，第 342 页。

国人民不断前进的科学理论。比如，1917年俄国十月革命取得胜利采取的是城市包围农村的策略，而当时以毛泽东为代表的中国共产党人则根据当时中国的实际情况采取了农村包围城市的策略，最终取得了中国革命的胜利。因此，对待西方文化或文明，我们应在坚持本民族文明的基础上批判性地吸收其优秀的成分，摒弃不合宜的部分。在全球化的今天，我们需要以开放性、创造性的心态对待传统文化与西方文化，坚持不同文明之间的交流互鉴，既要避免否定本民族文化的历史虚无主义价值倾向，又要避免全盘西化、同质化的文化霸权主义价值倾向，更要打破西方崇拜、经济至上、民粹主义、民间与官方文化断裂等思维壁垒，坚持文化创造的民族性、时代性与大众性导向，逐渐实现中国文化及其话语权的"他塑"向"自塑"的转变，使中华文明在对外传播中及世界文明中拥有自己的"话语权"，建构属于自己的"话语体系"，使中华文明真正走向世界。

## 第四节　面向未来的文明价值重塑

新时期精神文明建设既要依托于过去中国传统文化这一土壤，同时也要面向未来，以批判性的态度对传统文化进行重塑和再造。中华民族对中国文化的自信程度大体与不同时期中国在世界上的地位相一致。从古代的"天朝上国"，到近代的"东亚病夫"，再到现在的世界第二大经济体、最大的发展中国家、最大的工业制造国等，这个历史发展的过程体现出中华民族对中国文化大体经过了文化自信、文化自卑以及文化自卑向文化自信转变的三个阶段。在全球化的今天，我们始终坚持和平发展的国际交往原则，始终致力于合作共赢国际规则的确立，中国文化越来越展现出其独有的魅力，中国制度越来越体现出其独有的优势，中国的"软实力"和"硬实力"均得到大大增强，中国的国际地位也得到大大提升，中国人的文化自觉与文化自信也得到进一步提高。

### 一　意识形态与制度文明的较量

中西方意识形态与制度文明的较量可以从不同时期中国文化在世界上获得的认可程度窥见一斑。近代以来，西方对中华文化的认识大致经过了

## 第五章　文明精神的重塑与再造：新时代精神文明建设的开放系统

"赞赏"—"批评"—"再认识"的过程。

近代以前，中国作为世界文明古国一直是欧洲人赞美和向往的国度，国外许多留学生和传教士均来中国学习，在唐朝甚至还专门设置了"宾贡科"以吸引国外人士考取功名并留在朝廷供职，一度出现了"万国来朝"的繁荣景象。中国"优越的国家政体主要经传教士介绍，在欧洲家喻户晓，人尽皆知。不仅那些喜爱思辨的哲学家甚至就连政治家们也都几乎称赞它为安邦治国的最高典范"。[①] 而中世纪的欧洲则笼罩在宗教灵光的"黑暗时代"，各种战争不断更是加剧了人们的苦难。近代的莱布尼茨、伏尔泰等思想家虽看到中国的某些不足之处，但在他们的作品中仍然充满了对中国的溢美之词。如德国哲学家莱布尼茨在《中国近事》序言中就把中国称为"全人类最伟大的文化和最发达的文明"[②]，法国思想家伏尔泰亦指出，当迦勒底人开始其历时1900年的天文观察时，中华帝国已经光辉灿烂地生存世间。[③]

近代，随着资产阶级的兴起及工业革命的到来，西方经济得到极大的发展，其产生的财富比人类以往几百年来积累的财富多得多，加上文艺复兴、宗教改革和启蒙运动的洗礼，西方社会逐渐摆脱了神的桎梏，人的思想与理性得到了极大的解放，近代人文主义精神兴起。西方社会随着工业革命的推进，其物质、制度及精神的巨大变革与发展带来了世界格局的变化，欧洲迅速成为当时世界的"中心"。一些思想家开始以世界先进文明的高度重新认识过去被理想化的中华文明。从18世纪的亚当·斯密、孟德斯鸠，到19世纪的黑格尔、谢林等均是中国文化的批评者。"'中华文明停滞论'几乎就是这些批评者的共同结论，甚至连马克思的东方社会理论对包括中国在内的东方专制主义也进行了猛烈的抨击，并预言西方必将会把东方卷入世界历史的潮流之中。"[④]

19世纪末到20世纪初，西方资本主义进入帝国主义阶段，西方社会各种内部矛盾与外部矛盾日益激化，并相继引发了给世界带来巨大灾难的

---

① 〔德〕夏瑞春编《德国思想家论中国》，江苏人民出版社，1997，第84页。
② 〔德〕夏瑞春编《德国思想家论中国》，江苏人民出版社，1997，第3页。
③ 周宁编著《2000年西方看中国》（上册），团结出版社，1999，第565页。
④ 李宗桂：《中国优秀传统文化的现代价值》，人民出版社，2019，第499页。

两次世界大战。面对这一残酷的事实,以斯宾格勒为代表的西方知识界发出了"西方的没落"的哀叹。此时,西方的一些学者不得不将目光重新转向东方,其中特别是中国文化中追求人与自然、人与人、人与自我整体和谐的价值理念,可以作为一面镜子来映照西方资本主义制度下出现的极端个人主义、拜物主义、霸权主义等问题。罗素希望通过输入东方文明来缓解西方社会的矛盾;奥地利心理学家卡尔·荣格曾在《东洋冥想的心理学:从易经到禅》中指出,应该转换西方人已经偏执化的心灵,学习整体性领悟世界的东方智慧,以使西方人放弃一些令人毛骨悚然的技术。[1] 当代美国汉学家安乐哲和哲学家郝大维合作撰写的《通过孔子而思》亦认为应汲取中国传统的伦理思想来烛照西方"绝对自我"产生的负面作用。[2] 英国著名历史学家汤因比也指出:"自从人类在大自然中的地位处于优势以来,人类的生存没有比今天再危险的时代了","不道德程度,已近似悲剧。而且社会管理也很糟糕"。[3] 他进一步认为中国传统文化中儒家的仁爱、墨家的兼爱思想能够解决现代化社会中许多重大的伦理问题。

在今天全球化的趋势下,西方国家凭借着它们在经济、政治、信息科技等各方面的优势广泛地传播西方的意识形态和价值观念,强势推行"文化殖民主义"。有数据统计,"目前美国控制了世界75%的电视节目和60%以上的广播节目的生产和制作,使不少发展中国家的电视成了美国电视的舞台,而传播于世界各地的新闻,85%以上由美国等西方国家发布。再看看,88%的因特网用户生活在西方发达国家,美国人口不到世界的5%,却拥有世界26%的因特网使用者"。[4] 可见,今天以美国为首的西方国家正在以强硬霸道的方式向发展中国家宣传与植入西方的意识形态与价值观念。而作为发展中国家代表的中国在西方国家主导的全球化背景下,整体来说处于弱势地位。但中华民族从来都是不畏艰难困苦、负重前行的

---

[1] 〔德〕荣格:《东洋冥想的心理学:从易经到禅》,杨儒宾译,社会科学文献出版社,2000。
[2] 〔美〕郝大维、安乐哲:《通过孔子而思》,何金俐译,北京大学出版社,2020。
[3] 〔英〕阿·汤因比、〔日〕池田大作:《展望二十一世纪——汤因比与池田大作对话录》,荀春生等译,国际文化出版公司,1985,第388~389页。
[4] 卓志元:《博弈与共存:全球化时代中西方文化的运动格局》,《盐城师范学院学报》(人文社会科学版)2014年第4期。

## 第五章 文明精神的重塑与再造：新时代精神文明建设的开放系统

民族。在全球化这一必然趋势面前，中国共产党在坚持民主集中制这一根本组织制度和领导制度的基础上，带领全国人民努力地化压力为动力，化挑战为机遇，抓住一切可能的机会，充分发挥好人民代表大会制度这一根本国家制度及中国共产党领导的多党合作和政治协商制度这一基本政治制度的优势，利用好改革开放这一基本国策带来的巨大潜能，充分调动人民的积极性，真正做到一切依靠人民、一切为了人民、一切成果与人民共享。在中国共产党的正确领导下，全国人民勤劳勇敢、埋头苦干、团结一致，使我国迅速成为当今世界的第二大经济体及最大的工业制造国。此外，我国充分发扬厚植于我国优秀传统文化中的"天人合一""以民为本""和而不同""开放包容"的价值理念，始终秉持独立自主、开放共享、合作共赢、和平发展的对外方针政策，发挥全球化趋势下的利好方面（如互联网、移动通信技术），与其他国家尤其是发展中国家实现共享协作、互惠共赢（如共建"一带一路"倡议）的局面，进而促进世界各国共同和平发展，建构起人类命运共同体，共同应对人类现代社会面临的恐怖主义、核战争威胁、生态失衡、道德滑坡等各种危机。

2020年初新冠肺炎疫情突袭而至，武汉告急，全国人民全力支援武汉，几万名医护工作者逆风而行、主动请缨，几万名军人一夜之间抵达武汉，十天建成火神山、雷神山医院，以习近平同志为核心的党中央始终坚持以人民为中心，将人民的生命权与健康权放在第一位，所谓"宁可床等人，不可人等床"，我国免费并拼尽全力地医治每一位患者，保护好每一位人民的生命安全。在全国人民的齐心协力与团结一致下，终于有了方舱医院闭舱、雷神山火神山医院清零，中国人民取得了抗疫的阶段性胜利。反观西方社会，一开始新冠肺炎疫情出现时很多国家处在"佛系抗疫""自由抗疫""群体免疫"的观望阶段，加上资产阶级利益至上及个人主义至上的观念，很多国家丧失了防疫的宝贵窗口期，导致全球疫情越来越严重，某些国家的政客们甚至为了推卸个人责任而甩锅给其他人或其他国家。人类唯有同舟共济、齐心协力才能度过此次灾难。综上可知，"中国制度"在应对此次新冠肺炎疫情的阻击战中体现出独特的优势：坚持党的集中统一领导，坚持党的科学理论，各省各地方各社区井然有序地自觉做好防疫工作，维护民族团结、保持社会稳定，确保国家始终沿着社会主义方向前进，体现了中国特色社会主义的道路优势；党坚持民主集中制的根本组织制度与领导制度，全国一盘棋，集中力量办大事，调动全国各方面人力物力财力来全力驰援武汉，体现了中国特色社会主义的政党制度优势；坚持以人民为中心，始终将人民生命安全放在第一位，不断保障和改善民生，增进人民福祉，走共同富裕道路，体现了中国特色社会主义的政治制度优势；坚持运用国家宏观调控与市场自由竞争的"两只手"来盘活与促进我国经济发展，增强人民生活的质量感、安全感，体现了中国特色社会主义的经济制度优势。而"中国制度"诸多优势背后展现的更是中国效率、中国速度与中国精神。

## 二 合作共赢的国际规则确立

在世界全球化的趋势中，和平、发展、合作、共赢成为时代潮流，没有一个国家可以成为一座孤岛而独自生存发展，亦没有一个国家或集团能够单独主宰世界事务，每个国家之间是你中有我、我中有你的关系，已经成了一个命运与共、休戚相关的共同体。"这个世界，一大批新兴市场国家和发展中国家走上发展的快车道，十几亿、几十亿人口正在加速走向现代化，多个发展中心在世界各地区逐渐形成，国际力量对比继续朝着有利于世界和平与发展的方向发展。"① 当然，人类也面临诸多挑战：国际金融危机深层次影响继续在场；各种保护主义霸权主义时有升温；强权政治、恐怖主义、网络安全等传统安全威胁和非传统安全威胁仍然存在；生态危机、环境污染持续加重；贫富悬殊、两极分化进一步加大等。尤其是此次全球性的新冠肺炎疫情，给世界各国造成了巨大的损失，给整个国际局势带来了深刻的变化，任何一个国家都不能独善其身，唯有同舟共济、守望相助才能解决这些危机，迎来春暖花开。可见，维护世界和平、促进共同发展、建立以合作共赢为核心的新型国际关系依然任重道远。

"世界潮流，浩浩荡荡，顺之则昌，逆之则亡。要跟上时代前进步伐，就不能身体已进入21世纪，而脑袋还停留在过去，停留在殖民扩张的旧时

---

① 《习近平谈治国理政》第1卷，外文出版社，2018，第272页。

代里，停留在冷战思维、零和博弈老框框内"①，在全球化趋势下，合作共赢是实现共同和平发展、寻求利益最大公约数的唯一正确选择，对抗冲突最终只会伤人伤己。一直以来，我国都在为建立合作共赢的国际规则而努力：中国共产党同世界上160多个国家和地区的400多个政党和政治组织保持着经常性联系；1957年，我国开始创办每年春秋两季的广交会（中国进出口商品交易会）；1971年10月25日中华人民共和国在联合国安理会中被非法剥夺了20多年的席位得到恢复；1972年5月10日恢复了中国在世界卫生组织的合法席位；1991年11月，中国同中国台北和中国香港一起正式加入亚太经合组织；2001年12月11日，中国经过长达15年的努力加入了世界贸易组织，成为其第143个成员；2008年中国加入G20成为其成员国之一；2009年开始，中国同巴西、俄罗斯、印度和南非四个国家一起召开每年一次的金砖国家会议；2010年，第41届世界博览会在中国上海举行；2011年，《中国的和平发展》白皮书首次提出"命运共同体"的时代命题，之后被越来越多的国家和人民所赞同并被写入联合国重要文件；2013年，中国成为全球128个国家的最大贸易伙伴；同年9月、10月我国提出了横贯亚欧非大陆、覆盖136个国家和地区的共建"一带一路"（"丝绸之路经济带"和"21世纪海上丝绸之路"）合作倡议；2016年9月3日，中国全国人大常委会批准中国加入《巴黎协定》；2020年初，新冠肺炎疫情迅速蔓延，从最开始各国对中国的大力支援到现在我国大力驰援多个国家与国际组织，更深刻地证明了世界各国唯有同舟共济、携手合作，才能战胜此次蔓延全球的疫情。可见，从新中国成立至今，我国始终致力于从政治、经济、文化、生态等各方面推进合作共赢国际规则的确立，同时亦希望同世界各国一起和平发展，建设人类共同的美好家园与明天。

### 三 文化软实力与暖实力增强

"中华民族有着深厚文化传统，形成了富有特色的思想体系，体现了中国人几千年来积累的知识智慧和理性思辨。这是我国的独特优势。中华文明延续着我们国家和民族的精神血脉，既需要薪火相传、代代守护，也

---

① 《习近平谈治国理政》第1卷，外文出版社，2018，第273页。

需要与时俱进、推陈出新。要加强对中华优秀传统文化的挖掘和阐发,使中华民族最基本的文化基因与当代文化相适应、与现代社会相协调,把跨越时空、超越国界、富有永恒魅力、具有当代价值的文化精神弘扬起来。要推动中华文明创造性转化、创新性发展,激活其生命力,让中华文明同各国人民创造的多彩文明一道,为人类提供正确精神指引。"① 因此,中华文明作为我国重要的文化软实力和暖实力依托,需要发挥好这一独特优势,对中国传统文化进行创造性转化与创新性发展,为我国综合国力的增强与提升保驾护航,并提供丰厚的理论资源与强大的精神动力,进而建成社会主义文化强国。

改革开放之初,我们党创造性地提出了建设社会主义精神文明的战略任务,确立了"两手抓、两手都要硬"的战略方针。40多年来,我国亿万人民不仅创造了物质文明发展的世界奇迹,也创造了精神文明发展的丰硕成果。历史和事实证明,物质文明需要与精神文明协调发展,才能使中华民族巍然屹立于世界民族之林。文化软实力体现了一个国家的凝聚力、吸引力和影响力,古往今来任何一个大国发展的进程,既是经济总量等硬实力的提高过程,也是思想文化等软实力提高的过程。正如习近平总书记所言:"提高国家文化软实力,不仅关系我国在世界文化格局中的定位,而且关系我国国际地位和国际影响力,关系'两个一百年'奋斗目标和中华民族伟大复兴中国梦的实现。"②

文化软实力的提升首先需要夯实自身基础。所谓"打铁还需自身硬",我们要切实把自身的文化建设搞好。要深化文化体制改革,健全文化管理体制,构建现代公共文化服务体系,健全现代文化市场体系,提高基础公共文化服务水平,加快文化产业的改革与升级等。其次,文化软实力的提升还需要传播好当代中国价值观念。当代中国价值观念就是中国特色社会主义价值观念,代表了中国先进文化的前进方向。我们需要对中国特色社会主义的道路、理论体系和制度进行精准有效的提炼与阐释,将中国价值观念与中国梦结合起来,从各方面及依托各种新形式、新渠道将中国价值

---

① 《习近平谈治国理政》第2卷,外文出版社,2017,第340页。
② 《习近平关于社会主义文化建设论述摘编》,中央文献出版社,2017,第198页。

## 第五章　文明精神的重塑与再造：新时代精神文明建设的开放系统

观念讲清楚、讲明白、讲生动、讲准确，把继承中国优秀传统文化与弘扬时代精神、立足本国又面向世界的当代中国价值观念传播出去，做到以理服人、以文服人、以德服人。最后，文化软实力的提升需要展示好中华文化独特魅力。中华文化是有着五千多年历史的文化，悠久绵长、丰富迷人。习近平总书记指出："中华民族创造了源远流长的中华文化，中华民族也一定能够创造出中华文化新的辉煌。"① 从目前文化传播的现状来看，我们需要很好地解决我国文化传播中遇到的"内容很丰富，话语很贫乏""西方崇拜""经济至上""官方与民间话语体系断裂""学术与生活话语体系脱钩"等问题，依托新媒体，创新多种文化传播的机制与方式，综合运用大众传播、群体传播、人际传播，以人们喜闻乐见的方式来积极主动地建构我国对外的话语体系，增强我国在国际社会中的话语权，进而充分展示中华文明独有的魅力。此外，就克服现代化所带来的人和自然、人和人、人和社会、人和自我、文明与文明之间紧张冲突的弊端而言，我们也要充分发掘中国传统文化中仁爱崇义、天人合一、以民为本、贵和尚中、天下大同等思想的优秀成分，为解决当今世界中出现的生态、社会、道德、精神、价值五大危机难题作出独特的贡献。

综合而言，从综合国力与国际地位来看，我国仍属于发展中国家；从文化自信程度来看，我们仍处于由文化自卑向文化自信过渡的阶段。因此，新时期精神文明建设依然任重道远。在新时期精神文明建设的过程中，我们仍需大力发展我国的物质文明与精神文明，既要警惕全球化过程中的"文化殖民主义""西方崇拜""经济至上"的思想趋势，又要在坚持本民族特色的基础上不断汲取西方文化的优秀成果，对中国传统文化进行创造性的继承、转化与发展，积极、主动、自觉地建构中国对外传播的话语体系，创新传播途径与方式，增强我国在国际社会中的话语权，避免全球化过程中的"全盘西化"、"历史虚无主义"以及"民粹主义"的思想倾向，进一步凸显中华文明之独特魅力与独特优势，为中国人挺立文化自信给予强大的精神支撑，为中华民族的伟大复兴提供坚固的精神支柱，进而为整个人类文明的发展作出应有的贡献。

---

① 《习近平谈治国理政》第1卷，外文出版社，2018，第156页。

# 第六章　城乡二元的风尚变换：新时代精神文明建设的空间系统

城乡二元的风尚变换是新时代精神文明建设的空间系统，该系统包含创建塑造群众性精神文明、新时代文明实践中心建设、新农村开展移风易俗行动等要素。

## 第一节　创建塑造群众性精神文明

创建塑造群众性精神文明是新时代精神文明建设的基础性、普惠性举措，是一项巨大的"文化民生工程"，既能够有效地提升人民群众的思想境界、道德水平和文明素养，也能够形成人民群众自我提升的内生动力。创建塑造群众性精神文明包含良好家教家风涵育道德品行、广泛开展弘扬时代新风行动、开展城乡精神文明共建活动等具体措施。其中良好家教家风涵育道德品行是创建塑造群众性精神文明的基础性工程，广泛开展弘扬时代新风行动是创建塑造群众性精神文明的时代要求，开展城乡精神文明共建活动是创建塑造群众性精神文明的空间布局。

### 一　良好家教家风涵育道德品行

家庭是社会的基本细胞，是人生的第一所学校。家庭也是国家发展、民族进步、社会和谐的重要基石，千家万户都好，国家才能好，民族才能好。不论时代如何变迁，不论生活格局如何变化，我们都要重视家庭建设。家庭建设不仅仅是家庭物质生活条件的改善，还包含家庭精神文明建设。家教和家风是家庭精神文明建设的集中体现。其中家教是指"家长对子弟进行的关于道德、礼节的教育"①，家风，亦称"门风"，是"指一家或一族世代相传的道德准则和处事方法"。②"家风是社会风气的重要组成部分。家庭不只是人们身体的住处，更是人们心灵的归宿。家风好，就能家道兴盛、和顺美满；家风差，难免殃及子孙、贻害社会，正所谓'积善之家，必有余庆；积不善之家，必有余殃'。诸葛亮诫子格言、颜氏家训、朱子家训等，都是在倡导一种家风。毛泽东、周恩来、朱德同志等老一辈革命家都高度重视家风。"③ 所以要注重家庭、注重家教、注重家风，通过良好家教家风涵育人民群众的道德品行。

家教家风包含丰富的内容，品德教育是其核心要义。"家庭教育涉及很多方面，但最重要的是品德教育，是如何做人的教育。也就是古人说的'爱子，教之以义方'，'爱之不以道，适所以害之也'。"④ 在品德教育中，崇德向善显得尤为重要，习近平总书记明确指出："大力加强社会公德、职业道德、家庭美德、个人品德建设，营造全社会崇德向善的浓厚氛围；大力弘扬中华民族优秀传统文化，大力加强党风政风、社风家风建设，特别是要让中华民族文化基因在广大青少年心中生根发芽。"⑤ 作为一个合格的中国公民，不仅要有崇德向善的精神品格，还要有做人的气节和骨气，长大后才能为国家和社会多作贡献。正如习近平总书记所言："作为父母和家长，应该把美好的道德观念从小就传递给孩子，引导他们有做人的气节和骨气，帮助他们形成美好心灵，促使他们健康成长，长大后成为对国家和人民有用的人。"⑥ 当然，除了品德教育之外，家教家风还包含规则意识、平等意识、环保意识、劳动意识、科学意识等丰富内容，这些内容也是青年健康成长不可或缺的因素。

良好家教家风对涵育道德品行意义非凡，有助于青少年正确价值观和良好行为习惯的形成、家国情怀的培养、民族团结意识的增强等。

---

① 《现代汉语词典》第6版，商务印书馆，2012，第621页。
② 《现代汉语词典》第6版，商务印书馆，2012，第886页。
③ 习近平：《在会见第一届全国文明家庭代表时的讲话》，人民出版社，2016，第5~6页。
④ 习近平：《在会见第一届全国文明家庭代表时的讲话》，人民出版社，2016，第4页。
⑤ 《习近平谈治国理政》第2卷，外文出版社，2017，第324页。
⑥ 《习近平谈治国理政》第2卷，外文出版社，2017，第355页。

首先，良好家教家风有助于青少年形成正确的价值观和良好的行为习惯。如前所述，家庭教育是人生教育旅途的第一站，家庭担负着重要的育人铸魂责任。儿童、青少年在父母及其他家庭成员的教导下和家风的熏陶下形成初始状态的社会道德认知，为走向社会后形成系统性的价值观奠定基础，并由此养成一定的行为习惯。"家庭是人生的第一个课堂，父母是孩子的第一任老师，孩子们从牙牙学语起就开始接受家教，有什么样的家教，就有什么样的人。"① 温馨的家庭环境、良好的家教家风不但有助于青少年形成正确的价值观和良好的行为习惯，而且有助于形成温馨和睦的家庭关系，进而推进整个社会的和谐与稳定。因为"家风是一个家庭的精神内核，也是一个社会的价值缩影"。② 在一个环境不温馨、家教不严、家风不正的家庭，儿童、青少年的个体社会化极容易出现偏差，问题少年多出自于问题家庭即是明证。与严格系统的学校正规教育和复杂多变的社会环境洗礼相比，家教家风所彰显出的生活化道德滋养氛围，更能达到"润物细无声"的效果，能够潜移默化地影响儿童、青少年的价值观和行为习惯。因此，良好家教家风有助于青少年形成正确的价值观和良好的行为习惯。

其次，良好家教家风有助于培养青少年的家国情怀。良好家教家风除了对青少年正确价值观和良好行为习惯的形成具有重要的意义之外，还是培养青少年家国情怀的基础。家庭是社会最基本的构成单位，家教家风是社会文明的基石。家庭的幸福指数、社会的文明程度乃至国家的繁荣昌盛都与家教家风的好坏密切相关。因为品德教育是家教家风的主要内容，而爱国主义情感是个人品德的重要组成部分。因此，良好家教家风有助于培养青少年的家国情怀。习近平总书记以自己的亲身经历通俗地阐明了这一深刻道理："中国古代流传下来的孟母三迁、岳母刺字、画荻教子讲的就是这样的故事。我从小就看我妈妈给我买的小人书《岳飞传》，有十几本，其中一本就是讲'岳母刺字'，精忠报国在我脑海中留下的印象很深。"③

---

① 习近平：《在会见第一届全国文明家庭代表时的讲话》，人民出版社，2016，第4页。
② 《"树立优良家风"入法实现良法善治》，《人民法院报》2019年11月5日。
③ 习近平：《在会见第一届全国文明家庭代表时的讲话》，人民出版社，2016，第4页。

## 第六章　城乡二元的风尚变换：新时代精神文明建设的空间系统

再次，良好家教家风有助于培养青少年的民族团结意识。良好家教家风不仅有助于培养青少年的家国情怀，还有助于培养青少年的民族团结意识。浓厚的家国情怀是"立身处世的行为准则，也是社会和谐安定的基础保障，对整个社会的发展乃至国家的长治久安起着无比重要的作用"。[①] 中国是一个统一的多民族国家，民族团结意识应内含于家国情怀之中。家是最小国，国是千万家，中华民族大家庭包含56个家庭成员。从"家"的维度看，56个家庭成员之间的和睦相处是良好家教家风的价值追求；从"国"的维度看，56个民族之间的团结友爱是爱国主义的内在要求。简言之，家庭和睦、民族团结、国家繁荣具有内在一致性，都是良好家教家风的内在价值目标。因此，良好家教家风也有助于培养青少年的民族团结意识。

最后，良好家教家风还有助于青少年特权思想的清除。这一点主要是针对领导干部子女而言的，相对于普通人，领导干部子女更容易产生特权思想。习近平总书记对领导干部提出了殷切希望，希望他们接受中华优秀传统文化的熏陶和革命前辈红色家风的洗礼，发挥好家风建设的示范作用，并语重心长地提出："尊老爱幼、妻贤夫安、母慈子孝、兄友弟恭、耕读传家、勤俭持家、知书达礼、遵纪守法、家和万事兴等中华民族传统家庭美德，铭记在中国人的心灵中，融入中国人的血脉中，是支撑中华民族生生不息、薪火相传的重要精神力量，是家庭文明建设的宝贵精神财富。……家长特别是父母对子女的影响很大，往往可以影响一个人的一生。……各级领导干部特别是高级干部要继承和弘扬中华优秀传统文化，继承和弘扬革命前辈的红色家风，向焦裕禄、谷文昌、杨善洲等同志学习，做家风建设的表率，把修身、齐家落到实处。"[②] 习近平总书记还对党的高级领导干部（"中央政治局的同志"）提出了更高的要求，指出："中央政治局的同志都应该明史知理，不能颠倒了公私、混淆了是非、模糊了义利、放纵了亲情，要带头树好廉洁自律的'风向标'，推动形成清正廉洁的党风。要勤于检视心灵、洗涤灵魂，校准价值坐标，坚守理想信念。

---

① 王岩：《新时代中国精神文明建设专题研究》，中国社会科学出版社，2020，第271页。
② 习近平：《在会见第一届全国文明家庭代表时的讲话》，人民出版社，2016，第2~6页。

要增强政治定力、道德定力，构筑起不想腐的思想堤坝，清清白白做人、干干净净做事。要管好家属子女和身边工作人员，坚决反对特权现象，树立好的家风家规。"①

为了更好地发挥良好家教家风在涵育道德品行方面的重要作用，我们应该采用合适的方法和手段。这些方法和手段包含言传身教、榜样激励、严教习积等。

言传身教是家庭教育的首要方法，也是最重要的方法。"家风不是空洞无物的教条，更不仅仅止于长辈对晚辈的耳提面命，而是通过一代代言传身教、躬行实践，不断现实地展现在现实生活当中的活泼生动的存在。"② 家风的塑造和传承主要依靠家长的谆谆教导和率先垂范，言传和身教，二者缺一不可。其中，身教比言传更重要，"言传身教，身教为贵"，"百言不如一行，百闻不如一见"。这意味着父母在对子女进行教育时，自己先要以身作则，率先垂范。"广大家庭都要重言传、重身教，教知识、育品德，身体力行、耳濡目染，帮助孩子扣好人生的第一粒扣子，迈好人生的第一个台阶。"③

榜样激励是家庭教育的又一重要方法。家庭是人生的第一所学校，家长是孩子的第一任老师，家长的一举一动、一言一行都会对孩子的成长产生深刻的影响，所以家长要做好孩子的榜样，用文明的举止引导孩子，用正确的言行激励孩子。正如习近平总书记所强调的："家长要时时处处给孩子做榜样，用正确行动、正确思想、正确方法教育引导孩子。要善于从点滴小事中教会孩子欣赏真善美、远离假丑恶。要注意观察孩子的思想动态和行为变化，随时做好教育引导工作。"④

严教习积是家庭教育作用发挥的保障。言传身教和榜样激励侧重于正面引导，严教习积则是一种纠偏机制，侧重于对负面行为的干预。当孩子的行为出现偏差，违反道德准则，或有悖于家风时，哪怕是一件极小的事

---

① 《中共中央政治局召开民主生活会 习近平发表重要讲话》，环球网百度百家号，2017 年 12 月 27 日，https://baijiahao.baidu.com/s?id=1587860018567682943&wfr=spider&for=pc。
② 李存主编《家风十章》，广西人民出版社，2016，第 67 页。
③ 《习近平谈治国理政》第 2 卷，外文出版社，2017，第 355 页。
④ 《习近平谈治国理政》第 1 卷，外文出版社，2018，第 184 页。

第六章 城乡二元的风尚变换：新时代精神文明建设的空间系统

情，都应严厉批评，以促使其改正。"从小做起，就是要从自己做起、从身边做起、从小事做起，一点一滴积累，养成好思想、好品德。'少壮不努力，老大徒伤悲。'千里之行，始于足下。每个人的生活都是由一件件小事组成的，养小德才能成大德。……不要嫌父母说得多，不要嫌老师管得严，不要嫌同学们管得宽，首先要想想说得管得对不对、是不是为自己好，对了就要听。"① 严教习积保障作用的发挥，还有赖于青少年主观能动性的发挥，青少年需要"养成严格要求自己、虚心接受批评帮助"的良好习惯。

在言传身教、榜样激励、严教习积等方法的运用过程中，母亲发挥着不可替代的独特作用，所以"要注重发挥妇女在社会生活和家庭生活中的独特作用，发挥妇女在弘扬中华民族家庭美德、树立良好家风方面的独特作用。中国人一直赞美贤妻良母、相夫教子、勤俭持家，这些是中华民族传统优秀文化的重要组成部分"。②

在家庭教育中，还应增强孩子的历史使命感和责任感，坚持兴家与强国相统一的基本原则。因为家与国是一体的，有国才有家，强国才能兴家，所以"要增强历史使命感和责任感，立足本职、胸怀全局，自觉把人生理想、家庭幸福融入国家富强、民族复兴的伟业之中，把个人梦与中国梦紧密联系在一起，把实现党和国家确立的发展目标变成自己的自觉行动"。③

## 二 广泛开展弘扬时代新风行动

创建塑造群众性精神文明，既需要个体层面的良好家教家风涵育道德品行，也需要社会层面的广泛开展弘扬时代新风行动；既需要传统文化的浸润，也需要时代新风的引领。时代新风并不是凭空产生的，也不是对传统的断然否定，而是在继承传统的基础上，从精神层面对新时代经济社会发展的一种积极回应。因此，弘扬时代新风应包含"推陈"和"出新"两个环节。"推陈"即弘扬时代新风的前提条件是："要深入实施公民道德建

---

① 《习近平谈治国理政》第 1 卷，外文出版社，2018，第 183~184 页。
② 《习近平关于社会主义政治建设论述摘编》，中央文献出版社，2017，第 184 页。
③ 习近平：《在庆祝"五一"国际劳动节暨表彰全国劳动模范和先进工作者大会上的讲话》，人民出版社，2015，第 7 页。

设工程,推进社会公德、职业道德、家庭美德、个人品德建设,激励人们向上向善、孝老爱亲,忠于祖国、忠于人民,鼓励人们在社会做一个好公民,在岗位做一个好员工,在家庭做一个好成员,在学校做一个好学生。"①"出新"即弘扬时代新风行动应包含如下内容:"推进文明交通、文明旅游、文明上网行动和'光盘'行动,倡导科学文明卫生的生活方式,普及工作生活、社会交往、人际关系、公共场所等方面的文明礼仪规范,弘扬社会文明新风。"②

弘扬时代新风,意义重大,既有利于传统文化的普及与推广,又有利于时代新人的培养和社会主义核心价值观的践行。弘扬时代新风行动有助于传统文化的普及与推广。弘扬时代新风行动,需要从中华优秀传统文化资源宝库中吸取养分。深入挖掘中华优秀传统文化中的道德内涵,从中华优秀传统文化和生动社会实践中汲取营养,不断丰富公民道德建设的内容。弘扬时代新风行动还要发挥道德模范的示范引领作用。道德模范是有形的正能量和鲜活的价值观的化身,他们身上蕴含的高尚精神品质,有力地彰显了中华民族"仁义诚敬孝"等传统美德,符合新时代精神文明建设的内在诉求,是进行道德教育的鲜活案例。简言之,中华优秀传统文化对社会公德、职业道德、家庭美德、个人品德教育具有促进作用,是弘扬时代新风的前提和基础。所以,弘扬时代新风的过程,也是传统文化的普及与推广过程,弘扬时代新风行动是宣传传统文化的重要契机。

弘扬时代新风行动有助于培养时代新人和践行社会主义核心价值观。培养时代新人和践行社会主义核心价值观是新时代精神文明建设和弘扬时代新风行动的根本任务,是精神文明建设战线责无旁贷的历史使命。因为社会主义核心价值观是精神文明建设的灵魂,践行社会主义核心价值观是新时代精神文明建设的基础工程。"党的十八大以来,以习近平同志为核心的党中央把社会主义核心价值观建设作为精神文明建设的基础工程和战略任务摆在突出位置,作出一系列重大部署,为全党全社会凝聚了团结一

---

① 《十九大以来重要文献选编》(上),中央文献出版社,2019,第97页。
② 《十九大以来重要文献选编》(上),中央文献出版社,2019,第97~98页。

## 第六章 城乡二元的风尚变换：新时代精神文明建设的空间系统

心、奋发进取的强大力量。"① 弘扬时代新风行动的直接目的是，让时代新风这一精神力量掌握群众，将群众锻造为"时代新人"，进而将时代新风的精神力量转化为强大的物质力量，因为"理论一经掌握群众，也会变成物质的力量"。将群众锻造为"时代新人"，也对社会主义核心价值观的践行提出了更为明确的要求，"要以培养担当民族复兴大任的时代新人为着眼点，强化教育引导、实践养成、制度保障，把社会主义核心价值观贯穿融入各项工作之中，使之成为全体人民的思想和行为自觉"。② 因此，弘扬时代新风行动既有助于培养时代新人，也有助于社会主义核心价值观的落地生根。

时代在进步、人类在发展，精神文明建设也要不断与时俱进、永葆生机与活力。因此，弘扬时代新风行动势在必行。广泛开展弘扬时代新风行动首先要深入挖掘中华优秀传统文化中蕴含的思想观念、人文精神、道德规范等，推动中华优秀传统文化创造性转化与创新性发展，并结合时代要求继承创新。一是深入挖掘中华优秀传统文化中蕴含的精神文明建设资源，一方面利用报纸、广播、电视等传统新闻媒体开展传统文化宣传教育；另一方面充分运用微博、微信、手机客户端等新型传播媒介，打造弘扬优秀传统文化的新平台，使优秀传统文化的宣传紧跟时代步伐，满足人们需求，适应新时代精神文明建设新境遇。二是赋予优秀传统文化新的时代内涵，力求实现"创造性转化和创新性发展"。深刻理解中华优秀传统文化的独特魅力和深远影响，"正确处理弘扬传统文化与坚持马克思主义指导地位的关系、与坚持党领导人民创造的革命文化的关系、与吸收外来文化的关系，以及与发展以网络化、信息化为标志的现代文化的关系，真正做到兼收并蓄、创新发展"。③

广泛开展弘扬时代新风行动其次要以新时代新变化引领工作创新。注重把精神文明建设放在新时代坚持和发展中国特色社会主义这一主题下来统筹推进，以更为宏大的格局来引领精神文明建设工作的创新性发展，以

---

① 《十九大以来重要文献选编》（上），中央文献出版社，2019，第96页。
② 《十九大以来重要文献选编》（上），中央文献出版社，2019，第96~97页。
③ 孙守刚：《弘扬优秀传统文化 倡树时代文明新风》，《党建》2014年第2期。

便更好地服务于新时代中国特色社会主义建设事业。"没有调查就没有发言权",要深入开展精神文明建设情况调研工作,深入一线,贴近群众,形成一批有价值、有分量、对决策有重要借鉴意义的调研成果,为弘扬时代新风行动提供有力支撑。"要推动精神文明建设向新经济组织和社会组织延伸,加强对进城务工人员的教育引导,关注社会特殊群体的工作生活状态,不断扩大精神文明建设的覆盖面和影响力。要结合国家重大外交战略、'一带一路'建设,加强国际传播能力建设,讲好中国故事、传播好中国声音,积极推动中华文化走出去,树立中国文明进步、开放自信、亲切友善、负责任的大国形象,增强中华文化影响力感召力。"[①]

广泛开展弘扬时代新风行动再次要以新技术新方法助推工作创新。现代信息技术和信息传播方式瞬息万变,人们对现代信息技术高度依赖,这对精神文明建设既提出了新的挑战,也带来了新的机遇。我们要主动掌握新技术,不断创新工作方法,有效应对新的挑战,积极把握新的机遇。"要坚持正能量是总要求、管得住是硬道理,加强互联网内容建设,做强网上正面宣传,深入实施网德工程,开展网络公益活动,发展积极健康向上的网络文化。要善于运用微博、微信、手机客户端等新媒体传播文明理念、推进实际工作,更好满足基层群众文化需求。"[②]

广泛开展弘扬时代新风行动最后要以强化问题导向倒逼工作创新。"问题是时代的声音,人心是最大的政治。"面对群众普遍关切、社会反响强烈的热点问题,不能回避,而是要"在发现问题中剖析根源,在解决问题中探索路径,在补齐短板中创新方法,在巩固成果中提升水平"[③]。要不断推进创建内容、考评办法、管理模式、工作机制等方面的改革创新,坚决反对和防止形式主义、官僚主义等问题,用钉钉子精神把弘扬时代新风行动落到实处和细微之处。

## 三 开展城乡精神文明共建活动

城乡一体化的核心是缩小城乡发展差距,既要缩小城乡之间物质文明

---

[①] 《十九大以来重要文献选编》(上),中央文献出版社,2019,第105页。
[②] 《十九大以来重要文献选编》(上),中央文献出版社,2019,第105~106页。
[③] 《十九大以来重要文献选编》(上),中央文献出版社,2019,第106页。

## 第六章 城乡二元的风尚变换：新时代精神文明建设的空间系统

层面的差距，也要缩小城乡之间精神文明层面的差距，进而推动城乡之间物质文明和精神文明协调发展。开展城乡精神文明共建活动不失为缩小城乡之间精神文明层面差距的重要之举。

随着精准扶贫的完美收官和乡村振兴的深入推进，城乡之间的经济发展差距正在逐步缩小，但精神文明层面差距仍较为明显。因此，当前我国城乡一体化建设不仅要强调"工业反哺农业"，更要强调城市精神文明建设助推农村精神文明建设。如果不重视农村精神文明建设工作，一味地强调物质文明层面的缩小城乡差距，很可能适得其反，导致城乡差距拉大甚至出现城乡对立。马克思恩格斯曾剖析过城乡对立产生的深层原因："物质劳动和精神劳动的最大一次分工，就是城市和乡村的分离。城乡之间的对立是随着野蛮向文明的过渡、部落制度向国家的过渡、地方局限性向民族的过渡而开始的，它贯穿着全部文明的历史直至现在。"① 简而言之，第三次社会大分工（即商业成为独立的部门）所产生的直接后果就是使城市和农村相分离，脑力劳动和体力劳动相分离。从此之后，城市重点发展工业与商业，农村则主要发展农业。随着工商业在人类社会发展中主导性作用的凸显，大量优质资源快速向城市聚集，促进了城市文明的繁荣与发展。与此同时，农村建设特别是精神文明建设则由于各类资源的短缺而萎靡不振。作为占我国人口大多数的农村地区，其发展直接影响到全面深化改革的整体进度，所以城乡一体化建设特别是精神文明建设的一体化就显得尤为重要。因此，新时代开展城乡精神文明共建活动势在必行。

开展城乡精神文明共建活动首先要持续提升城市精神文明建设水平。城市精神文明建设水平的持续提升是开展城乡精神文明共建活动的重要前提。深化文明城市创建是持续提升城市精神文明建设水平的关键之举。文明城市创建是精神文明创建的龙头工程，是各类精神文明创建活动的风向标。"要通过扎扎实实的创建，完善城市基础设施，提高城市公共服务能力，传承城市历史文脉，营造城市文明氛围，推动城市科学规划、精心建设、精细管理，促进城市生产发展、生活宜居、生态良好，把城市建设成

---

① 〔日〕河上肇：《"资本论"入门》（下册），仲民译，生活·读书·新知三联书店，1961，第57页。

为人与人、人与自然和谐共处的美丽家园。"① 城市发展既离不开经济发展这一硬实力,同时也离不开精神文明建设这一软实力;城市形象既需要基础设施等"表面文章",同时也离不开人文魅力等"内在特质"。文明城市创建工作应重点从以下方面努力:着力提升市民文明素质、城市文明程度、城市文化品位、群众生活质量,着力提高城市综合竞争力、人文魅力、发展活力。文明城市创建工作应围绕国家区域协调发展战略和城乡一体化发展战略,推动创建工作从省会城市、地级城市、直辖市城区向县级市和县延伸。因为县级市和县是连接城市和农村的纽带,是开展城乡精神文明共建活动的重要节点。

开展城乡精神文明共建活动其次要加强农村精神文明建设。农村精神文明水平的提升是开展城乡精神文明共建活动的内在诉求。加强农村精神文明建设首先要加强农村思想道德建设。加强农村思想道德建设应以社会主义核心价值观为引领,以农村特点为依据。在此基础上,深入开展中国特色社会主义思想和中国梦宣传教育,广泛开展形势政策宣传教育,提高农民综合素质,提升农村社会文明程度,凝聚起乡村振兴的强大精神力量。加强农村思想道德建设应采取灵活多样的形式,既可以采取丰富多彩的评选活动,"深入推进农村精神文明创建活动,扎实开展好家风好家训活动,继续开展好媳妇、好儿女、好公婆等评选表彰活动,开展寻找最美乡村教师、医生、村官等活动,凝聚起向上、崇善、爱美的强大正能量"。② 也可以借助文艺作品,充分发挥文艺工作者的作用。鼓励引导文艺工作者深入农村,创作富有乡土气息、讴歌农村时代变迁的优秀文艺作品,提供健康有益、喜闻乐见的文化服务。还可以发挥新乡贤等乡村人才的作用,创新乡贤文化,弘扬善行义举,以乡情乡愁为纽带吸引和凝聚各方人士支持家乡建设,传承乡村文明。③

加强农村精神文明建设还要提高农村基层法治水平。法治思维是农村

---

① 《十九大以来重要文献选编》(上),中央文献出版社,2019,第100页。
② 《中共中央、国务院关于加大改革创新力度加快农业现代化建设的若干意见》,人民出版社,2015,第22页。
③ 《中共中央、国务院关于加大改革创新力度加快农业现代化建设的若干意见》,人民出版社,2015,第22页。

## 第六章　城乡二元的风尚变换：新时代精神文明建设的空间系统

精神文明建设的题中应有之义，法治水平是农村精神文明建设的重要衡量指标，提高农村基层法治水平是加强农村精神文明建设的关键举措。提高农村基层法治水平不仅要"深入开展农村法治宣传教育，增强各级领导、涉农部门和农村基层干部法治观念，引导农民增强学法尊法守法用法意识"，还要"健全依法维权和化解纠纷机制，引导和支持农民群众通过合法途径维权，理性表达合理诉求。依法加强农民负担监督管理"。①

加强农村精神文明建设也要提升农村基层自治能力。加强农村精神文明建设离不开"德治"和"法治"，更离不开"自治"。可以通过群众性精神文明创建活动来提升农村基层自治能力。积极推出一批农村精神文明示范村镇、最美家庭，挖掘和树立道德榜样典型，发挥示范引领作用。也可以支持建设文化场馆等设施，培育特色文化村镇、村寨。"持续推进农村移风易俗工作，引导和鼓励农村基层群众性自治组织采取约束性强的措施，对婚丧陋习、天价彩礼、孝道式微、老无所养等不良社会风气进行治理。"② 同时也要发挥农村优秀基层干部、乡村教师、退伍军人、文化能人、返乡创业人士等新乡贤的示范带动作用，增强基层群众自治能力。

开展城乡精神文明共建活动的关键举措在于"共建"，即"把城市和农村生活方式的优点结合起来，避免二者的片面性和缺点，使文明成果成为全体人民都能享受的财富"。③ 其最终目标是在城乡之间要素平等交换、合理配置和基本公共服务均等化的基础上，逐步实现城乡精神文明建设的一体化发展。

新型城镇化是"把城市和农村生活方式的优点结合起来"的重要实现途径。新型城镇化建设既要保留有利于原有经济社会发展的整体规划，同时在管理体制上引进城市管理的各类优秀经验，在确保农业生产发展和农民收入增加的基础上，促进物质文明、精神文明协调推进、统一发展。也要克服制约城乡一体化精神文明发展的各类体制障碍，通过改革土地、户籍政策、产业布局规划等措施，对整体区域经济社会发展作出统一规划。

---

① 《中共中央、国务院关于加大改革创新力度加快农业现代化建设的若干意见》，人民出版社，2015，第30页。
② 《十九大以来重要文献选编》（上），中央文献出版社，2019，第760页。
③ 王廷琦：《推进城乡一体化，建设文明新农村》，《理论学习》2006年第9期。

亦即推进以人为核心的新型城镇化,提高城市规划、建设、管理水平。深化户籍制度改革,促进有能力在城镇稳定就业和生活的农业转移人口举家进城落户,并与城镇居民有同等权利和义务。实施居住证制度,努力实现基本公共服务常住人口全覆盖。健全财政转移支付同农业转移人口市民化挂钩机制,建立城镇建设用地增加规模同吸纳农业转移人口落户数量挂钩机制。维护进城落户农民土地承包权、宅基地使用权、集体收益分配权,支持引导其依法自愿有偿转让上述权益。深化住房制度改革。加大城镇棚户区和城乡危房改造力度。

在推进新型城镇化建设的同时,还要推动城镇公共服务向农村延伸。"提高社会主义新农村建设水平,开展农村人居环境整治行动,加大传统村落民居和历史文化名村名镇保护力度,建设美丽宜居乡村。"① 要补齐城乡二元格局下制约城乡精神文明建设共建的一块短板——农村公共服务水平与城市相比还有较大差距,这不仅是城乡居民共享经济社会发展成果的体现,也是开展城乡精神文明共建活动的重要前提条件。所以要大力提升农村公共服务水平,全面提升农村教育、医疗卫生、社会保障、养老、文化体育等公共服务水平,加快推进城乡基本公共服务均等化。

通过新型城镇化等举措实现城乡之间要素平等交换、合理配置和基本公共服务均等化的目标之后,就应该着手建立城乡精神文明共建机制。这一机制的建立既要考虑到城市的模范引领作用,又不能忽视作为城乡精神文明共建活动之重点和难点的农村地区。应加强城乡互动,合理统筹、优化配置城乡精神文化建设资源,以便城市和农村精神文明建设能够协同推进,使城市的文明成果辐射到农村,农村的优良传统"回流"到城市,让城乡精神文明在协同推进中共同提升,让城乡群众共享精神文明建设成果。值得注意的是,城乡精神文明共建并不是否定农村传统文化资源,而是既要吸收城市的现代文明成果,又要萃取农村传统文化资源中的精华,对农村传统文化资源中的精华予以继承与发扬,并探寻城市与农村文化的贯通方式,让文化资源在城乡之间自由流动,促进城乡精神文明共同提高的过程。城乡交流与互动是这一过程的手段,城乡文化资源融合利用与城

---

① 《十八大以来重要文献选编》(中),中央文献出版社,2016,第802页。

第六章 城乡二元的风尚变换：新时代精神文明建设的空间系统

乡文化优势互补是这一过程的直接结果。其最终目的是"在这一过程中，城市和农村共同参与精神文明建设，城乡居民的精神文明水平得到共同提高"。① 总之，只有建立健全城乡精神文明共建机制，积极开展城乡精神文明共建活动，才能有效整合城乡精神文明建设资源，实现城乡精神文明建设的协同推进。

## 第二节　新时代文明实践中心建设

新时代文明实践中心建设是新时代精神文明建设的重要举措，是盘活基层、打牢基础的一项重大改革，有利于提升人民思想觉悟、道德水准、文明素养和全社会文明程度。建设新时代文明实践中心，能够推动习近平新时代中国特色社会主义思想落地生根；能够有效加强和改进基层思想政治工作；能够激发城乡精神文明建设活力，助力城乡基层治理，更好地满足人民群众对精神文化美好生活的需求。

### 一　习近平新时代中国特色社会主义思想落地生根

坚持用习近平新时代中国特色社会主义思想武装全党、教育人民是新时代文明实践中心建设的首要政治任务。必须按照学懂弄通做实的要求，采取切实有效的措施，深化学习教育，推动习近平新时代中国特色社会主义思想走深走实、落地生根、开花结果。建设新时代文明实践中心，也是拓展理论宣传宣讲的有效载体，创新常态化引导人民群众学习理论、践行理论的组织方式和更好地搭建理论与人民群众生产生活连接贯通的桥梁。这一举措能让理论的学习在城乡基层持续推进，进一步彰显习近平新时代中国特色社会主义思想的真理力量。

习近平新时代中国特色社会主义思想是贯穿党的十九大精神的灵魂和主线，其核心内容是"八个明确"和"十四个坚持"。面向城乡基层传播这一思想，要以生活化的语言为切入点，着力"讲清楚这一重要思想的历

---

① 程晓军：《精神文明城乡一体化建设内在逻辑与制度安排》，《山西农业大学学报》（社会科学版）2017年第6期。

史地位，讲清楚这一重要思想在理论上的重大突破创新、在实践上的科学指导作用，讲清楚这一重要思想的时代背景、精神实质、丰富内涵和实践要求，引导干部群众在学懂弄通做实上下功夫，自觉用习近平新时代中国特色社会主义思想武装头脑、指导实践、推动工作。要把学习领会习近平新时代中国特色社会主义思想同领会过去五年党和国家事业发生的历史性变革结合起来，同贯彻今后工作战略部署结合起来，准确把握其继承性、创新性、时代性，坚持在这一重要思想指引下，广泛凝聚共识、凝聚人心、凝聚智慧、凝聚力量。要结合'两学一做'学习教育常态化制度化，坚持系统学、深入学、跟进学，坚持学而信、学而思、学而行，增进高度的政治认同、思想认同、理论认同、情感认同。要创新宣传方式，丰富阐释手段，让习近平新时代中国特色社会主义思想在网上网下充分覆盖，在国内国外广泛传播"。① 习近平新时代中国特色社会主义思想落地生根的具体途径为：让理论走进群众生活、让理论说服群众、让理论与群众产生情感共鸣。

  让理论走进群众生活，首先要向群众宣讲习近平新时代中国特色社会主义思想。具体宣讲方式为：领导干部带头讲、专业人员深入讲、鼓励群众自己讲。"领导干部带头讲"是首要环节。习近平总书记强调学习宣传贯彻新时代中国特色社会主义思想"要重点抓好领导干部的学习，落实好党委（党组）理论学习中心组学习制度，以此带动广大党员干部的学习。要把党的十九大精神作为党校、干部学院、行政学院教育培训的必修课，作为学校思想政治教育和课堂教学的重要内容，面向全体党员开展多形式、分层次、全覆盖的学习培训"。② 向群众宣传马克思主义理论和党的路线、方针、政策，是中国共产党长期形成的优良传统，也是对党员干部的基本要求。建立领导干部下基层宣讲理论的制度，发挥领导干部传播理论和政策的关键作用，带头上讲台、进基层，既做实干家，也做宣传家，为基层党员群众树立榜样。"专业人员深入讲"是重要环节。专业研究和宣传人员凭借扎实的理论功底，在基层理论宣讲中发挥着重要作用。要把县

---

① 《十九大以来重要文献选编》（上），中央文献出版社，2019，第95页。
② 《十九大以来重要文献选编》（上），中央文献出版社，2019，第95~96页。

## 第六章 城乡二元的风尚变换：新时代精神文明建设的空间系统

域内的专业人员组织好、利用好。善于用好党校、高校和相关科研机构的专家学者资源，建立宣讲专家库（讲师团），邀请专家宣讲，增强习近平新时代中国特色社会主义思想宣讲的系统性、丰富性。"鼓励群众自己讲"是关键环节。发掘和培养基层的"本土专家"，增强宣传的亲和力。建立群众身边典型宣讲队，在新时代文明实践所（站）开设课堂，讲述典型故事，分享践行习近平新时代中国特色社会主义思想给自己的工作和生活带来的新变化，引发基层群众共鸣，提高理论认同感。培育基层理论传播志愿者，多吸引基层党员干部、返乡创业人员、返乡大学生等人员加入，逐步形成基层理论宣讲常态化的局面。[①]

让理论走进群众生活，其次要找准理论和群众实际的切合点。找准理论和群众实际的切合点，第一是针对群众思想关切。聚焦城乡群众生产生活实际和利益关切，找准结合点，用习近平新时代中国特色社会主义思想答疑解惑、回应关切，以实现思想引领。利用党的重要会议、重大工作部署和重要时间节点，精准设置宣讲主题，开展集中性的宣讲活动。还可以针对复杂的国际国内形势、突发公共事件和舆论热点问题等，及时向群众讲明党的政策和主张，引导群众明确自身奋斗目标。第二是以惠民政策为切入点。惠民政策是习近平新时代中国特色社会主义思想的具体落实，与群众关系最为直接。要将惠民政策简明扼要地梳理出来，通过公告、宣传手册、公众号（或 App）等多种方式让群众及时了解。第三是"个性化"宣讲。针对不同理论诉求的群众，开展不同的理论宣讲，将面向所有群众的常规讲解与个性化讲解相结合。习近平总书记强调学习宣传贯彻新时代中国特色社会主义思想"要开展内容丰富、形式多样的宣传教育活动，深化新闻宣传、社会宣传，用好用活新媒体，增强宣传的针对性、时效性、影响力。要精心做好党的十九大精神集中宣讲，以干部群众喜闻乐见的形式，推动党的十九大精神进企业、进农村、进机关、进校园、进社区、进军营、进网站"。[②]

---

① 《中共中央办公厅 国务院办公厅印发〈关于加快推进乡村人才振兴的意见〉》，中国政府网，2021年2月23日，http://www.gov.cn/xinwen/2021-02/23/content_5588496.htm。
② 《十九大以来重要文献选编》（上），中央文献出版社，2019，第96页。

让理论说服群众是为了让理论掌握群众，因为"理论一经掌握群众就能变成物质的力量"。而要说服群众就必须让群众听得懂、听得进、愿意听。让群众听得懂要求语言简明。围绕基层群众的接受习惯和接受能力，多用方言俗语，多把理论转化为本土案例，不照搬照抄，不照本宣科。以鲜明的观点、简洁的话语让群众易于接受。让群众听得懂也要求表达通俗。多用基层群众喜爱的讲故事的形式，采用浅显易懂、生动形象的表达方式，把习近平新时代中国特色社会主义思想简明易懂地讲出来，多用群众身边的生动、鲜活的事例和实在的数据去说话，言之有理、言之有物、言之有情，潜移默化地影响群众、引导群众、说服群众。

让群众听得进应以事喻理。注重把习近平新时代中国特色社会主义思想具体细化为一系列小话题，以小见大、见微知著，让群众从故事中领悟理论。注重运用本地经济社会发展成就，以小见大，将宏大理论化作生活中鲜活的故事情节，生动地阐释习近平新时代中国特色社会主义思想，使理论宣讲既走心又暖心，增强基层群众凝聚力。让群众听得进还应讲身边变化。习近平新时代中国特色社会主义思想与每个地方、每个领域的发展，与每个普通群众都息息相关，多采用数据对比、图表展示等方法，生动直观地展示新中国成立70多年来，改革开放40多年来，特别是进入新时代以来经济社会的发展成就、人民群众的生活改变、城乡面貌的不断改善，讲述正在发生的巨变，让城乡群众感受到习近平新时代中国特色社会主义思想的实践性。让群众听得进还应把道理与方法相结合。① 既要把"是什么、为什么"这些理论层面的问题讲清楚，又要把"怎么做"这些操作层面的问题说明白，使群众得到理论训练，掌握实践方法。

让群众愿意听既要用好"学习强国"等新平台，也要用活传统方法。"学习强国"学习平台集传播党的创新理论成果、宣传党的政策和各地宣传思想工作成果于一体，是面向基层群众传播理论的优质资源库。新时代精神文明实践中心，要学好和用好这些优质资源。将平台播出的习近平新时代中国特色社会主义思想内容学习好，做到"及时学、跟进学"。还要借鉴他人经验改进学，对照平台介绍的理论传播案例和方法，取长补短，

---

① 《建设新时代文明实践中心指导手册》，学习出版社，2020，第7页。

## 第六章 城乡二元的风尚变换：新时代精神文明建设的空间系统

提高理论学习的实效性。开展学习交流，鼓励把学习心得体会上传到平台进行交流，引导人们养成深入思考、学以致用的好习惯。宣讲课堂、报告会、乡村广播等传统形式也不能丢弃。因为它们依然是习近平新时代中国特色社会主义思想进基层入家庭的有效手段，既要坚持运用，又应有所创新，通过创新增强吸引力。多用本地宣讲资源，在相对固定的宣讲时间和地点，选择群众感兴趣的宣讲主题和内容，采用灵活多样的宣讲方式。

让理论与群众产生情感共鸣需要充分考虑基层群众的生产与生活实际，善于利用工作化、生活化的场景传播理论，把理论宣讲的"主阵地"搬到群众的生产与生活场所。"要精心做好党的十九大精神集中宣讲，以干部群众喜闻乐见的形式，推动党的十九大精神进企业、进农村、进机关、进校园、进社区、进军营、进网站。要牢牢把握在学懂弄通做实上下功夫的要求，通过扎实有效工作推动学习宣传贯彻工作往实里走、往深里走、往心里走，真正让广大干部群众深入理解党的十九大精神和习近平新时代中国特色社会主义思想，引导全党全社会自觉维护习近平总书记党中央的核心、全党的核心地位，维护党中央权威和集中统一领导。"① 具体要求为：用活场景体验、加强交流互动等。

用活场景体验中的场景包括所站和村街、工厂和园区、文化场所等。新时代文明实践所（站）、文化广场等群众活动的地方，要把习近平总书记的名言警句展示在醒目的位置。村庄社区美化，要把传播习近平新时代中国特色社会主义思想作为重要内容，用漫画、绘画、诗歌等形式上墙、上宣传栏、上公益广告牌，体现到群众生活场景中去。工厂和企业园区，青壮年多，尤其需要营造传播习近平新时代中国特色社会主义思想的浓厚氛围。利用会议室、食堂、企业文化俱乐部、车间等职工聚集的场所，结合行业特点，把习近平新时代中国特色社会主义思想和党的有关政策展示出来。把这一思想融入企业时事政治、方针政策、企业发展、专业技能、职场心理等讲座之中，让其深入职工心里。博物馆、图书馆、纪念馆、名人故居等各类阵地，要突出精神引领，或建设一批固定宣讲点，或将理论传播与场馆解说融为一体，在向群众讲好文化故事的同时，体现精神价

---

① 《十九大以来重要文献选编》（上），中央文献出版社，2019，第96页。

值。加强交流互动需要有明确的主题。群众在日常生活中的所思所想、所困所惑,群众自身最清楚。针对群众的思想困惑,开列出若干个讲解主题,排出时间,按时开讲。讲解过程中,鼓励群众一边听、一边问,既可以通过设立围坐讲台、板凳授课这种面对面的形式,也可以多采用网上讲解的方法,既促使群众深入思考,又使理论得以传播,有效答疑解惑。

要使习近平新时代中国特色社会主义思想走进群众心坎里,就必须让有信仰的人讲信仰、青年人讲给青年人听。正如"教育者必须首先受教育"[①],理论的传播者首先自己必须真学真懂真信。做好理论传播志愿者、宣讲员的理论培训,遴选具有深厚爱国情怀、高尚道德情操的人来传播习近平新时代中国特色社会主义思想,既深入浅出地"言传",用真理的力量感召群众,又润物无声地"身教",用高尚的人格感染群众。青年人讲给青年人听,效果更佳。开展分众化宣讲活动,青年是重要群体。积极组织和吸引优秀青年学会"讲"、参与"讲"。青年既学又讲,用青年喜欢的语言把习近平新时代中国特色社会主义思想讲出来,激发更多青年人主动学习理论、传播理论、践行理论的热情。举行青年学习习近平新时代中国特色社会主义思想演讲比赛、微视频制作比赛等,让这一思想在青年人心中扎根。

## 二 加强改进基层思想政治工作

思想政治工作是中国共产党的优良传统和天然政治优势,是经济工作和其他一切工作的生命线。基层思想政治工作是中国共产党基层工作的灵魂。时代在发展、形势在变化,基层思想政治工作也要不断改革创新、始终保持生机活力。新时代,基层群众的思想观念必然呈现出新的面貌,基层思想政治工作必须因事而化、因时而进、因势而新,不断增强实效性和时效性。建设新时代精神文明实践中心即是从不断变化的实际出发,结合新的时代条件继承发扬思想政治工作这一优良传统,深化对新形势下思想政治工作特点和规律的认识,推动基层思想政治工作在内容形式、方法手段、渠道载体、体制机制等方面不断创新,更好体现时代性、把握规律

---

① 《建国以来重要文献选编》第19册,中央文献出版社,1998,第118页。

### 第六章 城乡二元的风尚变换：新时代精神文明建设的空间系统

性、富于创造性。

习近平总书记强调，做好基层思想政治工作必须全员参与。具体到基层，就是要把思想政治工作作为各级党组织和党员干部的一项重要政治任务，激活各方力量，统筹各种资源，形成上下贯通、齐抓共管的大思政工作格局，增强基层思想政治工作的实效性和时效性，以推动城乡精神文明建设。

首先，要发挥各级党组织的战斗堡垒作用和引领示范作用。《中国共产党宣传工作条例》对此有明确规定：各级党组织应当履行宣传群众、教育群众、引领群众、服务群众的职责，做好思想政治工作。① 可以把思想政治工作融入基层党建，建立完善县乡村三级书记带头开展理论政策宣讲制度，推行"党员教育+精神文明实践"模式，组织党员到村（社区）报到，参与文明实践志愿服务，以党建促进思想政治工作。还可以进一步延伸"工作链"，把思想政治工作融入基层产业、教育、健康等领域，使其做实做深。基层党组织也可以组织机关单位工作人员参与科技卫生文化"三下乡"等志愿服务活动，下沉到村组、社区，在服务群众的过程中，结合科技、卫生、文化等民生工程宣讲党的惠民政策，使群众易于理解和乐于接受。还可以结合部门单位特点设计常态化个性化的志愿服务项目。

其次，要凝聚合力，形成基层"大思政"格局。第一，要发挥基层党员干部的先锋模范作用。做好基层思想政治工作，关键是要让"基层党员干部当好宣传员、信息员、帮扶员、疏导员"。② 加强自身学习，认识和掌握思想政治工作的基本规律，熟悉和理解党的路线、方针、政策，并能将其传递给基层群众。熟悉民情民意，准确把握社会思想状况及动向，并加以积极引导。第二，要发挥政工队伍的专业作用。在基层既有专职思想政治工作队伍，也有兼职思想政治工作队伍。按规定充实优化专职政工队伍，配齐配强乡镇一级和村一级政工队伍，使工作有人抓，事情有人干。努力提升兼职政工人员素质，努力做到业务熟练，投入足够时间和精力来做思想政治工作，确保兼职不失职，到位不缺位。突出政治强、业务精、

---

① 《建设新时代文明实践中心指导手册》，学习出版社，2020，第66页。
② 《建设新时代文明实践中心指导手册》，学习出版社，2020，第68页。

纪律严、作风正,做好政工队伍培训,并将其纳入基层宣传文化队伍培训工程,有计划有步骤地开展全员培训,不断提升整体素质和业务能力。关心爱护基层政工干部,多一分理解和信任,改善他们的待遇和工作条件,帮助他们解决后顾之忧,创造有利于基层队伍稳定发展的良好环境,努力建设一支专兼结合的基层思想政治工作队伍。第三,要充分发挥文艺工作的育人作用。组织文艺工作者把思想教育、道德教育、政治教育等融入艺术作品,通过歌曲、话剧、小品等艺术形式表现出来,充分发挥艺术的思想政治功能。"文艺是时代前进的号角,最能代表一个时代的风貌,最能引领一个时代的风气"①,"要改造国人的精神世界,首推文艺"。② 引导、组织作家或文学爱好者把社会主义核心价值观变成一个个小故事,通过写故事、讲故事、演故事的方式,让群众在看故事、听故事中潜移默化地接受思想政治教育。

最后,要引导群众自我教育。第一,培养群众的互助意识和习惯。新时代文明实践中心(所、站)要把零散的群众互助资源统筹起来,通过搭建平台、设计项目、发动群众,不断丰富互助服务内涵,提高互助服务质量。比如,实施"村民互助 共享服务"项目,通过搭建互助共享平台,组织群众把家中闲置物品捐给新时代文明实践中心(所、站),把可以共享的物品及相关信息登记造册,印制成便民服务手册和便民名片,发给每个家庭,一旦有需要就能够方便使用。③ 把群众参与守望相助的情况记入家庭文明档案,进行积分管理,作为文明家庭、好邻居、优秀志愿者等推荐评选的重要参考,增强群众的参与度和自豪感。第二,为群众自我教育提供平台。随着法治意识的普及和文化水平的提高,基层群众自我教育的能力也在不断提高。基层党组织要积极引领,充分尊重和发挥群众自治组织的作用,发动群众参与村组(社区)集体事务管理,参与文化活动组织开展,参与生活环境整治维护,参与村规民约制定实施,参与家教家风交流展示等。新时代文明实践中心(所、站)要充分发挥平台

---

① 习近平:《在文艺工作座谈会上的讲话》,人民出版社,2015,第5页。
② 习近平:《在文艺工作座谈会上的讲话》,人民出版社,2015,第6页。
③ 《建设新时代文明实践中心指导手册》,学习出版社,2020,第71页。

# 第六章 城乡二元的风尚变换：新时代精神文明建设的空间系统

作用，将群众自我教育、互帮互助的热情激发出来。第三，发挥新乡贤的作用。把乡村人才纳入各级人才培养计划予以重点支持。建立县域人才统筹使用制度和乡村人才定向委托培养制度，探索通过岗编适度分离、在岗学历教育、创新职称评定等多种方式，引导各类人才投身乡村振兴和基层思想政治工作。积极培养懂农业、爱农村、爱农民"三农"工作队伍。①

## 三 凝聚群众引导群众共建共治共享

共建共治共享理念，作为结合我国社会发展现状提出的一种社会治理的重要战略思想，主要由共同建设、共同治理以及共同享有三方面构成，三者之间相互联系，为新时代精神文明建设提供了新的思路。具体而言，共建即依靠人民、团结人民共同建设；共治即通过制定有效的制度，发动人民参与基层治理；共享则是指社会发展成果由人民共享，实现共同富裕。② 由此可见，共建的有效开展，为共治与共享提供了必要前提，共治则为共建与共享提供了可靠保障，而共享是共建与共治之目的。从新时代精神文明建设的视角看，共建即激发城乡精神文明建设的活力与动力，这一活力与动力从何而来呢？新时代文明实践中心建设即是活力与动力的来源之一。依托新时代文明实践中心（所、站），以宣传马克思主义理论和践行社会主义核心价值观为重要契机，通过形式多样、丰富多彩的文明实践活动，能够给一个城市、一个村庄、一个单位、一个家庭、一个学校的群众性精神文明创建活动提供精神动力和智力支持。简言之，新时代文明实践中心（所、站）是深化城乡精神文明建设的"发动机"。共治即发动人民参与基层治理，基层治理是国家治理能力和治理体系现代化的重要基础。治理工作的力量源泉在基层，矛盾和问题也最容易出现在基层。建设新时代文明实践中心，"就是通过建立和完善县（市、区、旗）、乡镇（街道）、村（社区）三级联动，中心、所、站三级贯通的体

---

① 《中共中央办公厅 国务院办公厅印发〈关于加快推进乡村人才振兴的意见〉》，中国政府网，2021年2月23日，http://www.gov.cn/xinwen/2021-02/23/content_5588496.htm。
② 张笑菡：《共建共治共享理念下的农村社会发展路径》，《学术前沿》2020年第17期。

制机制，有效调配资源、协调各方力量，增强群众凝聚力、社会动员力，使新时代文明实践中心（所、站）成为城乡基层治理的重要依托，确保'平时好用、战时管用'"。① 建设新时代文明实践中心，就是要坚持以人民为中心的发展理念，把人民对美好精神生活的向往作为着眼点和着力点，统筹各种资源，提高精神文化产品供给的质量，不断提升人民群众的文化获得感与幸福感。

在建设社会主义的征程中，共建共治共享既符合人民的根本利益，也成为当前城乡基层精神文明建设的重要理念。在精神文明建设领域，凝聚群众引导群众共建共治共享之前，需要对共建共治共享理念做进一步的剖析与理解。一是共建共治共享理念强调参与主体的"多元性"。共建共治共享理念源自于社会治理领域，社会治理既包括自上而下的管理（政府主导）也包括自下而上的自治（公众参与）。这意味着，传统的"一元主体"（政府）社会管理模式已经逐步被"多元主体"（社会组织、公众等）参与模式所取代。换言之，现代社会治理除了政府主体外，还包括社会组织、公众等社会治理主体。二是共建共治共享理念强调参与主体的"协同性"。共建共治共享理念强调多元主体在党委的领导下和政府的主导下遵循"人人参与、人人尽力、人人享有"的治理路径，最终实现"人人公平享有社会发展成果"的宏伟目标。因此，各个主体都应在打造全民共建共治共享社会治理格局中发挥应有的作用。共建共治是共享的前提，在这一过程中，既需要政府的引导，也需要社会多元主体的积极参与；共享是目的，既需要政府的公正引导，也需要社会多元主体主动参与公平分配共建共治的成果，真正推动社会多元主体共享社会共建共治成果。三是共建共治共享理念强调参与主体的"互动性"。共建共治共享理念的真正实现，不仅需要多元主体的积极参与，"更为重要的是政府与社会力量、社会力量与社会力量间的良性互动。这一良性互动模式要求政府改变传统自上而下的单向度管理模式，完善政府与多元社会力量及时、顺畅、有效的反馈机制与上下有机衔接的合作网络，从而使得政府在与社会力量的良性互动中解决社会治理存在的问题，及时化解社会隐性或显性矛盾，真正实现政

---

① 《建设新时代文明实践中心指导手册》，学习出版社，2020，第7页。

## 第六章 城乡二元的风尚变换：新时代精神文明建设的空间系统

府治理与社会自我调节、居民自治的良性互动"。① 四是共建共治共享理念仍然需要强调政府的"主导"作用。政府作为贯彻共建共治共享理念的推动主体，能够在多元社会主体参与社会治理、公共服务供给、维护社会公正中发挥"主导作用"。"一方面，政府在打造共建共治共享社会治理格局中的主导作用主要是为社会力量提供公共服务，包括为它们提供参与社会治理的资格审查、资源支持、环境营造、培训引导等方面的公共服务，真正推动形成多元合作共建共治共享的社会治理模式；另一方面，政府在这一过程中发挥着维护社会公正的作用。"② 多元主体的共同参与、协同参与良性互动是以政府充分发挥主导作用为前提的，离开了政府的主导作用，多元主体的共同参与、协同参与就会陷入无序状态，良性互动就会变成恶性竞争。因此，共建共治共享理念的落地生根需要充分发挥政府的主导作用。

深入理解了共建共治共享理念的内涵之后，我们需要探讨另外一个关键问题：如何凝聚群众、引导群众共建共治共享，以推进城乡基层精神文明建设。

凝聚群众、引导群众共建共治共享首先要树立多元主体参与的合作治理理念。新时代背景下，社会发展呈现多元化态势，人们的利益诉求千差万别，思想观念和价值追求也不尽相同。为了实现中华民族伟大复兴的中国梦和满足人民对美好生活的需求，必须凝聚各方力量，统合利益诉求和价值追求，因而，树立多元主体参与的合作治理理念势在必行。一是在全社会形成广泛认识，使"共建共治共享"理念深入人心，得到普遍认可与接受。新中国成立以来，我国社会治理和精神文明建设被政府"大包大揽"，社会主体的参与程度较低。但不可否认，随着经济社会的发展，社会主体逐渐成为社会治理和精神文明建设过程中不容小觑的重要力量。因此在新时代背景下，党和政府要积极引导与支持社会主体参与社会治理和精神文明建设。因为在新时代背景下，社会发展呈现多元化态势，人们的

---

① 廖冲绪、张曦：《共建共治共享社会治理格局的逻辑进路、时代内涵与路径创新》，《行政与法》2020年第3期。
② 廖冲绪、张曦：《共建共治共享社会治理格局的逻辑进路、时代内涵与路径创新》，《行政与法》2020年第3期。

利益诉求千差万别,思想观念和价值追求也不尽相同。因此,在社会治理和精神文明建设过程中,如何协调多元主体共同参与成为一个难题,"合作治理理念"能较好地解决这一难题。通过合作治理可以"强化道德约束,规范社会行为,调节利益关系,协调社会关系,解决社会问题"。二是建立多元社会主体共同参与的治理机制。以前政府"大包大揽"制定了大量的行政管理政策,相关管理政策的不断制定又强化了政府的"大包大揽",形成了"恶性循环",这在一定程度上抑制了社会组织和社会公众参与社会治理和精神文明建设的积极性。新时代背景下,要围绕"共建共治共享"目标,建立富有民主和法治精神的机制和体制,积极引导多元社会主体参与社会治理和精神文明建设,"在发挥好政府治理作用的基础上,健全利益表达、利益协调、利益保护机制,引导群众依法行使权利、表达诉求、解决纠纷,实现政府治理和社会调节、居民自治良性互动。改革社会组织管理制度,鼓励和支持社会力量参与社会治理、公共服务,激发社会活力。深化基层组织和部门、行业依法治理,支持各类社会主体自我约束、自我管理。发挥市民公约、乡规民约、行业规章、团体章程等社会规范在社会治理中的积极作用"。①

凝聚群众、引导群众共建共治共享其次要基于大数据技术实现智能化治理。改革开放以来,在市场经济的冲击下,人们对物质利益的关注程度持续升温。因为在资本逻辑主导下,"利益是如此强大有力,以至胜利地征服了马拉的笔、恐怖主义者的断头台、拿破仑的剑,以及钉在十字架上的耶稣受难像和波旁王朝的纯血统"。② 在市场经济和物质利益的冲击下,作为整体的人民群众被碎片化了。在强大的物质利益面前,矛盾和冲突开始涌现,如何平衡各方利益,使不同主体实现协同发展,成为社会治理和精神文明建设的一项重要任务。高度发达的互联网技术能够为社会治理和精神文明建设提供支持和帮助,在社会治理和精神文明建设中引入互联网技术,积极运用大数据,能够充分获取社会信息,全面地了解人民群众不同的利益诉求。通过收集各类相关数据,逐步将不同利益主体拉到同一个

---

① 慎海雄主编《习近平改革开放思想研究》,人民出版社,2018,第51页。
② 《马克思恩格斯文集》第1卷,人民出版社,2009,第287页。

## 第六章 城乡二元的风尚变换：新时代精神文明建设的空间系统

信息沟通领域中，为利益主体间的沟通和交流提供平台，也拓展了不同利益主体参与社会治理和精神文明建设的渠道。

凝聚群众、引导群众共建共治共享最后要完善社会治理的配套体系。打造"共建共治共享"的社会治理格局和精神文明建设格局还需要相关的配套设施。第一，完善社会公共安全体系。安全是人民幸福安康的基本要求，是社会治理和精神文明建设的基石。中国特色社会主义进入新时代，我国经济社会发展的短板突出体现在"发展的不平衡不充分"。社会公共安全体系即是经济社会发展的不平衡不充分之处，所以公共安全体系的建设，不仅对经济发展具有重要意义，也对社会治理和精神文明建设意义非凡。第二，健全社会心理服务体系和疏导机制、危机干预机制。我国改革开放已进入深水区，社会处于转型阶段，生产方式和生产关系均有所变化，传统与现代、国内与国际的各种思潮竞相迸发，社会心理服务体系建设极为重要。具体来说，一方面，需要在全社会加强身心健康教育，努力提高全体国民的身心健康素质。[①] 另一方面，要引导和强化社会成员的人格培养，塑造自信自尊、积极向上的良好心态，主动推进社会心理服务体系建设，使疏导机制、危机干预机制更加健全，人民精神文化生活日益丰富。第三，完善社区治理体系建设。社会治理的重心必须落到城乡社区，"社区服务和管理能力强了，社会治理的基础就实了。要深入调研治理体制问题，深化拓展网格化管理，尽可能把资源、服务、管理放到基层，使基层有职有权有物，更好为群众提供精准有效的服务和管理"。[②] 城市社区的重点在于流动人口，其应该加强流动人口服务管理，更多运用市场化、法治化手段，促进人口有序流动。农村社区的重点在于化解农村社会矛盾。应加强创新农村社会治理，重视化解农村社会矛盾，学习推广"枫桥经验"，争取做到"小事不出村，大事不出镇，矛盾不上交"。

以人民为中心是共建共治共享理念的灵魂和精髓，中国共产党的初心和使命就是"为中国人民谋幸福、为中华民族谋复兴"。习近平总书记在党的十九大报告中明确指出："带领人民创造美好生活，是我们党始终不

---

① 《中国共产党第十九届中央委员会第五次全体会议公报》，人民出版社，2020，第17页。
② 《习近平关于社会主义社会建设论述摘编》，中央文献出版社，2017，第127页。

渝的奋斗目标。必须始终把人民利益摆在至高无上的地位，让改革发展成果更多更公平惠及全体人民，朝着实现全体人民共同富裕不断迈进。"① 共享就是共同享有改革发展成果，要求社会治理的成效更多更公平地惠及全体人民。只有人民群众广泛参与的共建、共治，才能使共享由愿景变为现实。换言之，共享必须以共建、共治为前提，没有共建、共治的单方面共享是不可持续的，最终只能化为泡影，因为幸福是奋斗出来的。同时，共享是物质层面的共享，更是精神层面的共享。凝聚群众、引导群众共建共治共享是新时代精神文明建设的必然要求。在满足这一要求的过程中，新时代文明实践中心发挥着不可替代的作用。概而言之，新时代文明实践中心"是整合各方力量资源，盘活存量、用好增量的指挥中心，是满足人民日益增长美好生活需要的服务中心，更是引导人们坚定自信、鼓舞斗志、同心同德、团结奋斗的信仰中心"。②

## 第三节　新农村开展移风易俗行动

开展移风易俗行动是新时代农村精神文明建设的关键之举，有利于提高农民的科学文化素质、思想道德素质和身心健康素质等，有利于改善农村的精神文明面貌，有利于加速农业的现代化进程。新农村开展移风易俗行动首先要积极培育文明乡风与淳朴民风，其次要充分发挥村规民约的议事规则，同时还要自觉抵制迷信腐朽的落后文化和有效防范宗教传播与宗教渗透。

### 一　培育文明乡风与淳朴民风

乡村振兴，文明乡风是保障，淳朴民风是基石。乡风即乡土风俗，主要指人们在农业生产和生活过程中形成的风尚和习俗，包含生活方式、风俗习惯、思想观念等内容。③ 文明乡风则是指乡风中的积极因素，即与社

---

① 《习近平谈治国理政》第3卷，外文出版社，2020，第35页。
② 《建设新时代文明实践中心指导手册》，学习出版社，2020，第7页。
③ 徐越：《乡村振兴战略背景下的乡风文明建设》，《红旗文稿》2019年第21期。

## 第六章 城乡二元的风尚变换：新时代精神文明建设的空间系统

会主流价值相一致的风尚和习俗。民风是指民间的风尚和风气，淳朴民风则是指诚实而朴素的民间风尚和风气。① 学术界一般将文明乡风和淳朴民风放在一起使用，并且对二者不做严格区分。

培育文明乡风与淳朴民风的主要目的是"提升农民精神风貌"和"提高乡村社会文明程度"。② 但目前中国乡村社会秩序处于转型期，旧的秩序正在逐步瓦解，新的秩序尚未完全建立起来，培育文明乡风与淳朴民风仍面临一些困境。

一是利益诉求和价值取向分化，人际关系走向疏离。良好的人际关系是培育文明乡风与淳朴民风的前提和保障。然而，在市场经济的冲击下，追求个人利益的观念逐渐深入农村，农民的集体主义观念受到严重冲击。部分农民为了个人利益甚至不惜损害国家、集体和他人的利益，致使农民利益冲突频频发生，乡村社会人际关系逐步走向疏离，"熟人社会"逐渐瓦解。

二是传统美德日趋淡化，陈规陋习"甚嚣尘上"。文明乡风与淳朴民风不是凭空生长出来的，其是对传统美德的继承与发展。传统美德根植于中华优秀传统文化中，蕴藏着勤俭节约、孝敬父母、诚实守信等道德精髓，能够调节人们的生活方式、行为习惯等，帮助人们树立正确的价值观念，提高人们的精神文明境界。然而改革开放以来，我国长期把工作重心放到经济建设上，对精神文明建设有所忽视，导致一些陈规陋习在农村长期存在。

面对这些困境，我们应采取有力措施，探寻培育文明乡风与淳朴民风的出路。

一是以社会主义核心价值观为引领，弥合价值裂缝。社会主义核心价值观是新时代精神文明建设的灵魂，乡风文明建设必须突出其引领作用，以弥合农民由于利益分化与冲突所造成的价值裂缝。发挥社会主义核心价值观的引领作用，要"坚持教育引导、实践养成、制度保障三管齐下，采取符合农村特点的有效方式，深化中国特色社会主义和中国梦宣传教育，

---

① 雍斌：《培育文明乡风淳朴民风》，《人民日报》2021年1月20日。
② 《乡村振兴战略规划（2018—2022年）》，《人民日报》2018年9月27日。

大力弘扬民族精神和时代精神。加强爱国主义、集体主义、社会主义教育,深化民族团结进步教育,加强农村思想文化阵地建设"以实现"强化农民的社会责任意识、规则意识、集体意识、主人翁意识"① 这一目标。

二是以传承发展农村优秀传统文化为契机,厚植文化根基。培育文明乡风与淳朴民风绝不是从零开始,而是有着深厚的优秀传统文化根基。习近平总书记在中共中央政治局第十三次集体学习时曾明确指出:"博大精深的中华优秀传统文化是我们在世界文化激荡中站稳脚跟的根基。中华文化源远流长,积淀着中华民族最深层的精神追求,代表着中华民族独特的精神标识,为中华民族生生不息、发展壮大提供了丰厚滋养。"② 所以,我们要强化传统村落保护,深入挖掘农村特色文化,加强对非物质文化遗产的整理、展示和宣传。但培育文明乡风与淳朴民风绝不能仅仅保护和继承农村优秀传统文化,"深入挖掘农耕文化蕴含的优秀思想观念、人文精神、道德规范,充分发挥其在凝聚人心、教化群众、淳化民风中的重要作用。划定乡村建设的历史文化保护线,保护好文物古迹、传统村落、民族村寨、传统建筑、农业遗迹、灌溉工程遗产。支持农村地区优秀戏曲曲艺、少数民族文化、民间文化等传承发展"③;还需要"吸收外来"和"面向未来":吸收城市文明及外来优秀文化成果,在保护传承农村优秀传统文化的基础上,创造性转化与创新性发展,不断赋予其新的时代内涵。可以发挥典型的示范引领作用,以日常浸润的方式,把中华传统美德和现代文明观念转化为农民群众的行为习惯和准则。

三是以教育引导为抓手,革除陈规陋习。革除陈规陋习,培育文明乡风与淳朴民风,教育引导是重要抓手。"要加强教育引导,通过常态化宣讲和物质奖励、精神鼓励等形式,促进群众比学赶超,提振精气神。"④ 教育引导农民革除陈规陋习可采用灵活多样的方式:可以充分发挥村民自治组织的作用,"推广扶贫理事会、道德评议会、红白理事会等做法,通过

---

① 《十九大以来重要文献选编》(上),中央文献出版社,2019,第165~166页。
② 《习近平谈治国理政》第1卷,外文出版社,2018,第164页。
③ 《十九大以来重要文献选编》(上),中央文献出版社,2019,第166页。
④ 《十九大以来重要文献选编》(上),中央文献出版社,2019,第234页。

多种渠道，教育和引导贫困群众改变陈规陋习、树立文明新风"①；还可以通过广泛开展文明村镇、星级文明户、文明家庭等群众性精神文明创建活动来革除大操大办、厚葬薄养、人情攀比等陈规陋习。开展此类活动需要辅之以无神论宣传教育和农村科普工作，因为这些活动既可以丰富农民群众的精神文化生活，又可以提高农民科学文化素养。

四是以完善乡村公共文化服务体系为目标，加强农村公共文化建设。按照党中央和国务院提出的"有标准、有网络、有内容、有人才"的要求，加强农村公共文化建设，健全乡村公共文化服务体系。加强农村公共文化建设，首先要发挥县乡基层公共文化机构的辐射带动作用。"发挥县级公共文化机构辐射作用，推进基层综合性文化服务中心建设，实现乡村两级公共文化服务全覆盖，提升服务效能。深入推进文化惠民，公共文化资源要重点向乡村倾斜，提供更多更好的农村公共文化产品和服务。"② 加强农村公共文化建设，其次要充分发挥文艺工作者的作用，"支持'三农'题材文艺创作生产，鼓励文艺工作者不断推出反映农民生产生活尤其是乡村振兴实践的优秀文艺作品，充分展示新时代农村农民的精神面貌"。③ 加强农村公共文化建设，最后要注重培育乡土文化本土人才，"开展文化结对帮扶，引导社会各界人士投身乡村文化建设"。④ 与外来乡土文化人才相比，乡土文化本土人才更了解本地的乡情民意，更了解本地群众的真实诉求，能创造出更适合本地群众的文艺作品。乡土文化本土人才需要外来乡土文化人才，特别是文化名人的指导与帮助。所以开展文化结对帮扶措施很有必要。

## 二 发挥村规民约的议事规则

村规民约在新时代精神文明建设和新农村开展移风易俗行动中发挥着重要作用。2018年12月，民政部、中组部、全国妇联等七部门联合出台的《关于做好村规民约和居民公约工作的指导意见》要求："到2020年全

---

① 《十九大以来重要文献选编》（上），中央文献出版社，2019，第234页。
② 《十九大以来重要文献选编》（上），中央文献出版社，2019，第166页。
③ 《十九大以来重要文献选编》（上），中央文献出版社，2019，第166页。
④ 《十九大以来重要文献选编》（上），中央文献出版社，2019，第166页。

国所有村、社区普遍制定或修订形成务实管用的村规民约、居民公约"，并对规范、加强村规民约工作作出了全面部署。村规民约是指在法治框架内，由同村村民根据生产生活习惯、习俗和现实生活需求共同制定的自我约束规范的总和。

一般而言，村规民约具有以下三个特征。一是权威性和民主性相统一。村规民约在现代农村基层社会治理中能够发挥效力的前提是具备权威性。没有权威性，村规民约将成为一纸空文，无法发挥规范和约束村民行为的作用。同时，村规民约也是村民自治的基本形式。村规民约的制定和执行都建立在基层群众自治制度基础之上，强调村民的民主参与和自我管理。正常情况下，在制定和执行的各个环节都要征求全体村民的意见，这充分体现了其民主性。二是普遍性和地域性相统一。我国农村分布在全国不同的省份，村规民约作为一种农村行为规范和乡村治理工具，在农村地区普遍存在并发挥着积极的作用，此即普遍性。由于历史文化条件的不同，村规民约在不同地区又呈现出显著的地域特色，展现了各地之间不同的风土人情，此乃特殊性。三是传统性与现代性的统一。村规民约，古已有之（最早系统成文的村规民约是北宋陕西蓝田吕大均制定的《吕氏乡约》①），延续至今，是延续传统文化的重要载体。村规民约之所以能延续至今，是因为其随着经济社会的发展而不断调整与完善。当然，村规民约作为一种上层建筑，其调整节奏有时会比经济社会的发展"慢半拍"。

村规民约在健全党组织领导下自治、法治、德治相结合的现代农村基层社会治理机制中也发挥着积极作用。一是村规民约的自治功能。从基层民主自治角度来看，村规民约具有促进村民自治的功能。村规民约的自治功能首先体现在其制定程序中。村规民约的制定过程一般都包含征求村民意见、集体讨论等民主环节。村规民约的自治功能还表现在村民对村规民约的遵守与运用之中。对村民而言，村规民约是其实现权利诉求的重要方式，"通过村规民约建设，保障公民直接行使民主权利，参与社会事务的

---

① 高艳芳、黄永林：《论村规民约的德治功能及其当代价值——以建立"三治结合"的乡村治理体系为视角》，《社会主义研究》2019年第2期。

决策、管理和监督"。① 村规民约在引导村民参与村组事务的管理和村庄秩序的维护过程中有利于实现村民的自我教育与自我管理。因此,通过制定和实施村规民约能够保障村民的基本民主权利,提升其自治能力和水平,促进基层民主的发展。二是村规民约的德治功能。村规民约本身是一种凝聚着浓郁乡土文化的道德规范,其功能表现为道德教化和文化培育。其道德规范功能体现在:村规民约以传统家教文化形成家庭美德,村规民约以日常生活伦理培育个人品德,村规民约以扬善惩恶弘扬社会公德。② 我们也应看到,村规民约既有清晰的条文规定,也有约定俗成的文化传统,是传播传统文化的重要载体。"村规民约就其文化属性而言,发挥着传承与载体的功能,不仅可以传承优良风俗文化,还可以成为培育和弘扬社会主义核心价值观的重要载体。"③ 村规民约不仅传承优秀传统文化,还要融入现代元素,因此其还能起到弘扬时代新风的作用。三是村规民约的法治功能。法学研究者将村规民约看作"民间法"或"习惯法",因为其在农村具有推进法治建设的功能,是基层法治建设的有力补充。一方面,村规民约在农村基层社会治理中有助于弥补国家法律的不足。国家法律从全国范围内来考虑问题,具有普遍适用性,但有时可能会忽略村庄的特殊性,立足本土的村规民约可以补充这一不足之处。国家法律是由国家强制力保证实施的行为规范,具有强制性,但在解决农村社会矛盾与纠纷方面有时缺乏灵活性,而村规民约就起到了很好的补充作用,能够协调和处理农村社会出现的矛盾和问题,与国家法律相辅相成。另一方面,村民在制定、修改和遵守村规民约的过程中能够形成规则意识,从长远看,有助于增强村民的法治观念和法治意识。

虽然村规民约在农村基层社会治理与精神文明建设中发挥着不可忽视的作用,也得到了广大人民群众的普遍认可,但不可否认,随着现代化进

---

① 汪世荣:《"枫桥经验"视野下的基层社会治理制度供给研究》,《中国法学》2018年第6期。
② 高艳芳、黄永林:《论村规民约的德治功能及其当代价值——以建立"三治结合"的乡村治理体系为视角》,《社会主义研究》2019年第2期。
③ 白杨:《农村基层治理中村规民约的完善路径——基于成都市下属区县十个乡镇的调查》,《行政与法》2018年第9期。

程的不断推进，村规民约在具体实施过程中也遭遇了一些困境。

首先，村规民约的制定主体和制定程序存在偏差。村规民约的制定主体主要包括基层政府、村"两委"和村民。从应然层面讲，村规民约的制定过程是在基层政府的指导和村"两委"的主导下，村民的广泛参与。但实际情况是，基层政府、村"两委"在村规民约制定过程中处于绝对支配地位，村民作为乡村治理主体的积极性没有被激发出来。长期以来，虽然我国实行村民自治制度，但该制度在实践中常常被干部支配或被能人主导，村民的公共参与程度与村民自治制度之间还有相当大的差距。① 在制定程序上，按照《中华人民共和国村民委员会组织法》的相关规定，村规民约必须由村民会议制定。召开村民会议，应当有本村18周岁以上村民的过半数参加，或者有本村三分之二以上的户的代表参加，所作决定应当经到会人员的过半数通过。这就要求制定村规民约必须经法定人数通过方能有效。但在实践过程中，有的乡村在制定村规民约时，未能充分发扬民主，甚至没有经过村民大会或者村民代表大会表决，直接由村干部商量决定。

其次，村规民约部分内容不合法。根据《中华人民共和国村民委员会组织法》的相关规定，村规民约的制定，应当在遵循宪法、法律的前提下，按照法定程序进行，不得与宪法、法律相抵触。然而，当前村规民约中与国家法律相互抵触、相互冲突的现象仍然存在，比如一些村规民约中规定外嫁女不能享受本村村民待遇。此外，村规民约的部分内容与社会发展脱节，影响了治理效果。

最后，村规民约实施效果存在偏差。如果村规民约制定主体和程序不规范、内容不合理，其实施效果必然会大打折扣。村规民约的落实与保障，主要是依其内部强制力，"表现为社会的道德评价的降低和一定的物质利益损失，即违反村规民约者承受精神和物质的减损，从而约束其行为"。② 部分村规民约在制定环节缺乏充分的民主参与和协商，并不是村民

---

① 赖先进：《发挥村规民约在社会治理中的耦合协同效应和作用》，《科学社会主义》2017年第2期。
② 罗鹏、王明成：《村规民约的内涵、性质与效力研究》，《社会科学研究》2019年第3期。

## 第六章 城乡二元的风尚变换：新时代精神文明建设的空间系统

共同意志的体现，所以在实施中难以得到村民的认同，其约束力自然不强。同时，从内容上看，村规民约中的倡导性条款远远多于制约性条款和问责性条款，其强制力也自然不强。再加上有些村规民约缺乏可操作性，如对问责条款规定得不够细。

面对上述困境，应采取相应的应对措施，方能发挥村规民约的作用，推动新农村移风易俗行动的开展。首先是改进村规民约的制定与运行机制。村规民约作为村民共同遵守的行为规范和农村基层社会治理工具，其制定程序和运行机制必须科学合理。在村规民约制定环节，需要严格遵守制定程序，坚决杜绝村规民约仅由村干部和能人制定的现象。值得注意的是，制定村规民约还应坚持村民需求导向，否则其实效性将大打折扣。换言之，应明确村民的主体地位，充分保障村民参与制定村规民约的民主权利，让更多的村民参与到村规民约制定的全过程，以保障其民主性。

其次是调整与完善村规民约的内容。由于村规民约的部分内容与法律相抵触，因而需要科学合理地制定村规民约文本。村规民约内容调整要遵从国家法律法规的要求，通过协调村规民约与国家法的关系，彰显出村规民约内容上的合法性和权威性。在村规民约运行中，必须重视对村规民约进行合法性审查，发挥基层政府、村干部和村民等不同主体的作用，承担起对村规民约制定、执行的监督与审查责任。同时，村规民约的内容必须随着经济社会的发展不断更新完善。但在调整与更新中，村规民约应保留其乡土特色。

最后是增强村规民约的实施效果。一是重构村民对村庄的认同感和归属感。中国传统社会属于熟人社会，村民大都生于斯长于斯死于斯，对村庄有强烈的认同感和归属感。但随着经济社会的不断发展，人口流动的日益频繁，传统的"乡土中国"格局逐渐被打破，村民对村庄强烈的认同感和归属感不复存在。村民对村庄的认同感和归属感是村规民约发挥作用的前提和保障。因此，只有重构村民对村庄的认同感和归属感，才能避免村规民约成为一纸空文。重构村民对村庄的认同感和归属感，既需要社会主义核心价值观的引领，也需要中华优秀传统文化的熏陶。二者的合力作用也能促使村民积极主动地参与村规民约的制定，从而在情感上形成对村规民约的认同感，进而在行为上自觉地遵守村规民约。二是满足村民的利益诉求。情感上的认同并不能直接转化为自觉遵守的行为,"物质的东西只能用物质的力量来解决"。村民需求得到满足是其遵守村规民约的第一动力。①村规民约首先应确保村集体的利益和村民的共同利益,同时应密切关注村民的特殊利益,不能回避乡村发展出现的利益冲突,尽量满足村民不同的利益诉求。三是着力提升村规民约的可操作性。村规民约好不好,能否操作是关键。在制定和修改村规民约时,可根据本村的实际情况(如经济发展水平、村民文化程度、风俗习惯等),把一些村里合法的传统办法作为村规民约的奖惩条款,增强村规民约的可操作性,以便于执行。在监督保障机制上,相关条款要细化村规民约的监督执行主体和程序,做到责任明确、程序合理,使村规民约的监督执行有法可依、有规可循。

风俗习惯与村规民约同属于上层建筑,都是农村生产生活实践的产物。二者相互影响相互依存,风俗习惯需要以村规民约的形式呈现和维系。从村规民约的特征、作用、现实困境及应对措施中,我们可以发现村规民约作为传播传统文化的重要载体,也需要创造性转化和创新性发展,也需要从传统走向现代。在其从传统走向现代的过程中,我们可以充分发挥其推动移风易俗的功能,进而推动精神文明建设。比如,一些地方把勤俭节约、新事新办写进村规民约,较好地解决了红白事大操大办、铺张浪费的陋习;一些地方的村规民约倡导崇尚科学、健康生活,较好地解决了封建迷信盛行的问题等。

### 三 抵制迷信腐朽的落后文化

中国是一个农业大国,在上下五千年的历史长河中孕育出了深厚的农耕文明。"从中国特色的农事节气,到大道自然、天人合一的生态伦理;从各具特色的宅院村落,到巧夺天工的农业景观;从乡土气息的节庆活动,到丰富多彩的民间艺术;从耕读传家、父慈子孝的祖传家训,到邻里守望、诚信重礼的乡风民俗,等等,都是中华文化的鲜明标签,都承载着

---

① 彭忠益、冉敏:《乡村治理背景下村规民约发展的现实困境与重塑路径》,《中南大学学报》(社会科学版)2017年第6期。

## 第六章 城乡二元的风尚变换：新时代精神文明建设的空间系统

华夏文明生生不息的基因密码，彰显着中华民族的思想智慧和精神追求。"①但不可否认，农耕文明中也包含着迷信腐朽的落后文化。有些迷信腐朽的落后文化在今天依然存在于部分农村地区，这些落后的文化与人民群众对美好精神文化生活的需要之间存在较大差距，也影响了农村地区经济社会的发展。天价彩礼即是明证，正如习近平总书记所言："现在，农村一些地方不良风气盛行，天价彩礼让人'娶不起'，名目繁多的人情礼金让人'还不起'。一些地方农村出现了'因婚致贫'现象，儿子结婚成家了，父母亲成为贫困户了。"②

迷信腐朽的落后文化在今天依然存在，有着多方面的深刻原因。一是农民科学素质和文化素养不高，不能分辨传统文化的精华与糟粕，对所有传统文化全盘吸收。二是农村文化生活方式单一，文化基础设施相对薄弱。文化基础设施薄弱是村民文化生活方式单一的主要原因。三是农村文化资源和文化产品匮乏。改革开放以来，农村工作的重点是发展经济，对文化建设有所忽视，导致农村文化建设长期滞后于经济建设，文化资源和文化产品供给不足。四是缺乏乡土文化人才。文化的发展离不开文化人才的积极推动，农民科学素质和文化素养不高，导致农村很难孕育出本土的乡土文化人才。

既然迷信腐朽的落后文化不能满足人民群众对美好精神文化生活的需要，也影响了农村地区经济社会的发展，那么我们应该积极行动起来，采取有效措施对其进行抵制。

一是要辩证对待传统文化，取其精华，去其糟粕。要严格区分传统礼俗和陈规陋习，让群众明白什么是应该提倡的，什么是应该反对的。"要旗帜鲜明反对天价彩礼，旗帜鲜明把反对铺张浪费、反对婚丧大操大办、抵制封建迷信作为农村精神文明建设的重要内容，推动移风易俗，树立文明乡风。要发挥红白理事会、村规民约的积极作用，约束村民攀比炫富、铺张浪费的行为，引导树立勤俭节约的文明新风。"③对待传统文化中的精

---

① 《十九大以来重要文献选编》（上），中央文献出版社，2019，第151页。
② 《十九大以来重要文献选编》（上），中央文献出版社，2019，第151页。
③ 《十九大以来重要文献选编》（上），中央文献出版社，2019，第151~152页。

华部分还要处理好保护、传承与转化的关系。我们既要保护和传承优秀传统乡土文化，"要让有形的乡村文化留得住，充分挖掘具有农耕特质、民族特色、地域特点的物质文化遗产，加大对古镇、古村落、古建筑、民族村寨、文物古迹、农业遗迹的保护力度。要让活态的乡土文化传下去，深入挖掘民间艺术、戏曲曲艺、手工技艺、民族服饰、民俗活动等非物质文化遗产"。[①] 也要促进优秀传统乡土文化的创造性转化和创新性发展，"把我国农耕文明优秀遗产和现代文明要素结合起来，赋予新的时代内涵，让中华优秀传统文化生生不息，让我国历史悠久的农耕文明在新时代展现其魅力和风采"。[②]

二是要丰富农民精神文化生活，完善文化基础设施。丰富农民精神文化生活首先要弘扬和践行社会主义核心价值观，坚持教育引导、实践养成、制度保障三管齐下，以农民喜闻乐见的方式，深化中国特色社会主义和中国梦宣传教育，弘扬民族精神和时代精神，加强爱国主义、集体主义、社会主义教育。其次要加强马克思主义基本原理教育，帮助农民群众树立辩证唯物主义和历史唯物主义的世界观，让封建迷信活动在农村地区无处遁形。最后要积极开展群众性精神文明创建活动，精心打造一批农村精神文明建设示范点（包括示范县、文明村镇、最美家庭等），树立道德模范，发挥榜样作用。同时，引导和鼓励农村基层群众性自治组织（如红白理事会等）采取可操作性强的措施，对婚丧陋习、天价彩礼等落后文化和孝道式微、老无所养等不良风气进行综合治理。同时，还要支持建设文化礼堂、文化广场等设施，培育特色文化村镇、村寨。

三是要整合乡村文化资源，不断推出积极向上且受农民喜爱的文艺作品。"要推动文化下乡，鼓励文艺工作者深入农村、贴近农民，推出具有浓郁乡村特色、充满正能量、深受农民欢迎的文艺作品。"[③] 人民的需求是多方面的，城市群众需要文艺，农民也需要文艺。满足农民日益增长的精神文化需求，必须抓好农村文化建设。"物质需求是第一位的，吃上饭是

---

① 《十九大以来重要文献选编》（上），中央文献出版社，2019，第151页。
② 《十九大以来重要文献选编》（上），中央文献出版社，2019，第151页。
③ 《十九大以来重要文献选编》（上），中央文献出版社，2019，第150~151页。

## 第六章 城乡二元的风尚变换：新时代精神文明建设的空间系统

最主要的，所以说'民以食为天'。但是，这并不是说人民对精神文化生活的需求就是可有可无的，人类社会与动物界的最大区别就是人是有精神需求的，人民对精神文化生活的需求时时刻刻都存在。"①

四是要培育挖掘乡土文化人才，开展文化结对帮扶。出台相关措施引导企业家、文化工作者、科普工作者、退休人员、文化志愿者等积极投身乡村文化建设，并促使其成长为一支新的农村文化建设力量。"把乡村人才纳入各级人才培养计划予以重点支持。建立县域人才统筹使用制度和乡村人才定向委托培养制度，探索通过岗编适度分离、在岗学历教育、创新职称评定等多种方式，引导各类人才投身乡村振兴。"②

### 四 防范宗教传播与宗教渗透

宗教传播与宗教渗透既相互联系又相互区别。其相同点在于二者都是对宗教文化与宗教价值观的扩散与推广。其不同点在于：宗教传播泛指任何宗教都希望扩大受众范围和影响力而向外扩散与推广；宗教渗透特指境外宗教势力的一种带有强烈政治目的的行为，即"这种渗透是指以颠覆中华人民共和国政权和社会主义制度、破坏祖国统一为目的的反动政治活动和宣传，以控制我国宗教团体和宗教事务为目的的活动和宣传，以及在我国境内非法建立和发展宗教组织和活动据点，而不是指宗教方面的友好往来"。③ 换言之，宗教传播是一个中性词，而宗教渗透是一个贬义词。在新农村开展移风易俗行动的语境下，探讨防范宗教传播与宗教渗透，强调得更多的是宗教传播的消极作用，在此种语境下，宗教传播与宗教渗透的含义基本相同，防范宗教传播与防范宗教渗透是一致的。

农村宗教管理工作是宗教管理的重点领域之一，在农村地区建立防范宗教传播与宗教渗透的制度体系是当前的一项重要工作。因为近年来，信教农民数量呈持续增长态势。④ 其主要原因在于随着经济的持续、健康、

---

① 《十八大以来重要文献选编》（中），中央文献出版社，2016，第 127~128 页。
② 《十九大以来重要文献选编》（上），中央文献出版社，2019，第 763 页。
③ 《新时期宗教工作文献选编》，宗教文化出版社，1995，第 194~195 页。
④ 董磊明、杨华：《西方宗教在中国农村的传播现状——修远基金会研究报告》，载《马克思主义无神论研究》（第 4 辑），中国社会科学出版社，2016，第 215 页。

稳定发展，农民的物质生活水平不断提高，开始追求精神生活，但由于他们的科学素养较低，难以触及科学的精神生活，便给宗教传播与宗教渗透以可乘之机。近年来，宗教向农村渗透具有渠道多种化、手段现代化、形式隐蔽化、人员专业化等特点，而我们的防范工作却相对滞后。一是渗透渠道多种化。宗教向农村渗透往往借助与宗教极不相干的活动进行，而且总会找出种种合法的理由，不易被人识破。如在农村开展公益活动或者商业活动。二是渗透手段现代化。农村是思想政治教育和科学文化知识普及的薄弱地区，使宗教渗透有机可乘。现代信息技术的发展不仅为先进文化和科学技术传播提供了载体和平台，也为各种宗教渗透提供了有利的途径和渠道。宗教渗透活动不仅通过网站、网页等直接进行，还利用微信等网络通信工具发送大量宗教色彩浓厚的文字、图片、视频资料等，随着手机媒体技术的成熟，借助手机媒体进行宗教渗透也将成为必然的趋势。三是渗透形式隐蔽化。进行宗教渗透的人员一般都是有组织的。他们绝大部分都有正当的职业，并且在工作时间正常上班，或者整个组织以开公司、做生意为掩护，平时隐蔽自己的身份，行动谨慎，只在空闲时以秘密方式聚集在一起活动。这些人在通过各种手段接近农村留守老人和妇女等重点人群时，往往表现出一种纯粹的沟通架势，如果不仔细观察甄别，是很难发现其真实目的与动机的。四是渗透人员专业化。从事宗教渗透的人员一般都隶属于某个宗教机构或者宗教团体，有着自己的宗教领袖和宗教教义、教规，是比较虔诚的宗教信徒。同时组织成员平时虽然有正当的职业，但其真实身份是专业传教人员，到中国来主要是建立宗教组织，寻找活动据点，发展宗教教徒，开展宗教活动，并利用宗教进行意识形态渗透，企图颠覆我国社会主义政权。他们在农村进行渗透活动时，常常采用专业化手段和多种技巧，很容易使农村留守老人和妇女等人群误入歧途，让人防不胜防。

面对宗教传播的这些特点，我们必须采取针对性的防范措施，才能有效防范宗教传播与宗教渗透，进而树立时代新风。

一要提高认识，清醒地认识到境外宗教渗透的危害性。只有认识到了其危害性，才会坚决予以抵制。要加大宣传教育力度，使广大农民尤其是基层党员干部认识到境外宗教渗透的邪恶目的和严重危害性，进而认识到

## 第六章 城乡二元的风尚变换：新时代精神文明建设的空间系统

抵御与防范境外宗教渗透的重要性、长期性和复杂性。这样才能增强基层党员干部做好该项工作的积极性和主动性，使其自觉投入其中并努力做好这项工作。

二要依托平台，普及宗教基础理论知识。农村地区应依托新时代精神文明实践中心（所、站）等平台，开展宗教基础理论知识专题教育活动，从理论上讲清楚宗教的产生、历史、本质、现状和发展趋势，帮助农民产生对宗教的科学认识，消除宗教在他们心中的神秘感，进而逐步帮助他们确立科学的宗教观。同时，还应组织相关培训针对境外宗教渗透所涉及的相关法律法规进行宣传教育。

三要用准政策，正确处理依法依规管理宗教与保障宗教信仰自由的关系。宗教信仰自由政策，是我国的一项基本国策。其要求各级政府各级组织必须采取各种有力措施，保障每个公民"既有信仰宗教的自由，也有不信仰宗教的自由；有信仰这种宗教的自由，也有信仰那种宗教的自由；在同一宗教里面，有信仰这个教派的自由，也有信仰那个教派的自由；有过去不信教而现在信教的自由，也有过去信教而现在不信教的自由"。[①] 虽然宗教信仰自由是国家赋予每个公民的基本权利，不容侵犯，但是宗教信仰自由并不是不受任何约束的绝对自由，宪法和相关法律也给宗教信仰自由设置了限度。比如，《中华人民共和国宪法》明确规定："国家保护正常的宗教活动。任何人不得利用宗教进行破坏社会秩序、损害公民身体健康、妨碍国家教育制度的活动"；《中华人民共和国教育法》明确规定，我国"实行教育与宗教相分离"的政策。《中国共产党统一战线工作条例（试行）》明确规定"尊重和保护公民信仰宗教和不信仰宗教的权利。坚持政教分离，禁止以行政力量消灭或者发展宗教，禁止利用恐吓、欺骗等手段传播宗教，禁止利用宗教进行破坏社会秩序、损害公民身体健康、妨碍国家教育制度、制造民族矛盾、破坏祖国统一的活动"。因此，我们既要强调宗教信仰自由，也不能忽视依法依规管理宗教。在坚持宗教信仰自由的前提下，依法依规管理宗教是防范宗教传播与宗教渗透的关键之举。

四要形成机制，确保农村地区防范宗教传播与宗教渗透的各项工作形

---

① 任杰：《中国共产党的宗教政策》，人民出版社，2007，第164页。

成良性联动机制，而不是各自为战。农村地区防范宗教传播与宗教渗透工作的长期性与复杂性，决定了反渗透工作不可能仅仅依靠村"两委"或村民就能顺利完成。应在农村地区建立县、乡、村三级反渗透联动机制和应急预案，同时还应建立反渗透社会力量动员机制（动员包括村民在内的社会力量参与防范宗教传播与宗教渗透工作），织密农村地区反渗透网络。

五要建强队伍，将防范宗教传播与宗教渗透的各项工作落到实处。认识提高了，平台搭建好了，机制建立起来了，防范宗教传播与宗教渗透的各项工作能否落到实处，就取决于是否有一支强大的工作队伍。只有建立一支强大的工作队伍，才能确保防范宗教传播与宗教渗透各项工作的顺利推进，助力农村地区的移风易俗行动，切实维护农村地区的和谐与稳定，提高农村地区的精神文明建设水平。

# 后 记

　　精神文化与物质文化并行互生、相融相济是中华优秀传统文化的基本特征。在中国进入改革开放和社会主义现代化建设新时期，精神文明与中国特色社会主义紧密关联，从党的十一届四中全会首次提出"社会主义精神文明"概念，到党的十二大把"在建设高度的社会主义物质文明的同时，努力建设高度的社会主义精神文明"确定为我国社会主义现代化建设的战略方针，再到党的十四届六中全会审议并通过《中共中央关于加强社会主义精神文明建设若干重要问题的决议》，社会主义精神文明建设基本理论与实践指南基本形成，社会主义精神文明成为改革开放的精神动力与文化支撑。中国特色社会主义进入新时代，习近平总书记多次强调，"实现中国梦，是物质文明和精神文明均衡发展、相互促进的结果。没有文明的继承和发展，没有文化的弘扬和繁荣，就没有中国梦的实现"。[①] 在推进共同富裕的征程中，习近平总书记强调，"我们说的共同富裕是全体人民共同富裕，是人民群众物质生活和精神生活都富裕"。[②] 新时代精神文明建设贯穿于全面建成小康社会的历程中，也将贯穿于全面建设社会主义现代化国家的新征程中，贯穿于中华民族伟大复兴不可逆转的进程中，与中国特色社会主义实践同向同行、共生共创。

　　为了贯彻落实习近平总书记关于社会主义文化建设的重要论述，深入探讨新时代精神文明建设的理论发展，中共广州市委宣传部、广州市文明办、广州市社科联牵头研究编写"新时代精神文明建设研究丛书"。《新时

---

[①] 习近平：《在联合国教科文组织总部的演讲》，《人民日报》2014年3月28日。
[②] 习近平：《扎实推动共同富裕》，求是网，2021年10月15日，http：//www.qstheory.cn/dukan/qs/2021-10/15/c_1127959365.htm。

代精神文明建设系统论》一书，力求把握新时代中国特色社会主义精神文明建设的新变化、新特质、新品格，从系统论的视角整体把握新的时空方位上精神文明建设的基本结构、要素生成、系统构建，为学术界呈现新时代精神文明建设的内在规定性、精神发展性、系统变化性。

非常感谢本书每章的作者，他们是我多年的同门师妹、学院年轻的骨干教师、我指导的博士研究生，在一年多的时间里，我们共同讨论、共同奋斗，在学术的交流中共同成长、共同进步。本书由我负责制定提纲、明确思路、统筹统稿，绪论由我与博士研究生王众威共同撰写，第一章"精神素养的涵养培育：新时代精神文明建设的内生系统"由华南理工大学马克思主义学院博士研究生万阿东撰写，第二章"意识形态的守正创新：新时代精神文明建设的政治系统"由华南理工大学马克思主义学院博士研究生王众威撰写，第三章"核心精神的历久弥新：新时代精神文明建设的精神系统"由华南农业大学马克思主义学院林晓希博士撰写，第四章"文化自信的三大源泉：新时代精神文明建设的文化系统"由华南理工大学马克思主义学院张冬利副教授撰写，第五章"文明精神的重塑与再造：新时代精神文明建设的开放系统"由广东工业大学马克思主义学院罗彩博士撰写，第六章"城乡二元的风尚变换：新时代精神文明建设的空间系统"由华南理工大学马克思主义学院博士研究生李斌撰写。我指导的硕士研究生崇瀚文、代盼盼、郑少清、白宇为本书的写作搜集、整理了大量的文献资料。

非常感谢中共广州市委宣传部、广州市文明办、广州市社科联为了这一重大课题，多次组织专家学者共同研讨"新时代精神文明建设"问题，为本书的写作提供了重要的智识资源。非常感谢曾伟玉、谭晓红、陆璐、李宗桂、谢迪斌、关锋、张国启、罗明星等领导、师长与同仁给予团队的指导帮助；感谢社会科学文献出版社对本书的编辑、出版和发行的大力支持。

谨以此书献礼中国共产党二十大的胜利召开！

解丽霞
2022年6月于华园

图书在版编目(CIP)数据

新时代精神文明建设系统论/解丽霞等著. -- 北京：社会科学文献出版社, 2022.12 (2023.9 重印)
(新时代精神文明建设研究丛书)
ISBN 978-7-5228-0602-0

Ⅰ.①新… Ⅱ.①解… Ⅲ.①社会主义精神文明建设 - 研究 - 中国 Ⅳ.①D648

中国版本图书馆 CIP 数据核字(2022)第 156109 号

**新时代精神文明建设研究丛书**
**新时代精神文明建设系统论**

著　　者 / 解丽霞　等

出　版　人 / 冀祥德
责任编辑 / 崔晓璇
文稿编辑 / 陈　冲
责任印制 / 王京美

出　　版 / 社会科学文献出版社·政法传媒分社 (010) 59367126
　　　　　 地址：北京市北三环中路甲 29 号院华龙大厦　邮编：100029
　　　　　 网址：www.ssap.com.cn

发　　行 / 社会科学文献出版社 (010) 59367028
印　　装 / 三河市龙林印务有限公司

规　　格 / 开　本：787mm×1092mm　1/16
　　　　　 印　张：18.5　字　数：293 千字

版　　次 / 2022 年 12 月第 1 版　2023 年 9 月第 4 次印刷
书　　号 / ISBN 978-7-5228-0602-0
定　　价 / 108.00 元

读者服务电话：4008918866

版权所有 翻印必究